はじめに

二〇二〇年初頭から始まった新型コロナウイルスによるパンデミックは、日本の教育を一変させるものとなった。この年の三月には、全国の小学校、中学校、高等学校が一斉休業に入り、四月の新学期を迎える時には緊急事態宣言が発出されて、学校へ登校することすらままならない事態に陥ってしまった。こうした教育の置かれた状況は、大学においても同様であり、否むしろ大学のように、学生の行動範囲が広く、留学生も在籍し、多様な環境に置かれた教育機関は、よりパンデミックの影響を受けやすく、このため、通常の教育活動が行えないものとなっていた。

新型コロナウイルス感染症拡大の中で、日本中の大学は、その対応策を検討した。すでに小・中・高校において、一斉休業に入っていた時期から、学生が大学へ登校することなく自宅で授業を受けることを想定したオンライン授業の導入について準備し、実際に二〇二〇年度は、大半の大学でオンライン授業を行った。このオンライン授業は、春の新学期のみならず、秋学期にもおよび、さらに翌年二〇二一年度にまで波及した。

この間、大学で対面授業が行われないことに対して批判されることもあったものの、実際には、東京都では緊急事態宣言以降、なるべくオンラインなどによる授業を行うことで、大規模施設に人流が集まらないようにするよう要請が出され続けていたこともあり、大学ではオンライン授業を中心にせざるを得ない状況であった。

本書は、こうしたパンデミック下における大学のオンライン授業の一端を紹介しようとするものである。ここで取り上げる慶應義塾大学の社会科教育（講義科目名：社会科・公民科教育法Ｉ）は、教職課程科目として三、四年次に履修するものである。この科目は、半期二単位科目であり、筆者は、同一科目を春学期、秋学期一コマずつ講義している。コロナ禍においては、二〇二〇年度春学期から二〇二一年度春学期までをオンライン授業で行い、二〇二一年度秋学期から対面授業に戻っている。

本講義は、講義資料と課題資料をｗｅｂ上に掲載し、学生に課題レポートを提出してもらういわゆる課題型オンライン授業である。提出されたレポートの一部を次回の講義資料に掲載し、それに対する講義コメントを読むことで、自身の学びと他の学生の学びを比較しながら、課題に対して理解してもらうものであった。この授業を開始した二〇二〇年度春学期の履修学生は、コロナ禍にあって、大学で通常授業が受講できなくなった状況を真に受け止め、ものすごい熱量でオンライン授業に参加してくれた。学生の提出するレポート一つ一つが卒論指導のような真剣さと多くの字数を重ねたものであった。その後、オンラインが常態化する中で、学生の側もオンライン授業を大学の授業の一形態として、一定の距離感を保ちながら、自らの学びに適した講義を受講できるようになったようである。本書で取り上げる授業は、二〇二一年度春学期のオンライン授業である。この段階になると、学生レポートの文字数も、オンライン導入当時に比べて少なくなり、授業に無理なく参加しているようになったと感じられるものとなっている。

中学・高校の社会科では、新聞記事の紹介や時事的情報が取り上げる授業が行われている。これは、実際の社会について関心を持ち、自らがその社会とどのようにつながり、何を行えるのか、自己を社会の構成員として主体的に考えていくことを学習するものである。本講義では、時事問題を講義の冒頭に取り上げ、そうしたことについても考えてもらった。本書では、時事問題に対してどのように学生が対峙しているかも読み取ることができ、オンライン授業のため自宅に閉じこもったままの学生にも、社会とつながっていることを意識してもらえるようにした。本書の学生が、確かな社会認識を深めているさまが読み取ることができるものとなっている。本書において、パンデミックという状況下でオンライン授業を余儀なくされた中でも、学生が学び続けているさまをわずかでも知ってもらいたいと考えている。

本書ではこのような、いわゆるコロナ禍における大学の授業風景を取り上げることで、オンライン授業とはどういったものであったかを考える素材とするとともに、オンライン授業を始めるまでの大学の対応（序章）とオンライン授業下での学生や教員の課題（終章）についても併せて考えてみようとするものである。

本書掲載の資料および学生レポートにおいては、適宜旧字体を新字体にあらためため、句読点を補うなどの修正を行った。

もくじ

装丁　金澤浩二
カバーイラスト　白尾可奈子
組版　キャップス

序章

緊急事態宣言下における大学の対応

二〇二〇年初頭から始まった世界的なパンデミックである新型コロナウイルス感染症（COVID-19）拡大は、日本の教育に対して多大な影響を与えた。

これまで、二〇〇三年に流行したＳＡＲＳ（重症急性呼吸器症候群）や二〇一四年に流行したＭＥＲＳ（中東呼吸器症候群）といった世界的な流行となった感染症が知られているが、これらの際には、日本国内での流行が他国のような感染爆発を迎えることなく収束したため、その後の感染症対策の面で脆弱なものとなった感は否めない。

今回の新型コロナウイルスに対しても、その初動から明確な方針があったようには感じることができなかったのは、パンデミックに対してどういった対応をとるのか、予め準備していなかったからともいえそうである。

教育機関は、教室という閉鎖的な空間の中で活動することが基本であるため、本来、感染症の流行には弱いものである。このことが新型コロナウイルス感染症の流行の初動において小学校から高校までの全校を休業させるような混乱に陥らせることになったといえる。

こうしたことを踏まえて、突如としてパンデミックに襲われた社会の中で、大学ではどういった対応がなされたのか、二〇二〇年度から二〇二一年度にかけての文部科学省と大学の動きから見ていくことにしよう。

新型コロナウイルス感染症の発生

新型コロナウイルス感染症について、日本で最初に報道されたのは、二〇一九年の年末から年始の休暇に入った時期のことであった。二〇一九年十二月三十一日に中国からＷＨＯに対して原因不明の肺炎発生の報告がなされたが、同日付で国内メディアも情報配信した。例えば朝日新聞デジタルを見ると「中国・武漢で原因不明の肺炎　海鮮市場の店主ら多数発症」という記事が十二月三十一日二十一時四十二分に北京発で報道されている。政府の公式の見解としては、二〇二〇年一月六日に厚生労働省の新年最初の報道発表において「中華人民共和国湖北省武漢市における原因不明肺炎の発生について」がなされ、そこにはまだそれほどの危機感は見られていない。それはWHOにおいても同様であり、一月二十二日、二十三日に開催された緊急委員会で新型コロナウイルス関連肺炎の発生状況について「国際的に懸念される公衆衛生上の緊急事態」には該当しないとされていた。

その一方、一月十五日には、武漢から帰国した男性が感染していたことが判明し、日本における感染者の一例目となって以後、中国からの旅行者の感染が複数件報告され、さらにそうした中国からのツアー客を乗せたバス運転手が海外渡航歴のない感染者として報告されると、国内において市中感染が懸念されるようになった。

WHOの先の発表後に世界各国で感染報告が相次ぎ、一月三十一日には緊急委員会は、「国際的に懸念される公衆衛生上の緊急事態」に該当すると発表した。このあたりからようやくその感染拡大が認識されるようになり、二月に入ると連日、大型クルーズ船ダイヤモンド・プリンセス号に関する報道がなされた。香港などアジア周辺をめぐって二月三日に横浜へ戻ってきた同船舶は、船内においてコロナウイルス感染者が発生したことを受け、乗客は下船することなく洋上にて検疫を行い、陽性患者は指定の医療施設へ搬送された。陰性であっても二週間の船内での健康観察期間を経ることとなり、ようやく下船が開始されたのは二月十九日からであった。この間感染者数は増加を続け、同日の厚生労働省報道発表資料によれば、クルーズ船の乗客乗員合わせて三〇六三名中六三四名が陽性とされていた。

　また、二月二十日時点で国内感染者は七〇名（武漢からのチャーター便帰国者一〇名を含む）であったものが、二月二十七日には、一六七名（武漢からのチャーター便帰国者一一名を含む）へと増加し、全国的に波及している様子が見られるようになった。

新型コロナと教育現場

　新型コロナウイルス感染症について、感染拡大が生じ始めた二月には、その対策が講じられるようになる。二月二十五日、政府は新型コロナウイルス感染症対策本部において「新型コロナウイルス感染症対策の基本方針」を示しており、その内容に沿った形で、翌二月二十六日に、加藤厚生労働大臣、梶山経済産業大臣、赤羽国土交通大臣による「感染拡大防止に向けた労使団体への協力要請」が行われた。この会合には、日本経済団体連合会会長、日本商工会議所会頭、経済同友会代表幹事、日本労働組合総連合会会長が参加し、先に厚労省から示されていた感染リスクを減らす観点からのテレワークや時差通勤などの要請が行われた。また、この基本方針では、今後の課題として、「学校等の臨時休業等の適切な実施」に関しても項目として述べられているものの、対象としては「社会・経済」に重点を置いたものであった。

　ところが同じ二月二十六日に、北海道教育委員会が道内市町村教育委員会等に「新型コロナウイルス感染症に対応した臨時休業の要請について」を通知し、そこで示された二月二十七日から三月四日までの七日間の臨時休校を要請すると公表されると政府はそれに呼応する形で新たな発表を行った。翌二十七日に首相官邸で開催された第十五回新型コロナウイルス感染症対策本部において、安倍首相は「全国の全ての小学校、中学校、高等学校、特別支援学校について、来週三月二日から春休みまで、臨時休業を行うよう要請します」と発表したのである。ここから感染症対策の現場に教育機関が大きく関わっていくことになった。実は、この時点において、児童生徒、学生の感染者はそれほど多く見られていない。二月最後の厚生労働省が発表した感染者数では、チャーター便帰国者を除く感染者一八〇人中、十代が二名、十歳未満が三名でいずれも北海道での感染者である。北海道が臨時休校を要請したのは、その時点で、全国で最も感染者数が多く、かつ、子どもの感染が見られていたためであった。一方、感染報告のまだない県や子どもの感染が報告されていない地域からは、全国一律で春休みまでの期間について学校を臨時休業としたことには、年度末にあたり、卒業生を持つ関係者からは怨嗟の声も出ることとなった。

学校に対して臨時休業が要請されていたこともあり、全国的に人気のある選抜高等学校野球大会も中止が決まり、夏に予定されていた東京オリンピックの開催についてもその動向が注目されるようになってきた。日本のみならず世界的な感染者数の増加は、五輪開催を危ぶむ方向へと加速し、三月二十四日に一年程度の延期が決定されることになったのである。

新型コロナによる学事日程の変更

このように、各種行事の中止や東京オリンピックの延期が決定していく中で、大学の授業等はどのようになったのであろうか。ここでは、大学における実際の授業等への影響について、日程の面から見ていくことにしよう。

大学の新年度の学事日程（学事暦）や授業開講科目については、前年度の後期（秋学期）開始ごろからその学期末試験が行われるころにはほぼ確定している。そこでは、予測される履修者数に見合う教室の割り当ても行われることになり、しっかりした準備の下で入学試験を行い、入学者を迎え入れるのである。令和二（二〇二〇）年度入試が行われた二月ごろには、まだ、新型コロナウイルス感染症に対して、社会全体で危機意識を共有するまでに至っていたと言い難い。ところが、三月になると、大学入学予定者である高校三年生が在籍する全国の高校で一斉休業が行われ、日程によっては卒業式の開催も危ぶまれるところも出たことから、大学において入学式が挙行されるのかといった、不安が寄せられるようになってきた。

こうした中で、「令和二年度における大学等の授業の開始等について」という高等教育局長通知（令和二年三月二十四日）が文科省から全国の大学へ発信され、各大学は、その方針に沿った新学期開催へ変更作業に入っていくことになったのである。大学の年間スケジュールは、すでに見た通り、三月には確定しているものである。ところが、今回は新型コロナウイルス感染症が三月から拡大傾向に拍車がかかったこともあり、各大学ともに急な対応に迫られることとなった。慶應義塾大学では、文科省による三月二十四日付高等教育局長通知がなされる以前から検討が行われ、文科省の通知があった日には、新学期の開始日を四月三十日へと変更している。また、明治大学では、三月十七日付で四月二十二日を授業開始予定日と変更し、学部等を通じて春休み中の教員へ連絡を徹底していくのである。このように大学では、三月中旬から下旬にかけて新学期開始直前ではあるものの、明治大学が二週間、慶應義塾大学が三週間程度授業開始を遅らせたように、コロナ対策を講じつつ新学期の準備を進めていくことになった。

学事日程の変更は、その後、感染の拡大によって、さらに変更する必要が出てくることにもなった。明治大学を例にすれば、三月中旬に確定していた期日を、四月に入るとさらに二週間程度授業開始を遅らせる措置をとり、授業開始日は五月七日へと変更されることになっていった。

学事日程変更の影響

学事日程の変更とは、大幅に繰り下げた授業開始日から何週目で授業を終了して定期試験を行えるのかという授業期間の見直しの意味を持つ。秋学期を予定通りに開始するのであれば、春学期の授業が行われる週（授業期間）を減らすことで夏季休暇期間を確保するのか、夏季休暇期間の削減を行うのかの判断も求められてくる。大学における夏季休暇とは、教員にとって見れば、まとまった研究活動期間であり、多様な研究を支える重要な期間である。そのため、授業が繰り下げられたからと安易になくしてしまうと研究活動に影響を与えてしまうことになる。この問題も短期間に決定を迫られることになった。

先の高等教育局長発（三月二十四日付）「令和二年度における大学等の授業の開始等について」では、新型コロナウイルス感染症に対する対応として、いわゆる大学設置基準第二十三条に示されている「大学の授業は十週又は十五週の期間」と定められているところを、それ以外の期間についても弾力的に取り扱っても差し支えないとされていた。これは、課題等を活用することで学修時間を確保するのであれば、半期十五週で十五回の授業を予定しているところを、授業回数の短縮も可能と受け取れるものであった。この通知を受けて授業開始日を繰り下げる判断をして、学事日程の変更などの措置をとった大学は少なくなかったはずである。

こうした状況のなかで、文部科学省は、四月一日付で「学事日程等の取扱い及び遠隔授業の活用に係るQ＆A」を示した。そこには、「本来十五コマの授業を十三コマにし二コマ分の授業時間数を削ることを許容する趣旨か」という問いを立て、それへの回答を次の通りとした。

「二コマ分に相当する授業時間を本来予定していた面接授業により行わない場合については、休日や祝日における補講授業の実施や、遠隔授業の実施、又は授業中に課すものに相当する課題研究等に代替すること等により、大学設置基準第二十一条等で定める必要な学修時間を確保していただく必要があります。」

つまり、学期の授業期間を短縮させることは可能であるが、授業回数は確保せよというものである。このQ&Aの回答は、高等教育局長通知（三月二十四日付）によって学事日程の変更を計画していた大学に混乱をもたらした。感染症のある程度の収束を見越して二、三週間繰り下げて授業計画していた大学にとっては、授業期間の短縮が前提のものである。そこに授業回数は確保せよと言われても、現実的ではない。大学実務を考えれば、各授業科目は週一回の講義で各教室の割り当てが行われているのであり、短縮した回数分の授業を全学部、全学年で残りの授業週の中に割り込ませることなど不可能である。これでは、十五週を厳守せよというのに等しいものであったといえる。

オンライン授業の導入

さて、政府による小・中学校及び高校の一斉休業の実態は、学校を休校としないために非対面型授業を導入することが必要であるとの認識を高めることになった。それでは、大学においてはどうであったろうか。

三月二十四日の高等教育局長通知では、「大学等における感染拡大の防止について」の項で「地域における感染症の発生状況や学生の状況等を踏まえ、当初の予定通りに授業等を開始することが困難である場合には、設置者の判断で授業等の開始時期の延期等を行うことを妨げるものではないが、その検討を行う場合は、多様なメディアを高度に利用して行う授業（以下「遠隔授業」という。）の活用などによる学修機会の確保に留意すること」とある。このように、感染防止対策とともに学修機会の確保の観点を重視していた。各大学は、それに対応して様々な方法でオンライン授業を導入したのである。

遠隔授業の活用方法は、各大学ともに授業開始前の学事日程変更を検討していた三月の時期と、四月に入って緊急事態宣言が発出されてからでは、対応が異なるものとなる。先に見た通り、慶應義塾大学や明治大学などのように多くの大学では、授業開始日を繰り下げることで、その間に感染が収束していくことも視野に入れていた。明治大学では、当初、授業開始日を四月八日としていたものを四月二十二日に繰り下げられた。そして、四月二十二日から五月五日までをオンライン授業期間として開講し、その後の感染症の状況によっては、さらにオンライン授業を継続する場合もあるが、対面授業に移行できるものと考えられていた。慶應義塾大学の場合も、「四月三十日の授業開始以降、少なくとも四週間は、オンライン授業（遠隔授業）」と教員への連絡があり、あわせて「この措置の継続または解除は別途お知らせします」とされていた。

ところが四月に入っても感染状況は拡大を続けていく。そして四月一日に早稲田大学が春学期の授業すべてをオンライン授業とすると発表したことで、オンライン授業に対する認識を改めてとらえなおす必要が生じてきたのである。

ところで、遠隔授業に関しては、大学教育に導入することがすでに検討されてきたものであり、二〇〇一年には、平成十三年文部科学省告示第五十一号によって「通信衛星、光ファイバ等を用いることにより、多様なメディアを高度に利用して、文字、音声、静止画、動画等の多様な情報を一体的に扱う」授業が「面接授業に相当する教育効果を有すると認めたもの」であるならば、遠隔的なものとして教室以外で授業を受けられることになっていた。とはいえ、こうした授業を行う必要性は特になく、筆者の周辺では、長期入院を余儀なくされた先生が、病院から文字媒体を配信する形で行っていたものしか見なかった。それが、今回、急遽授業形態として導入することになったため、大学教員の多くは、かなり不安な状況に置かれることになったのである。

東京オリンピック開催と大学

このように、通常の学期とは異なる学事日程の急な変更とオンライン授業実施の要請については、大学教員をはじめとして大学関係者を大いに悩ますことになった。そもそも二〇二〇年は東京オリンピックの開催年であったため、通常とは異なる学事日程を予定していたこともあり、大学としては政府関係からの要請に対して神経質になるところもあったのである。

二〇一八年には、スポーツ庁次長、文科省高等教育局長の連名で、各国公私立大学長、各国公私立高等専門学校長宛に「平成三十二年東京オリンピック競技大会・東京パラリンピック競技大会特別措置法及び平成三十一年ラグビーワールドカップ大会特別措置法の一部を改正する法律による国民の祝日に関する法律の特例措置等を踏まえた対応について」という長い名称の通知が発信されている。これは、大会運営を円滑に行うため、国民の祝日を変更して、期間中に休日が得られるようにしたことに関連させて、大会中に学生たちが競技者として参加したり、ボランティア活動に参加しやすいよう、学事日程の変更などが行えるとしたものである。

よく知られているように、この法改正によって、企業に対してお盆休みなどの前倒しのような形で、オリンピック開催期間中に休暇を取りやすくするよう要請したことなどの報道が見られたほか、この通知に対しては、一部のメディアでは、オリンピックへの学生ボランティア等に参加させるためのものとして学徒動員政策と呼ぶものもあった。通知自体は抑制的なものであり、積極的に学事日程の変更を促すことは求めていないが、結果として、東京都内の多くの大学が、オリンピック開催前に春学期の授業期間が終えられるよう日程変更することになった。また、その際に「十週又は十五週にわたる期間を単位として行うことを原則としつつ、教育上必要があり、かつ、十分な教育効果をあげることができると認められる場合には、各大学及び短期大学における創意工夫により、より多様な授業期間の設定が可能となっている」という文言を背景として、授業週の短縮を行ったところもあったのである。

こうした東京オリンピック関連で、学事日程の変更をすでに行っていたことや、またその際には、授業週の短縮も計画していた大学もあったこともあり、令和二（二〇二〇）年四月一日文科省通知のQ&Aで、明確に授業回の削減を禁じる方向性が示されたことに対して、大学の事務運営を担当していた部署からはその対応について混乱と不満が示されることになっていたのである。

このような事務方の不満など、課題点もなかったわけではないが、こうして、オンライン授業により二〇二〇年度春学期が予定より一月程度遅れて開始された。授業開始後は、大学からその都度教員へのサポート体制を強化する形で案内メール等が送られ、教員自身も模索しながらオンライン授業を進めていくことになったのである。

二〇二〇年度秋学期以降の授業について

二〇二〇年度の秋学期を迎える時期はどんな状況であったであろうか。全国的に見れば、七月下旬から八月にかけて第二波と呼ばれる感染の増加が見られたものの、同時期に政府によって行われた観光業界を支援する「Ｇｏ Ｔｏトラベル」キャンペーンに見られるように、なるべく普通の活動に戻そうとする様子が見られるようになっていた。一方で、東京都を発着とする旅行支援は行われず、東京都においては、一年以内に行われる東京オリンピックに影響が出ないように、普通の生活に戻ることよりも感染対策を主とした生活が求められた。

こうした中にあって、大学が九月以降の秋学期を開始するために、大学自体の方針も明確にされていく必要があった。これについては、文部科学省が一つの方針を示している。それは、高等教育局大学振興課から七月二十七日付で全国の大学等に通知された「本年度後期や次年度の各授業科目の実施方法に係る留意点について」という事務連絡である。ここでの方針は次の通りであった。

「本年度後期や次年度の各授業科目の実施方法を検討するに当たっては、大学設置基準第二十五条第一項が、主に教室等において対面で授業を行うことを想定していることに鑑み、地域の感染状況や、教室の規模、受講者数、教育効果等を総合考慮し、今年度の授業の実施状況や学生の状況・希望等も踏まえつつ、感染対策を講じた上での面接授業の実施が適切と判断されるものについては面接授業の実施を検討していただき、授業の全部又は一部について面接授業の実施が困難と判断される際には、「2　遠隔授業等の実施に係る留意点」を踏まえた上で、遠隔授業等（面接授業との併用を含む。）の実施を検討いただくようお願いいたします。」

ここに見られるように、七月の時点では、対面授業を求めているものの、実施困難な状況を想定して、その場合には遠隔授業による実施についても認めたものとなっていた。ところが、その後、対面授業への移行を強く求めるものへ変化していく。それは、八月二十五日から九月十一日に「大学等における後期等の授業の実施方針等に関する調査」を実施した結果、対面授業の実施が予想より低かったことが影響していたものと考えられる。この後さらに、十月十六日付高等教育局企画課事務連絡「大学等における本年度後期等の授業の実施状況等について（再調査）」が実施されることになった。

これは、八月から九月にかけて行った調査において、面接授業の実施が半数以下の大学に対する再調査であり、そこには、「なお、本調査に対して回答いただいた内容（回答がなかった場合にあっては、当該事実を含む。）については、大学名を含めて公表させていただきますので、あらかじめご了承ください。」という文言まで付け加えられており、対面授業数の少ない大学をやり玉にした調査ということもできるものであった。

この調査結果は、十二月二十三日付高等教育局長による「大学等における新型コロナウイルス感染症対策の徹底と学生の学修機会の確保について（周知）」の添付資料において公表された。これを見ると、都内の主要大学のほとんどすべてが再調査対象となっており、そこからはオンライン授業を要請する東京都と対面授業実施を求める文科省の間で板挟み状態に置かれて苦慮する都内の大学の様子が見られる。しかし、萩生田文科相（当時）が新年インタビューにおいて「大学等における授業の実施については、これまでも申し上げている通り、感染対策をより慎重に講じた上で面接授業の実施が適切と判断されるものについては、引き続き、実施を検討する一方で、感染防止の徹底と面接授業と遠隔授業を効果的に活用した質の高い学修機会の確保の両立が重要」（「萩生田光一文部科学大臣臨時記者会見録（令和三年一月五日）」文科省ホームページ）と述べたように、文科省の大学における対面授業への移行の方針は変わらなかった。

ところが、十二月から新型コロナウイルス感染症の第三波が発生し、二〇二一年一月に緊急事態宣言が発出されることになり、対面授業に移行することの難しさを改めて考えさせることになった。年度が替わってからも、例えば東京都では三度目（四月二十五日〜六月二十日）、四度目（七月十二日〜九月三十日）の緊急事態宣言が発出され、二〇二一年度春学期については、都内の大規模大学でオンライン授業を継続し、東京オリンピックが終了後の秋学期になってようやく対面授業が主流となっていったのである。

緊急事態宣言下の大学授業とは何だったのか

二〇二〇年に始まった新型コロナウイルス感染症の拡大という近年の日本社会が経験したことのないパンデミック下において、社会的機能を継続させていく難しさは、あらゆる分野において実感することとなった。筆者の勤める大学という世界においても他の教育機関と同様にどのようにして授業を継続させるかという課題があった。また、この年は東京オリンピックの開催が予定されていたこともあり、日本政府や東京都はその開催実現へと向かっていた時でもある。

こうした状況のなかで東京都内の大学は背反する課題の解決に迫られることになった。それは先にも述べた世界的なパンデミックに対応して大学教育を機能不全に陥らせることなく、授業を提供していく使命を果たすことであり、一方で、オリンピック開催の主体である東京都から大規模施設の使用制限が示され、大規模大学では学生が登校できない状況となった。これによって東京都は大学に対してオンライン授業を求めることとなったのである。

このような状況で行われた大学の授業とはどのようなものであったのか。続く本章において紹介する二〇二一年度春学期の筆者の社会科に関する授業実践は、その一つの事例である。

学期の名称

大学の学期の名称は、春学期・秋学期、前期・後期、一学期・二学期・三学期など多様な用例がある。通例、日本では前期・後期の二学期制で行われていたが、それは、四月入学・三月卒業という年度の前半・後半に対応するものであった。

一九九〇年代の大学大綱化による改革以降、通年授業が減少し、半期ごとのゼメスター制度へ移行していったことや、留学生の増加に伴い大学への入学・卒業の時期が九月に行われる形態が現れるなど在学期間が多様化したことにより、日本的な年度制度に基づく前期・後期とせず、開講時期を季節名で呼ぶ大学が増えてきた。

本章

慶應大学生と学ぶ社会科教育

第一回　社会科とは何か（二〇二一年四月十日）

Introduction～コロナ禍での「社会科・公民科教育法Ｉ」の進め方

それでは、「社会科・公民科教育法Ｉ」の第一回授業を始めます。

二〇二一年度の春学期がいよいよ始まりました。今年度も、新型コロナウイルスの感染拡大が収まりません。本授業の授業形態を確定する時期だった今年の一月には、緊急事態宣言が発出され、感染拡大が収まらない状況でした。その後、やや収まりつつあったものの、四月には拡大傾向が大きくなり、この講義資料を作成している四月七日には、大阪で八〇〇人を超す感染者を出してしまいました。こうしたことを考えると、オンライン授業課題型を選択したのもあながち間違いではなかったのかとも思います。

この社会科・公民科教育法Ｉは、課題提示型を基本としたもっとも平凡な授業方法で進めていきます。文部科学省が提示した遠隔授業では、リアルタイムで行うＺｏｏｍによる授業のようなものと課題資料を提示していつでも学習できる課題提示型などがありました。本授業は、課題提示型を基本とし、一部Ｚｏｏｍを取り入れようと考えています。これは、教職科目ということを考慮し、知識面など学習においては、資料から学んでもらい、時々、Ｚｏｏｍを使って学生参加も予定しています。

教職科目は人と人との関係を構築することが重要な教員養成科目であり、学術研究型の他の大学科目とはやや趣を異にし、本来は、対面形式が好ましいものだからです。各教科の指導法は、学術的な理論を講義することはもちろんですが、翌年の教育実習も見据えた授業となるために、実際に模擬授業を行ったり、そのための指導案作成についての講義もします。つまり、教科の内容ばかりでなく、どんな授業を行うのかとか、教室の雰囲気も含めて学んでほしいことがあります。

とはいえ、非対面ではこうしたことは思うように行えず、Ｚｏｏｍも臨場感あるものにはならないのですが、せめて模擬授業のようなものだけでも行えたらと考えています。今年度は、授業を行いながらより良いものを工夫していきたいと思います。

Theme1 ～社会科とはどのような科目なのか

それでは、第一回目の今回は、社会科とはどんな科目なのかを考えることから始めましょう。社会科といっても小学校の時に学んだものや中学校に学んだものなど、いろいろあったと思います。また、高校では社会科と呼んだり呼ばなかったり、学校によって違っていたのではないかと思いますが、とにかく中学から延長し多様な科目はあったと思います。こうしたことをまずは思い出しましょう。

今回、考え、思い出してもらった（記載してもらった）ことを次回に紹介し、そこから社会科の特徴を説明していきます。

まず、皆さんが学校で受けてきた社会科の授業にどんなものがあったのか思い出してもらいます。次の課題に答えてください。

【課題Ⅰ】　皆さんが小学校・中学校時代に社会科でどのような授業を受けたか、具体的に学んだ内容を記載してください。

【課題Ⅱ】　特に印象に残っている授業について説明してください。

Theme2 ～近代教育と社会科

次に、明治時代に近代教育が始まってからの科目の整理をします（**資料1、2**）。

本講義を履修している皆さんは、中学校・高等学校の教員免許を取得する目的を持っておられるのだと思います。中学・高校は学校教育の制度上は、中等教育といわれるものです。教育と学校の対応でいえば、初等教育すなわち小学校。中等教育すなわち中学・高校、高等教育すなわち大学など、です。皆さんは中等教育段階の教員となるのですが、世界的には初等教育は国民教育の基礎、中等教育は社会の中堅的人物の養成、高等教育は指導的役割を担う人材の育成となっています。

ところで、それぞれの国ではその社会が最低限必要とする教育レベルまでの教育を義務教育としています。日本では、戦前の教育では小学校までが義務教育でした。戦後今日まで義務教育は小学校と中学校の九年間とされています。なので、中学校の教員免許を取得するとは、義務教育の一翼を担うということです。義務教育はその社会で最低限必要な教育であり、国民すべてが受ける教育です。このことは、自覚する必要があります。そして、中学社会科はすべての国民がその社会をどのように理解するかといった知識の基礎となるものです。一方で、その社会のある意味公式的な世界観を映すことにもなります。つまり、社会科を見ることで社会の変化を知ることも可能であり、逆に社会が変化すれば教育も変化していくことになります。

次回は、この問題についても検討していこうと思います。

そこで最後に、戦前の教科はどんなものがあったのか調べてみてください。義務教育ということで、戦前の小学校の科目だけで構いません。余力があったら中学も調べてみてください。調べ方は各自自由です。インターネットの検索でも構いません。

以上の課題について、解答を送ってください。次回は一部を紹介しながら講義します。

【資料1】戦前戦後における日本の教育関連年表（昭和18年〜昭和25年）

年	月	日	事　項
昭和18年（1943年）	1月	21日	「中等学校令」公布
	3月	8日	「師範教育令」改正
	10月	12日	「教育二関スル戦時非常措置方策」を閣議決定
昭和19年（1944年）	2月	16日	「国民学校令等戦時特例」公布（義務教育八年制を停止）
	3月	7日	「決戦非常措置要綱二基ク学徒動員実施要項」閣議決定（中等学校以上の勤労動員を通年実施化）
	6月	30日	「一般疎開ノ促進ヲ図ルノ外、特に国民学校初等科児童、疎開ヲ強度二促進スル」ことを閣議決定
	8月	23日	「学徒勤労令」公布（学徒勤労は教職員、学徒によって組織される学校報国隊による）
昭和20年（1945年）	3月	18日	「決戦教育措置要綱」を閣議決定（国民学校初等科を除き学校の授業を4月から1年間停止）
↑戦前	5月	22日	「戦時教育令」公布
↓戦後	8月	15日	ポツダム宣言受諾
	8月	15日	文部省、「終戦二関スル件」を訓令（教学の再建を要望）
	9月	15日	文部省、「新教育建設の教育方針」を発表
	9月	20日	文部省、「終戦二伴フ教科用図書取扱方二関スル件」を通牒
	10月	22日	総司令部、「日本教育制度二対スル管理政策」指令
	10月	30日	総司令部、「教員及ビ教育関係官ノ調査・除外・認可二関スル件」指令
	12月	15日	総司令部、「国家神道、神社神道二対スル政府ノ保証、支援、保全、監督並ビ二弘布ノ廃止二関スル件」指令
	12月	31日	総司令部、「修身・日本歴史及ビ地理停止二関スル件」指令（授業の停止、従来の教科書の回収破棄、新教科書の作成）
昭和21年（1946年）	2月		文部省、修身・国史・地理の教科書の回収について通達
	3月	5日	第一次米国教育使節団来日（3/31報告書提出、4/7発表）
	5月	15日	文部省、「新教育指針」の発行配布を開始（第一分冊。1947/2の第五分冊まで続く）
	5月		教職員追放に関する勅令を公布
	6月		総司令部、地理の授業再開を許可
	8月	10日	「教育刷新委員会官制」公布
	9月		国民学校国史教科書『くにのあゆみ』を発行（上巻・下巻9/10）
	10月	8日	文部省、勅語及び証書等の取扱いについて通達（式日奉読の停止等）
	10月		総司令部、国史の授業再開を許可
	10月		『国民学校公民教師用書』・『中等学校青年学校公民教師用書』を発行
	11月	3日	日本国憲法公布（翌年5/3施行）
	12月		教育刷新委員会、教育基本法の要綱、六・三・三・四の新学制要綱を建議
昭和22年（1947年）	3月	20日	文部省、「学習指導要領　一般編・試案」発行
	3月	31日	「教育基本法」「学校教育法」公布施行
	4月	1日	新学制による小学校、新制中学校発足
	5月	3日	文部省、「教育基本法制定の要旨について」訓令
	6月	8日	日本教職員組合（日教組）結成
	8月	20日	「教育刷新委員会官制」公布
	9月	2日	社会科の授業を開始
	12月	12日	「児童福祉法」公布

昭和23年 (1948年)	4月	1日	新制高等学校発足
	4月	30日	「教科用図書検定規則」を制定
	6月	19日	教育勅語等の失効確認（国会両院で決議）
	7月	10日	「教科書の発行に関する臨時措置法」公布
	7月	15日	「教育委員会法」公布
	11月	1日	教育委員会発足
昭和24年 (1949年)	1月	12日	「教育公務員特例法」公布
	1月		「教科用図書検定基準」を定める
	4月	1日	検定教科書の使用を開始
	5月	31日	「国立学校設置法」公布（国立新制大学を設置）
	5月	31日	「文部省設置法」公布（教科書の編集は初等中等教育局、検定は管理局（教科書検定課）で行う）
	5月	31日	「教育職員免許法」公布
	6月	10日	「社会教育法」公布
	12月	15日	「私立学校法」公布
昭和25年 (1950年)	2月	12日	東京都、教員246名の整理を発表（レッド・パージ）
	8月	27日	第二次米国教育使節団来日（報告書提出9/22、発表9/30）
	9月	1日	天野貞祐文相、教職員のレッド・パージ実施を言明
	10月	17日	文部省、国旗掲揚、「君が代」斉唱について通達
	11月	7日	天野文相、全国教育長会議において「修身科の復活」と「国民実践要領」について発言

（出典）文部省『学制八十年史』（1954年）等より作成

【資料2】1947年版の社会科の体系

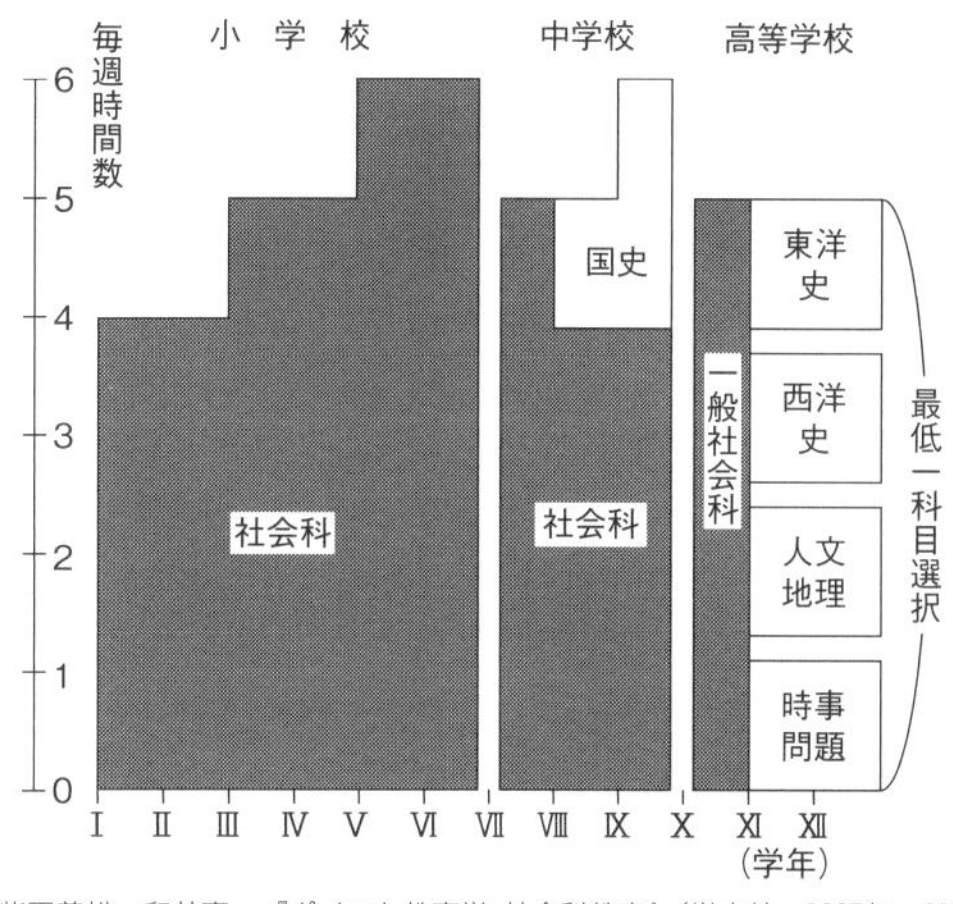

（出典）柴田義松、臼井嘉一『ポイント教育学 社会科教育』（学文社、1987年、26頁）を改

第二回　どのようにして現代社会を学ぶか
（二〇二一年四月十七日）

それでは、社会科・公民科教育法Ⅰの第二回授業を始めます。

社会科とは社会について学んでいくものなのは言わずもがなですが、ではどうやって現代社会について学べばよいのでしょうか。今回、皆さんに、これまで受けた授業について思い出してもらいましたが、授業以外でも社会について考えるような場はありませんでしたか。例えば、朝のホームルームの時などに、担任からちょっとしたニュースについて解説してもらわなかったでしょうか。こうしたちょっとしたものでも、今、社会で何が起きているのか、考えるきっかけになります。皆さんも何でも構いませんので社会で起きていることに関心を持ってみてください。

先週の授業から今週までの間にも、社会的なニュースは多様にありました。

例えば、新型コロナウイルスに関しては、大阪での感染者数の増加は、相当大変な状況にあり、四月十四日に開かれた新型コロナウイルス対策本部会議で、小・中・高校生の部活動を五月五日まで活動休止にすると決められました。講義資料を作成している十六日には、大阪で一二〇九人の感染者が確認されており、こうした判断もやむなしかとも思えるものがあります。また、大学に対してもオンライン授業の要請がなされたと報道されています。東京の感染者数の増加が、大阪の三週間程度遅れだと考えれば、同様のことが、五月ごろには要請されると考えることもできます。この授業は先週の

第一回授業でお伝えしたような方法で進めますが、中には途中で切り替わる授業も出てくるかもしれません。

先週の第一回授業で、対面授業からオンライン授業に途中で切り替わるのは、避けたかったといいましたが（Ｚｏｏｍにて発言）、そうした授業がいくつか起こりそうで、厳しいものがあります。

Introduction ～広島県立高校入試でのコンパス持ち込み

ところで、今回、取り上げたいニュースは、今春の広島県立高校入試で起きた、机上にコンパスを置いていたため受験が無効になったというものです。

今年の三月八日に行われた県立高校の一般入試一日目の数学の試験時に、複数生徒が机上にコンパスを置いていたため、監督者が没収した上で試験を継続し、当日の午後九時に当該生徒の保護者に対して「不正行為による受験無効」が伝えられたといいます。

この事件を詳しく見ていくといくつかの疑問が認められるものでした。それは、試験の要項には「鉛筆、鉛筆削り、消しゴム、定規、時計の他は携行できない」とされており、また、「不正行為をした時は退室となり受験は無効」とされていたといいます。ところが、複数人いたという当該の生徒たちは、コンパスをとがめられても退出を求められておらず、また、コンパス自体は、数学の試験より前にあった国語、社会の試験時にも机上に置いていたのだといいます。つまり、携行の許されないものを所持していたという理由であれば、試験最初の国語の時点で不正行為となるはずであり、逆に、それについてとがめられないということは、認められたと判断してしまってもおかしくはないといえます。そもそも不正行為のために認められていない所持品を持参したのなら、一時間目から目につく机上に置いているはずはなく、所持品確認のうっかりミスといえるでしょう。おそらく実害がなかったと判断したから、没収後も受験を継続したのであろうから、その後の対応として、不正を理由に受験無効というのは、厳しい判断ではないのかと思えます。

本来、試験監督は教室内で適正な試験が行われるように監督する立場であり、不正行為の摘発のために存在するものではありません。今回の場合でいえば、所持品の確認を行い、認められていないものを携行していれば、カバンにしまわせるなり、一時的に取り上げることで、正常な試験は行えたはずです。高校入試という人生を左右する大切な機会が、こうした扱いをされたのには、何とも言えない後味の悪さが残る出来事だといえます。特に、未成年の中学生ということを考えればなおさらです。首都圏のように中学入試の盛んな地域でなかったら、高校入試が初めての入学試験であり、相当の緊張の中で、われを忘れてしまうことも十分考えられます。本来教師であるはずの試験監督が、教育的配慮ができなかったことに悲しみを覚えてしまう出来事でした。

皆さんは、どう考えられるでしょうか。

Theme1 ～小学校・中学校の社会科でどのような授業を受けたか

では、授業に入りましょう。前回、皆さんに行ってもらった課題は、受講者の皆さんに過去の社会科授業を思い出してもらうというものです。この作業を通じて、皆さん自身が体験した授業から社会科についての理解を深めていこうとするものです。

この作業のもう一つの意味は、今後、教育実習などに参加した時、どんな授業をすればよいのか、モデルの構築の役割もあります。何かを行う場合、モデルを参考にするのがよいとされていますが、中・高の社会科授業は、皆さんの過去の体験から探ることが可能です。今はあまり思い出せなくとも、何度か思い出そうとすればいろいろ浮かんでくるものです。

ところで、社会科という科目について、皆さんが書いてくれたレポートを読むと、学校教育の中でいつから社会科という科目が始まったのか、すでに記憶から消え失せている人もいることが確認できました。実は、これまでも本授業の際に、このことを聞いて同様の回答がいくつも見受けられました。こうした回答があることも社会科の特徴であるかと思います。その理由はまた後にします。

では、実際どんなものであったのか、次のものは皆さんからのレポートです。少し長くなりますが、いくつか紹介しましょう。

【課題Ⅰ】　皆さんが小学校・中学校時代に社会科でどのような授業を受けたか、具体的に学んだ内容を記載してください。

（一人目の学生）

小学校一年生においては、地域社会や地理について教わりました。

二年生では、一年生の時とほぼ同一の内容を学習し、市役所へ赴き市長のお話を聞いたり教科書に登場していた地元の農家の方のお話を聞きました。

三年生では、田植えの体験授業をするなどしましたが、確か地元の教科書を扱わなくなり地図帳の導入や歴史の授業も開始しました。埼玉県の、自分が在住している市以外の地域も学ぶようになり更には関東圏についても学びました。非核三原則や日本国憲法の理念についても教わりました。

四年生になると、歴史／地理ともに授業が本格的に始まりました。教科書を確認しながら、歴史は縄文時代から指導が始まり、地理は日本地図を覚えるなどしました。

五年生では、歴史は江戸時代の終焉まで、地理は世界に目を向けて学習しました。

六年生では、歴史は第二次世界大戦の終焉とその後の現代社会について学びました。また、公民に近い内容を学んだ記憶もあります。

中学校一年生では、教科書を中心に、歴史・地理を小学校の知識を発展させる形で学びました。小学校とは全く違う形態で授業が進行したので驚いた記憶があります。歴史は平安時代の終わりまで、地理は教科書の半分程度まで学習しました。

中学二年生の時に、社会の先生が変わりとても面白い授業を行ってくれたので歴史が大好きになった年でした。ノートは大文字で取らされ、教科書の内容を簡潔に要約した授業が進められて、本来五十分授業のところ「人間集中力が五十分も続くわけがない」と二十分で切り上げ、残りの時間は先生が身の上話ばかりしていました。そんな授業が大好きでした。テストも一問一答形式の問題が四十題、記述が三題出題される構成でクイズ番組のようで面白かったです。歴史は大政奉還、地理は終了するまで学びました。

中学三年生では、歴史は終戦まで学びました。また公民の授業も始まり、法律、政治、社会の基礎知識について学びました。

高校は一年生で中退し、独学で大学に入学したので全く語ることができません。だからこそ何か教えることができるのではないかと教員を目指しています。↑というのは建前で本当は高校に通いたいのです。友人たちの話を聞いていると憧憬を抱いてしまいます（笑）。

（二人目の学生）

小学校三年生にて『生活』の授業が『社会』に変わってスタートする。日本の歴史や地理、地元史などの学習と地元の博物館（飛鳥山の三つの博物館）の見学など。

中学では『社会1』『2』『3』に分かれて週三回（五回だったのかもしれない）の授業があった。1では地理を扱い、2では日本史・世界史を扱い、3では公民を扱った。記憶によると、一・二年では社会1と社会2を扱い、三年では社会2と社会3を扱った。内容はそれぞれ『中学受験レベルのおさらい』であった。

高校では一年で公民、二年で世界史、三年で日本史と地理を扱った。授業内容は担当教員の専門分野に依存し、世界史は『神話や宗教史を中心で、二月時点でキリスト誕生を扱った』。公民は憶えていない。日本史は『江戸時代史、つまり一年間丸々使って戦国末期から大政奉還まで扱った』。地理は一般的な授業であった。

（三人目の学生）

○小学校時代

・初めは地元のことについて学んだ（小学校三～四年？）

・近所のコンビニや自動車工場などに見学に行った

・小学校五～六年の頃から歴史（主に日本史）が始まった

○中学校時代

・小学校時代より覚えることが多くなったくらいで骨子は変わらない？（あまり記憶にないです）

○高校時代

・社会科は世界史、日本史、地理、公民、現代社会、政治・経済と細かく分類されるようになった

・一年時に世界史と現代社会を学んだ

・二年になると世界史B＋日本史B or 地理Bのように日本史と地理どちらかを選択して履修するようになった（ちなみに私は世界史Bと地理Bを履修した）

・世界史は、教科書・資料集と先生自作の冊子を使って学んだ

・冊子の空欄部分に先生が言った事を各自埋めていくという授業スタイルだった

・地理は、資料集とデータブック（統計資料集）、先生の板書をもとに進められた

・怖い先生だったので、毎回気を引き締めて授業に臨んでいた（でもちゃんと面白く親しみやすい先生で、生徒からの評判も良かった）

・授業の合間に先生が即興で作った論述問題をやることもあった

○浪人時代

・世界史と地理にそれぞれ二人ずつ先生がついていた

・世界史は、一方が板書中心でもう一方が授業スライドとお手製プリント中心で授業を進める先生だった

（四人目の学生）

小学校一、二年はほぼ記憶にありません。小学校三年ころからは、日本地図の都道府県や地図記号などを学習したような気がします。小学校四年生では千葉の小学校に通っていましたので、銚子や野田の醤油工場や佐原の伊能忠敬などについて調べ学習をした記憶があります。小学校五、六年では歴史的な学習や政治的な内容の授業が増えた気がします。小学校にはあまり行っていなかったので、授業の記憶がありませんが…。

中学校の授業は小学校より覚えています。中学校一、二年では地理的分野と歴史的分野、中学校三年では公民的分野というくくりで学習しました。地理的分野では、地球の誕生から地動説、プレートテクトニクスなどを、そして日本だけではなく世界の地理（山脈や河川など）を覚えた記憶があります。歴史的分野では旧石器時代から江戸時代くらいまでを学習しました。公民的分野では、公民という科目名で日本国憲法や判例研究などを学習しディベートをしました。

（高校になると、文理選択もあり取る授業が人によって変わってきました。高校一年では、世界史と政治経済を学習しました。高校二年では日本史と倫理を学習しました。高校三年は日本史と政治経済を学習した気がします。一年の世界史では、四大文明からローマ帝国あたりまでを、政治経済では思想家の考えや現在の政治問題などを扱いました。日本史では大学受験レベルに掘り下げた通史を学習しました。史料を用いた授業が多かったです。倫理はデカルトやソクラテス、アリストテレスなどの考えから、様々な思想について学びました。高校三年になると、日本史が受験科目であったこともあり、二年生の続きの通史と記述問題などの対策も行いました。）

（五人目の学生）

小学一年生、二年生の社会科について、家で調べてみたが通っていた学校に社会科という教科はなかったと記憶している。同じ小学校に通っていた妹に確認したところ同様で、その代わりのような形で「生活」の授業があった。生活科は社会だけでなく、理科や総合、道徳の授業の要素も含んでいて、社会科の内容としては、学区内の町探検が主であった。事前に昔の地図に色塗りをしてみたり、実際に歩いて標高の差を感じたりして、絵と感想を書いてまとめた。

小学校三年生では、日本地図を使った授業が行われるようになった。とはいっても、細かく学習したわけではなく、県庁所在地を暗記していたようである。また、町探検が少し広い範囲になって、住んでいる市について調べる授業があった。遠足で市内のビール工場に行ったり、リサイクルセンターに行ったりする機会があり、その事前学習、事後学習で関連する社会科の内容を新聞風にまとめ、さらに友人と一緒に模造紙にまとめる時間もあった。

小学校四年生では、もっと詳細に日本全国について勉強した。たとえば、特産品や伝統工芸品、そして低学年の時には色塗りにしか使っていなかった地形図の勉強もしていて、地理全般を学んだ。

小学校五年生になると、本格的に歴史（日本史）を学び始めたようである。古代から少しずつ勉強していた。

小学校六年生では、日本史の続きとともに、少しだけ日本の政治について学習したようである。国会や内閣、裁判所など基本的な部分だけではあるが、公民の授業内容も含まれていた。

（小学校では新聞風にまとめるという課題がとても多く、自分のものを引っ張り出して今回は確認している。）

中学一年生からは私立校に通っていたので特殊な部分もあるかもしれないが、まず一年生は日本史と地理を勉強していた。そして、キリスト教の学校だったので、聖書の授業、つまり内容は倫理であったがそれも週一時間あった。

中学二年生も、同様に日本史と地理であったようである。そして、変わらず倫理も並行して勉強していた。

中学三年生は、世界史と公民の組み合わせになった。世界史は時代ごとというよりも地域ごとにまとめられていた印象がある。

高校では、まず一年生は世界史と地理を学んでいた。二年生は世界史と公民で、三年生は選択科目で、文系は二つ選び勉強した。省略したが、聖書の授業はずっとあり、高校二年生からは「倫理」という教科名に変更した。


どうでしょう。

この課題は、そもそも社会科とはどういったものなのか、整理してもらうものです。学校教育で社会科は、小学校三年生から始まります。小学一、二年には社会科という科目はなく、生活という科目があったはずです。もっとも社会科が小学校三年から始まることとなったのは一九八九年の学習指導要領からであり、それ以前の人たちは、小学一年生から社会科を学んでいました。小学校の社会科と中学校の社会科は、同じと思いましたか。あるいは違いがあったでしょうか。社会科という名称であっても、同じものに見えない内容もあるように感じたと思います。こうしたことも、これから社会科について、考えていく課題にしてください。

五人目の学生が中学からキリスト教系の私学に通っていたといってくれていますが、この中で書いてくれた倫理的な聖書の授業は、社会科ではなく、道徳の時間の替わりです。宗教系の学校では、道徳に替えて宗教の時間を置くことができます。

皆さんに、自分の体験した社会科を思い出してもらいましたが、いつから社会科が始まるのか、どんな内容だったか、おそらく思い違いや記憶のすり替わりなどもあったように思います。これから、機会を見つけて過去の社会科を思い出してみてください。社会科は何をするものなのか、何となく感じられる時が来ると思います。

Theme2 ～印象に残る授業とは

次の課題を見てみましょう。

【課題Ⅱ】　特に印象に残っている授業について説明してください。

（一人目の学生）

高校二年の時の世界史の授業である。高校二年の男子にとって、神話や宗教史といった内容は漫画やゲームで親しみやすく、前期後半で学ぶ古代史と親和性も高いので学習意欲を非常に刺激された。当時担当教員についていた教育実習生のテーマも『イスラーム史』ということも相まってオリエント世界以降のキリスト教世界とイスラーム世界の対比も非常に興味深かった。一番記憶に残っているのは、古代史で扱った『スパルタ』についてである。映画『３００』を視聴し、教師が段ボールで作った武器を手にクラスでファランクスを形成したのは非常に楽しかった。高校生になれば、こうした遊びを含んだ授業はないので、こうした授業が生徒たちのモチベーション向上などに効果があったのだろうと今思う。

（二人目の学生）
僕は高校二年生の時の社会科が記憶に残っています。それまでの社会科の授業の多くは教科書をただ読み進めていくだけのものでした。それに対し高校二年生の授業は二週間に一回グループワークをする機会がありました。もちろんただ教えるだけの授業でも自分自身が積極的になれば学習は捗るのかもしれません。しかしグループワークをすることで、自分の考えが深まることはもちろん、友達の意見を聞くことで新たな発見も得ることが出来たのです。授業に自分も参加しているということを明確に認識することができた点も大きいのではないかと思います。また、小学校の社会科も記憶に残っています。授業の内容は具体的に覚えていませんが、周辺の工場へ見学に行ったり、学校周辺を探索したりと校外学習が多かったのです。普段の授業とは違い、どこかへ行って学習するということは刺激があって現在でも覚えています。以上が私の印象に残っている授業です。

（三人目の学生）
二〇一六年、高校一年生の現代社会の授業で、参議院議員選挙に合わせて模擬選挙を実施したのが最も印象的な授業である。実際のマニフェストを使用し、政党名を伏せたうえで、自らの考えで投票をするというものであった。先生が各政党の主な政策をまとめた資料を配布し、各自それらを熟読したうえで、投票をした。投票が終了した後、政党名を公表し、結果が発表された。結果は共産党が全体の三〇％を占めて一位、二位が自民党、三位が幸福実現党となった。この結果を受けて、実際の参議院議員選挙の結果との乖離はなぜ起こったのかという考察をした。民主主義の弊害としての「衆愚政治」のようなものがみられると考えた。また、理想的な政策は実際の世論には支持されにくいという結論になった。

（四人目の学生）

私が特に印象に残っているのは、小学三年の地域学習として、地元のスーパーに行ったことです。いつも何気なく利用しているスーパーに様々な工夫がされていることを知って驚いたと同時に、地産地消〈地元が千葉県なので千産千消と表記されていた〉という言葉をその時初めて知ったことをなぜかよく覚えています。その他についても小学校の時の他県的な学びはよく覚えています。上にも書いたように、小学四年で手賀沼に行って実際に手賀沼に入ってその汚さに驚いたことや、小学五年で本来トヨタを予定していたのに行けなくなり、農業機械製造をしているクボタに行ったことなど、具体的な内容をいくつかはっきりと覚えています。授業形式も、調べたことをグループで紙芝居やポスター、ペープサートなどの形にして発表するという流れが多く、印象に残っています。しかし一方で、中学高校の授業で何をしたのか、正直あまり覚えていません。教室で先生が一方方向の授業をする形が多く、体験的な学習はほとんどなかったと思います。印象に残るのは、体験的な授業なんだと改めて実感しました。


　さて、今回のレポートを見ると社会科の授業について印象に残っているものに共通した部分がありま す。それは、体験的なものであるとか作業をした授業であるといったことです。

　二人目の学生が紹介してくれた授業のように、グループワークや社会科見学というのはもっとも印象に残りやすいものです。また、三人目の学生のように、模擬選挙を行うというものも、現在のように十八歳から選挙権が得られたことに対応する形で、授業実践としても増えてきています。高校生の模擬選挙と実際の選挙結果の乖離というものは、答え合わせのように比較ができ、なぜそのような結果になるのか、考える問題がいくつも出てきます。体験的な学習というのは、学習を深めるものといえそうです。

　ところで、こうした授業は、今日、アクティブラーニングといってもてはやされていますが、こうしてみると、皆さん自身が実際に受けてきた授業であることが理解できます。政治家や評論活動をするような学者が、日本ではこれまでアクティブラーニングが行われていなかったような発言をする人がいますが、それは間違いであり、社会をミスリードさせています。

　それはさておき、ではなぜ、こうした経験的な体験を伴うような授業は印象に残るのでしょうか。実は、こうした授業は、学んでいく過程で疑問を持たせ、その疑問を解決させるために調べたり、ディスカッションしたりして、結論にもっていくからだといえるでしょう。

　一方で、社会科に対しては、比較的楽勝科目といった意識も持っていたのではないでしょうか。今、中学生に中学校で重要な科目は何ですか、と質問してみたら、英・数・国という順で答えが返ってくると思います。さらに続けて聞くと、理・社の順になり、主要教科の最後に位置するのではないでしょうか。これは、学校の授業というものを受験という立場から理解しているからだといえます。この認識が、現在の日本の教育を取り巻く状況であり、本来の社会科という科目の持つ「社会の概念」を学ぶ教育とは、立場を異にしてしまっています。

受験知、つまりテストの点を取る学習は、認識の理解は必要ありません。用語そのものを暗記すれば事足ります。だから暗記学習が可能となるのです。

つまり、このことは、どういった学習方法によるのか、といったことにも関わる問題であり、皆さんがレポートしてくれたような印象に残った授業のように経験的な授業を生み出すような授業形態というものが存在するものの、一方で、暗記学習の典型のような教科書のサブノートの役割を持った、穴埋め形式の配布プリントを講義するごとき授業も存在します。社会科を楽勝科目と見立てる立場は、後者の授業をイメージしたものといえるでしょう。つまり、その科目で何かを考えていくというより、単に得点力向上につながったものであり、試験直前の勉強がしやすいものといった感じでしょうか。

アクティブラーニングを推進する人たちは、実は逆に言えば、教育というものを暗記学習として理解しているため、あたらしい学習としてアクティブラーニングに注目したという皮肉も言えそうです。

さらに今日の社会が教育を暗記学習的なものとして見ていることは、昨年来の新型コロナウイルス感染拡大に伴っての遠隔授業の促進でもいえます。世間では、大学や学校に行けなければリモートで遠隔授業を行えばいいといいますが、そうした授業に適応しやすいのは、受験指導のような重要語句の説明と暗記学習的なものです。予備校がスマホなどで遠隔授業に対応できるのと同じです。一方、「なぜ」を考える授業は、体験的なものが不可欠であり、対面授業にしなければ、深く考えることが難しくなります。今回の講義でも皆さんからの回答を紹介することはできてもそれを出発点にして互いにその場でいろいろな意見を拾い上げられません。この講義資料自体が、一方的に、教員の解説に移行してしまっています。つまり、世間の人は、授業というものを受験的な知識の獲得としてしか理解していないといえるのです。

社会科というものはどういったものか、このことを考えることによって、教師としてどんな授業ができるか学んでほしいです。

第一回と第二回は、そうしたことの前提として、社会科とは何か、ということを考えるきっかけとしました。次回は、さらにこの問題を進めていきます。

では最後に、今回の課題を提示します。

【課題Ⅰ】　授業感想をまとめてください。

【課題Ⅱ】　中学校学習指導要領の総則の中に「主体的・対話的で深い学びの実現に向けた授業改善」という言葉があります。これがアクティブラーニングとされていますが、どういったことか、簡潔にまとめてください。

第三回　学習指導要領を読む〜アクティブラーニングとは〜（二〇二一年四月二十四日）

それでは、社会科・公民科教育法Ⅰの第三回授業を始めます。

この資料を作成している四月二十三日には、東京、大阪、京都、兵庫に四月二十五日から五月十一日まで緊急事態宣言を発出することが表明されました。今回で緊急事態宣言は三回目となり、本来は、緊張感をもって受け止めなければならないものであるはずが、慣れてしまった感じがします。今回は、時期的にはゴールデンウイーク期間と重なるため人の外出を抑えられるという見立てのようですが、昨年に続き再びのこの期間の自粛には、国民すべてに対して期待ほど効果も表れないという見方もあります。連休明けの感染者数によっては、大阪に続き、東京の大学でも完全オンラインということも考えられそうです。本授業では、この課題型をそのまま継続していきますので、皆さんはこの授業に親しんでください。

Introduction〜韓国での慰安婦訴訟

では、いつものように先週の授業後に起きたニュースから考えていきましょう。今回は、韓国地裁で示された元従軍慰安婦の損害賠償請求に関するものです。内容は次のようなものです。

旧日本軍の慰安婦だったとされる韓国人女性二十人が日本政府に対して日本円で総額約二億九千万円の損害賠償を求めてソウル中央地裁に対して訴訟を起こしたものについて四月二十一日に判決が下され、請求が却下されたというものです。今回の裁判については、韓国人が韓国の裁判所に日本政府を被告として訴えるという形であり、この場合の争点として、そもそも外国政府を裁くことができるのかということがあげられます。これについては、国際法上、主権免除の原則があり、国家には他国の裁判権が及ばないとする考え方があります。このため、日本政府は一貫して主権免除の立場から、裁判自体に参加しない態度を示していました。一方で、今回と同様の裁判が今年の一月にも行われ、その際、日本政府の主権免除を認めず、賠償を命じる判決が下されました。こうしたこともあり、今回の裁判でどういった判決が下されるか注目されていたのですが、国際法上の原則を認める形となりました。また、今回の裁判では、二〇一五年に韓国政府と日本政府との間で慰安婦問題に対して、日本政府が十億円拠出し、「最終的かつ不可逆的に解決」として合意したことについても言及され、一部に対してでも救済のあったことについて認めるものとなっています。日韓関係については、ここ数年厳しい状況が続いていた中で、改善の兆しとなるのか、注目したい裁判でした。

Theme1 〜前回授業レポート

それでは、授業に入りましょう。今回は、前回授業の感想から見ていきましょう。

【課題Ⅰ】　授業感想をまとめてください。

（一人目の学生）

広島県立高校の入試についてである。これについては学校側が取るべき立場（選択肢と表現したほうが良かろう）が二つあると思われる。一つは『受験要項では許されていない文具を持ち込んだのだから、不正行為として受験を無効にするのは正当である』という立場、これは受験生が中学生であっても、義務教育を終えてある程度の社会的信頼を有しているのだから被受験校と受験生との信頼関係ともいえる要項に違反したことを咎められても何ら問題ない、というモノだ。それに対して二つ目は『コンパスを持ち込んだのが複数人であることから受験要項になんらかの誤解を生む不備があり、仮にそれが不正行為だとして咎めるべきであってもそれを発見するのが遅れたのは試験監督のミスであるため、受験無効は不当である』という立場、これは被受験校が公平な受験を提供するために努力するべきところを怠っていたのだから、それによって起きた問題の責任を受験生におわせるべきではないというモノだ。

これら二つの立場はどちらが正しくどちらが間違っているといえるものではないと私は考えているが、公立といえど高校という組織は受験生を集めなければ商売にならないので世論の非難を避けるために、そして何より今後の学校運営のためにも、件の県立高校は後者の立場を取るべきであった。

（二人目の学生）

他の学生の方がかつて学んできた社会科の内容、そして印象に残った授業が多岐にわたっていることを知り、この多様性にこそ社会科の意義が隠されているように感じた。

暗記学習に落とし込まれやすい教科というのは、得てして静的な事実のみを扱っている。例えば国語科であれば、古典の内容が突然変異を起こす、文法の規則が改訂されるといった事態は発生しないはずである。しかし社会科は対照的に、動的な事実にのみ焦点を当てている。動的と一口に言っても、様々な性質がこの表現には込められている。我々が生きる現代の出来事も、絶えず歴史の一頁に書き加えられていくことに鑑みれば、歴史の進展という動きが読み取れる。また、歴史に新たな解釈がもたらされれば、これまで理解されてきたものとは全く異なる歴史の流れを見て取る余地が生まれる。ここには、視点の動きがある。

多くの方が挙げていたアクティブラーニングも、まさに前述の動きと密接に関わっている。教師と学生の一方向的な情報伝達に始終することなく、学生がある枠組みの中で積極的に問いの発出、それへの試み、結論の樹立という循環を繰り返す学びは、決して一様とはならない。各々の学生によって問いになる事柄は異なり得る。仮に問いが同じでも、結論として得られる内容まで一緒になる場合は少ないのではないか。もちろん、結論として学びの趣旨を逸脱してしまう可能性がないとも言い切れないが、そういった逸脱をそっと軌道修正するために、学びの枠組みを支える教師が見守るのだろう。

以上のことから、「社会の概念」を学ぶ場としての社会科は、個々が社会という広大な領域をどのように眺め、考え、生きるかという根本的な姿勢を養う貴重な機会たり得るのではと、個人的に見ている。吉村先生が講義プリントで述べられていたように、そういった根本的な姿勢は受験では全く不問に付されてしまう。ただし、点数によって評価されないとしても、この姿勢は後々の社会生活に色濃い影響を残す。現に、自分が日本企業についての報道へ多少なりとも敏感になれたのは、高校の政治経済があったのが一因であると思われるのである。

そして、コロナウイルスによって対面授業が困難となる情勢の中で、根本的な姿勢を養う社会科の本性をどれだけ守ることができるのかが、今後の大きな課題になると考える。技術的環境が豊かであっても、それをどのように組み合わせて授業を行うべきかは容易に導けない問題となる。これからの授業を通して、そういった課題への答えも自分なりに模索していきたい。


（三人目の学生）

授業でも紹介されていたように、社会科は重要ではないと思われがちであるが、今の教育界で大事にされていることの一つアクティブラーニング、つまり「主体的・対話的で深い学び」が小学校から高等学校にかけて、おそらく最も実現されている科目であることが非常に興味深いと思った。

私自身、今まで受けた授業で確かに覚えている授業はほとんど社会科か道徳であり、自分で考えることの重要性に改めて気付かされたように思う。

今まで受けてきた授業の中で最も印象に残っているものは、普段なかなか聞く機会がないので、とても参考になりました。


（四人目の学生）

社会科や理科の重要度が学生に低く見積もられている、という意見には同意できたし、その理由が暗記科目であるからというのも理解できた。特に教科としての社会科の軽視は理科以上に大きい。おそらく理科は高校になると、物理や化学などの科目に計算を含むような問いが出題されやすくなり、どれだけ知識を詰め込んだかという物量戦ではなく論理的思考力のような実力戦とみなされやすいからだろう。一方で社会科というのはいつまでも知識による物量戦なので、誰にでもできる容易な科目として軽視される。慶應義塾大学の入試は対策が容易な小論文と社会科目（歴史選択）プラス英語といった負担の少ない科目で構成されているために「軽量義塾大学」とインターネット掲示板では揶揄されていたような気もする。

結局のところ大学で学んだり、実際の生活の中で必要とされたりするのは社会科で学ぶ知識である（これは決して人文科学系の学知が不要であるということを意味しない）。わが三田キャンパス設置学部のうち商、法、経済学部は社会科の内容の継続であり、また文学部も一部専攻において社会科の内容が大きく関係する。たとえ理系でも、技術と社会の関係について無関心であるべきではないだろう。ゆえに社会科は重視すべきかどうかは議論があるにしても（国・数・英という基礎的な学問は確かに最重要といえるため、重視するのはこちらであるべきかもしれない）、軽視すべき科目では決してないと思った。

（五人目の学生）

私はまず講義の冒頭に出てきた広島県立高校入試のニュースに関心を持ちました。自分がその学生だったらと思うと、非常に悲惨なできごとであると感じました。教員というものは改めて生徒の大事な人生を預かっており、授業のことだけではなくその他の部分でも配慮していくことが大切であると改めて思いました。また、他の方の前回課題を見ると非常に興味深いものばかりでした。そもそも「社会科」は小学三年生から始まるということを忘れていましたし、自分も田植えの経験を小学校時代にしていたなと思い出しました。その中でも特に関心を持ったものは、課題Ⅱの中にあった模擬選挙をしたということです。実際に自分たちで選挙をしてみることによって、仕組みを理解できることはもちろん、選挙に対しての意識も変わるのではないかと思いました。さらに体験的な学習であるため生徒の印象に残るものとなるのではないかと思います。この模擬選挙というものは社会科の授業展開の中に取り入れてみても面白いのではないでしょうか。
以上が今回の講義の感想です。

どうでしたか。学生レポートを通して、それぞれの意見を共有するというのは、授業では重要です。大学も含めて学校という場で、ある程度の集団で学ぶというのは、個人で独学するのとは異なり、多様な考えに触れることで、いろいろと考えを深められます。

一人目の学生は、前回の冒頭で取り上げたニュースについて、考えてくれました。広島県立高校入試で起きた、机上にコンパスを置いていたため、受験が無効になったという問題は、教職を目指す学生の皆さんにはじっくり考えてほしい問題です。高校入試は、どういったものであるのか、このことから整理しなくては、判断に苦慮することになります。規則についての違反ということで、無効にしているのは理解できます。しかし、規則の厳格な適用が必要であったのかどうかということです。道路交通法におけるスピード違反について、実際の社会では厳格適用を行っているでしょうか。つまり、制限速度をわずかにオーバーしたぐらいなら目の前に警察車両があっても取り締まられないでしょう。

法に抵触したとしても、すぐに厳罰には処せられません。法律を厳格適用し、犯罪者を増やすことが目的ではないからです。

高校入試は、おそらく人生で初めて迎える選抜試験であり、平常心で臨めない生徒も多くいると予想できます。持ち物についての違反程度であるなら、その場でしまわせることで十分対応できたはずです。記載以外の持ち物を持っていたことが理由とするなら、タオルで顔をぬぐっていた場合どうしたでしょうか。それをしまいなさいといって済ませたのではないでしょうか。今回コンパスを使用したという報道はありません。実害に及んでないのならしまわせて済ませることもできたのではないかと考えます。

そもそも中学生にとって現在の高校入試は極めて重大です。進学率から考えてもほとんど義務教育と同等の存在であり、選抜されるといっても、多くは入学できることが前提となります。中学まで義務教育のもと学齢で進んできた生徒にとって、中学浪人することは相当のハンディーを負ってしまうことになります。そうした判断があれば、規則の適用について、もっと柔軟に行えなかったのかと残念な気持ちを抱きます。新聞報道では、机上のコンパスを理由に受験が無効になったとされているだけなので、ここまでしか言えないのですが、もしかしたらその生徒の他の部分なども判断に加えたのかと考えてしまいます。例えば、茶髪で身なりが異様であり不遜な態度が見られたとかいうことも考えてしまいます。しかし、その場合は、逆に学力考査以外の面で判断したことになり、それはそれで問題となってしまいます。いずれにしても違和感のある出来事でした。

二人目の学生は、社会科の授業について考えてくれています。このレポートでは、社会科の特徴を静的か動的かという観点でとらえ、常に社会が変化していくという動的なものを対象にしていることに着目してくれました。第一回のＺｏｏｍ授業の際、昭和の戦前と戦後の変化について年表を見てもらいましたが（**資料1**、30ページ）、こうした社会の変動は、教育内容自体を変えてしまいます。一方で、「暗記学習に落とし込まれやすい教科というのは、得てして静的な事実のみを扱って」おり、その代表として国語を挙げて、社会科と対比してくれましたが、現実には、社会科も暗記科目としての側面が強いものといえます。第一回の課題で思い出してもらったこれまで経験した社会科では、どの学年で何を学んだか曖昧であったと思います。例えば、小学校社会で学ぶ地理や歴史の内容は、塾で学ぶ内容と同一であると同時に塾の方が分量も説明も豊富であったと思います。これは、知識の習得に特化した授業であり、演習も含めて系統的に授業が進められていくため、知識の定着が進みます。ところが、例えば、地理の気温と降水量の変化のグラフを学ぶ際、小学校では四つほどであるのに対し、塾では六か所から八か所学び、中学の地理で学ぶのと大差なくなります。こうなると一体塾で学んだのか、小学校なのか中学校だったのか学んだ時期はあいまいとなります。

知識を得るということにおいては、どの段階で記憶されたのかは重要ではないのですが、ある年齢の時に、社会的な出来事などを認識する場合は、その時の社会経験や物事に対する認識力の差で異なった見方となるため、どの学年で何を学んだかということはある程度意味のあることです。動的対象という面よりも、自分自身の出来事として理解を深めていくことに学習の意味を見出すことができるといえそうです。もちろん、この学生は、この点について意識してくれており、動的な側面についてては、対象だけでなく、授業としての伝達方法などに関する面も含めてくれています。この点は、次の課題で取り上げてみましょう。

三人目の学生が、アクティブラーニング的な授業というものが、社会科で最も行われてきたという指摘は重要です。それは、社会科とは、どういった科目であるのかということとともに教科それぞれの特質ということを考えることにもつながるからです。

四人目の学生は、社会科というものが、学校の中で軽視されてしまう意味を考えてくれました。暗記という面において、容易な科目となり、それが軽視される理由としてくれています。一方で、社会科で学ぶ内容自体は、大学に入ってからも必要なものであり、軽視すべきではないとまとめてくれました。ここでは内容面から必要性を示してくれているのですが、学生の皆さんには、教育法やその他の観点でも、社会科をどのように位置づけていくべきか、考えてもらいたいです

五人目の学生は、多様な感想を書いてくれました。その中で、模擬選挙というものから、体験的な学習は印象に残ることを指摘してくれています。このことは、皆さんの過去の授業の記憶と照らし合わせてどうでしょうか。経験的な学習や体験というものの意義について考えてみてください。

Theme2 〜中学校学習指導要領での「アクティブラーニング」とは

次に、もう一つの課題について見ていきましょう。

【課題Ⅱ】　中学校学習指導要領の総則の中に「主体的・対話的で深い学びの実現に向けた授業改善」という言葉があります。これがアクティブラーニングとされていますが、どういったことか、簡潔にまとめてください。

（一人目の学生）

アクティブラーニングと「主体的・対話的で深い学び」は少し違うのではないかと考えているが、どちらも生徒自身が能動的に考えることが重要であるという考えのもとで生まれた言葉であ

ると思う。アクティブラーニングは「能動的」な学びをその授業の中、学校の中で目指すことであり、「主体的・対話的で深い学び」は学校外、さらには学校を卒業してからも能動的に学ぶことが考えられているのではないかと思う。

（二人目の学生）
「主体的」とは生徒が自ら考え能動的に授業に参加することを指し、「対話的」とは教師が一方的に指導するのではなく生徒がクラスメイトと共に考えを深めながら行う双方向の授業を要求している文言だと理解しました。すなわちアクティブラーニングとは、「議論、体験学習などを通じて生徒が能動的に授業に参加することを目的とした双方向の授業」を推進することだと定義できるのではないかと思いました。

（三人目の学生）
従来の教育であれば、教師から生徒へと一方的に教科内容を与える上意下達式が一般的であるものの、この手法では生徒はただ内容を受け取るという受動的な態度に留まってしまう可能性が高い。そして現代は、社会情勢が目まぐるしく変化することが常態化しており、その都度に於いて個々の人間が柔軟に対応していくことが強く求められる。生き馬の目を抜くような現代で生きていくためには、自ら進んで物事をじっくりと考え、他者と共に上手く協同する力が不可欠である。この力を培うためにこそ、「主体的・対話的で深い学び」が実現されなければならない。

アクティブラーニングとは、その「主体的・対話的で深い学び」を象徴する言葉だが、この言葉は旧来の授業形式を乗り越えた所に、そういった深い学びがあるという考えを暗示している。学びの主体性とは、教師が先導するのではなく生徒自らが学びの道を開いていき、問い、思考、結論の手順を経て知識を得ることを指す。そして学びの対話性は、自分が開いた学びの道を他者のそれと交差させるもので、他者の問い、思考、結論から自分にはない視点を磨き、また他者との協同を行っていくことから、社会で生きていくための素養を形成するのが目的となる。
何かしらの体験、作業に基づいて実践されるアクティブラーニングによって「主体的・対話的で深い学び」が結実し、社会で生き抜く力が備わるだろうというのが、中学校学習指導要領の総則に浮かぶ目標である。

どうでしたか。

この課題は、アクティブラーニングといわれるものと現行の学習指導要領で目指された内容について、確認してもらうものでした。学習指導要領に示された「主体的・対話的で深い学びの実現に向けた授業改善」の部分を読んで、どのような授業を目指そうとしているのか整理してもらえばよかったものです。

今回は**資料3**として中学校学習指導要領の総則部分の一部を配布しました。「主体的・対話的で深い学びの実現に向けた授業改善」については、中学校学習指導要領総則の「第3　教育課程の実施と学習評価」に記載されています。現在の学校ではこうしたことを指導するよう求められているといえます。

【資料3】中学校学習指導要領（平成29年告示）の総則（文部科学省HPより）

第1章　総則

第1　中学校教育の基本と教育課程の役割

1　各学校においては，教育基本法及び学校教育法その他の法令並びにこの章以下に示すところに従い，生徒の人間として調和のとれた育成を目指し，生徒の心身の発達の段階や特性及び学校や地域の実態を十分考慮して，適切な教育課程を編成するものとし，これらに掲げる目標を達成するよう教育を行うものとする。

2　学校の教育活動を進めるに当たっては，各学校において，第3の1に示す主体的・対話的で深い学びの実現に向けた授業改善を通して，創意工夫を生かした特色ある教育活動を展開する中で，次の⑴から⑶までに掲げる事項の実現を図り，生徒に生きる力を育むことを目指すものとする。

⑴　基礎的・基本的な知識及び技能を確実に習得させ，これらを活用して課題を解決するために必要な思考力，判断力，表現力等を育むとともに，主体的に学習に取り組む態度を養い，個性を生かし多様な人々との協働を促す教育の充実に努めること。その際，生徒の発達の段階を考慮して，生徒の言語活動など，学習の基盤をつくる活動を充実するとともに，家庭との連携を図りながら，生徒の学習習慣が確立するよう配慮すること。

⑵　道徳教育や体験活動，多様な表現や鑑賞の活動等を通して，豊かな心や創造性の涵(かん)養を目指した教育の充実に努めること。

学校における道徳教育は，特別の教科である道徳（以下「道徳科」という。）を要として学校の教育活動全体を通じて行うものであり，道徳科はもとより，各教科，総合的な学習の時間及び特別活動のそれぞれの特質に応じて，生徒の発達の段階を考慮して，適切な指導を行うこと。

道徳教育は，教育基本法及び学校教育法に定められた教育の根本精神に基づき，人間としての生き方を考え，主体的な判断の下に行動し，自立した人間として他者と共によりよく生きるための基盤となる道徳性を養うことを目標とすること。

道徳教育を進めるに当たっては，人間尊重の精神と生命に対する畏敬の念を家庭，学校，その他社会における具体的な生活の中に生かし，豊かな心をもち，伝統と文化を尊重し，それらを育んできた我が国と郷土を愛し，個性豊かな文化の創造を図るとともに，平和で民主的な国家及び社会の形成者として，公共の精神を尊び，社会及び国家の発展に努め，他国を尊重し，国際社会の平和と発展や環境の保全に貢献し未来を拓（ひら）く主体性のある日本人の育成に資することとなるよう特に留意すること。

⑶　学校における体育・健康に関する指導を，生徒の発達の段階を考慮して，学校の教育活動全体を通じて適切に行うことにより，健康で安全な生活と豊かなスポーツライフの実現を目指した教育の充実に努めること。特に，学校における食育の推進並びに体力の向上に関する指導，安全に関する指導及び心身の健康の保持増進に関する指導については，保健体育科，技術・家庭科及び特別活動の時間はもとより，各教科，道徳科及び総合的な学習の時間などにおいてもそれぞれの特質に応じて適切に行うよう努めること。また，それらの指導を通して，家庭や地域社会との連携を図りながら，日常生活において適切な体育・健康に関する活動の実践を促し，生涯を通じて健康・安全で活力ある生活を送るための基礎が培われるよう配慮すること。

３　２の⑴から⑶までに掲げる事項の実現を図り，豊かな創造性を備え持続可能な社会の創り手となることが期待される生徒に，生きる力を育むことを目指すに当たっては，学校教育全体並びに各教科，道徳科，総合的な学習の時間及び特別活動（以下「各教科等」という。ただし，第２の３の⑵のア及びウにおいて，特別活動については学級活動（学校給食に係るものを除く。）に限る。）の指導を通してどのような資質・能力の育成を目指すのかを明確にしながら，教育活動の充実を図るものとする。その際，生徒の発達の段階や特性等を踏まえつつ，次に掲げることが偏りなく実現できるようにするものとする。

⑴　知識及び技能が習得されるようにすること。

⑵　思考力，判断力，表現力等を育成すること。

⑶　学びに向かう力，人間性等を涵（かん）養すること。

４　各学校においては，生徒や学校，地域の実態を適切に把握し，教育の目的や目標の実現に必要な教育の内容等を教科等横断的な視点で組み立てていくこと，教育課程の実施状況を評価してその改善を図っていくこと，教育課程の実施に必要な人的又は物的な体制を確保するとともにその改善を図っていくことなどを通して，教育課程に基づき組織的かつ計画的に各学校の教育活動の質の向上を図っていくこと（以下「カリキュラム・マネジメント」という。）に努めるものとする。

第２　教育課程の編成

１　各学校の教育目標と教育課程の編成

教育課程の編成に当たっては，学校教育全体や各教科等における指導を通して育成を目指す資質・能力を踏まえつつ，各学校の教育目標を明確にするとともに，教育課程の編成についての基本的な方針が家庭や地域とも共有されるよう努めるものとする。その際，第４章総合的な学習の時間の第２の１に基づき定められる目標との関連を図るものとする。

２　教科等横断的な視点に立った資質・能力の育成

⑴　各学校においては，生徒の発達の段階を考慮し，言語能力，情報活用能力（情報モラルを含む。），問題発見・解決能力等の学習の基盤となる資質・能力を育成していくことができるよう，各教科等の特質を生かし，教科等横断的な視点から教育課程の編成を図るものとする。

⑵　各学校においては，生徒や学校，地域の実態及び生徒の発達の段階を考慮し，豊かな人生の実現や災害等を乗り越えて次代の社会を形成することに向けた現代的な諸課題に対応して求められる資質・能力を，教科等横断的な視点で育成していくことができるよう，各学校の特色を生かした教育課程の編成を図るものとする。

３　教育課程の編成における共通的事項

⑴　内容等の取扱い

ア　第２章以下に示す各教科，道徳科及び特別活動の内容に関する事項は，特に示す場合を除き，いずれの学校においても取り扱わなければならない。

イ　学校において特に必要がある場合には，第２章以下に示していない内容を加えて指導することができる。また，第２章以下に示す内容の取扱いのうち内容の範囲や程度等を示す事項は，全ての生徒に対して指導するものとする内容の範囲や程度等を示したものであり，学校において特に必要がある場合には，この事項にかかわらず加えて指導することができる。ただし，これらの場合には，第２章以下に示す各教科，道徳科及び特別活動の目標や内容の趣旨を逸脱したり，生徒の負担過重となったりすることのないようにしなければならない。

ウ　第２章以下に示す各教科，道徳科及び特別活動の内容に掲げる事項の順序は，特に示す場合を除き，指導の順序を示すものではないので，学校においては，その取扱いについて適切な工夫を加えるものとする。

エ　学校において２以上の学年の生徒で編制する学級について特に必要がある場合には，各教科の目標の達成に支障のない範囲内で，各教科の目標及び内容について学年別の順序によらないことができる。

オ　各学校においては，生徒や学校，地域の実態を考慮して，生徒の特性等に応じた多様な学習活動が行えるよう，第２章に示す各教科や，特に必要な教科を，選択教科として開設し生徒に履修させることができる。その場合にあっては，全ての生徒に指導すべき内容との関連を図りつつ，選択教科の授業時数及び内容を適切に定め選択教科の指導計画を作成し，生徒の負担過重となることのないようにしなければならない。また，特に必要な教科の名称，目標，内容などについては，各学校が適切に定めるものとする。

カ　道徳科を要として学校の教育活動全体を通じて行う道徳教育の内容は，第３章特別の教科道徳の第２に示す内容とし，その実施に当たっては，第６に示す道徳教育に関する配慮事項を踏まえるものとする。

⑵　授業時数等の取扱い

ア　各教科等の授業は，年間35週以上にわたって行うよう計画し，週当たりの授業時数が生徒の負担過重にならないようにするものとする。ただし，各教科等や学習活動の特質に応じ効果的な場合には，夏季，冬季，学年末等の休業日の期間に授業日を設定する場合を含め，これらの授業を特定の期間に行うことができる。

イ　特別活動の授業のうち，生徒会活動及び学校行事については，それらの内容に応じ，年間，学期ごと，月ごとなどに適切な授業時数を充てるものとする。

ウ　各学校の時間割については，次の事項を踏まえ適切に編成するものとする。

㋐　各教科等のそれぞれの授業の１単位時間は，各学校において，各教科等の年間授業時数を確保しつつ，生徒の発達の段階及び各教科等や学習活動の特質を考慮して適切に定めること。

㋑　各教科等の特質に応じ，10分から15分程度の短い時間を活用して特定の教科等の指導を行う場合において，当該教科等を担当する教師が，単元や題材など内容や時間のまとまりを見通した中で，その指導内容の決定や指導の成果の把握と活用等を責任をもって行う体制が整備されているときは，その時間を当該教科等の年間授業時数に含めることができること。

㋒　給食，休憩などの時間については，各学校において工夫を加え，適切に定めること。

㋓　各学校において，生徒や学校，地域の実態，各教科等や学習活動の特質等に応じて，創意工夫を生かした時間割を弾力的に編成できること。

エ　総合的な学習の時間における学習活動により，特別活動の学校行事に掲げる各行事の実施と同様の成果が期待できる場合においては，総合的な学習の時間における学習活動をもって相当する特別活動の学校行事に掲げる各行事の実施に替えることができる。

(3)　指導計画の作成等に当たっての配慮事項

各学校においては，次の事項に配慮しながら，学校の創意工夫を生かし，全体として，調和のとれた具体的な指導計画を作成するものとする。

ア　各教科等の指導内容については，(1)のアを踏まえつつ，単元や題材など内容や時間のまとまりを見通しながら，そのまとめ方や重点の置き方に適切な工夫を加え，第３の１に示す主体的・対話的で深い学びの実現に向けた授業改善を通して資質・能力を育む効果的な指導ができるようにすること。

イ　各教科等及び各学年相互間の関連を図り，系統的，発展的な指導ができるようにすること。

４　学校段階間の接続

教育課程の編成に当たっては，次の事項に配慮しながら，学校段階間の接続を図るものとする。

(1)　小学校学習指導要領を踏まえ，小学校教育までの学習の成果が中学校教育に円滑に接続され，義務教育段階の終わりまでに育成することを目指す資質・能力を，生徒が確実に身に付けることができるよう工夫すること。特に，義務教育学校，小学校連携型中学校及び小学校併設型中学校においては，義務教育９年間を見通した計画的かつ継続的な教育課程を編成すること。

(2)　高等学校学習指導要領を踏まえ，高等学校教育及びその後の教育との円滑な接続が図られるよう工夫すること。特に，中等教育学校，連携型中学校及び併設型中学校においては，中等教育６年間を見通した計画的かつ継続的な教育課程を編成すること。

第３　教育課程の実施と学習評価

１　主体的・対話的で深い学びの実現に向けた授業改善

各教科等の指導に当たっては，次の事項に配慮するものとする。

(1)　第１の３の(1)から(3)までに示すことが偏りなく実現されるよう，単元や題材など内容や時間のまとまりを見通しながら，生徒の主体的・対話的で深い学びの実現に向けた授業改善を行うこと。

特に，各教科等において身に付けた知識及び技能を活用したり，思考力，判断力，表現力等や学びに向かう力，人間性等を発揮させたりして，学習の対象となる物事を捉え思考することにより，各教科等の特質に応じた物事を捉える視点や考え方（以下「見方・考え方」という。）が鍛えられていくことに留意し，生徒が各教科等の特質に応じた見方・考え方を働かせながら，知識を相互に関連付けてより深く理解したり，情報を精査して考えを形成したり，問題を見いだして解決策を考えたり，思いや考えを基に創造したりすることに向かう過程を重視した学習の充実を図ること。

⑵　第2の2の⑴に示す言語能力の育成を図るため，各学校において必要な言語環境を整えるとともに，国語科を要としつつ各教科等の特質に応じて，生徒の言語活動を充実すること。あわせて，⑺に示すとおり読書活動を充実すること。

⑶　第2の2の⑴に示す情報活用能力の育成を図るため，各学校において，コンピュータや情報通信ネットワークなどの情報手段を活用するために必要な環境を整え，これらを適切に活用した学習活動の充実を図ること。また，各種の統計資料や新聞，視聴覚教材や教育機器などの教材・教具の適切な活用を図ること。

⑷　生徒が学習の見通しを立てたり学習したことを振り返ったりする活動を，計画的に取り入れるように工夫すること。

⑸　生徒が生命の有限性や自然の大切さ，主体的に挑戦してみることや多様な他者と協働することの重要性などを実感しながら理解することができるよう，各教科等の特質に応じた体験活動を重視し，家庭や地域社会と連携しつつ体系的・継続的に実施できるよう工夫すること。

⑹　生徒が自ら学習課題や学習活動を選択する機会を設けるなど，生徒の興味・関心を生かした自主的，自発的な学習が促されるよう工夫すること。

⑺　学校図書館を計画的に利用しその機能の活用を図り，生徒の主体的・対話的で深い学びの実現に向けた授業改善に生かすとともに，生徒の自主的，自発的な学習活動や読書活動を充実すること。また，地域の図書館や博物館，美術館，劇場，音楽堂等の施設の活用を積極的に図り，資料を活用した情報の収集や鑑賞等の学習活動を充実すること。

2　学習評価の充実

学習評価の実施に当たっては，次の事項に配慮するものとする。

⑴　生徒のよい点や進歩の状況などを積極的に評価し，学習したことの意義や価値を実感できるようにすること。また，各教科等の目標の実現に向けた学習状況を把握する観点から，単元や題材など内容や時間のまとまりを見通しながら評価の場面や方法を工夫して，学習の過程や成果を評価し，指導の改善や学習意欲の向上を図り，資質・能力の育成に生かすようにすること。

⑵　創意工夫の中で学習評価の妥当性や信頼性が高められるよう，組織的かつ計画的な取組を推進するとともに，学年や学校段階を越えて生徒の学習の成果が円滑に接続されるように工夫すること。

ところで、そもそも学習指導要領とはどのようなものでしょうか。もちろん、皆さんにとって言わずもがなかもしれませんが、これは文部科学省が「告示」という形で示した法規の一種です。日本の法体系では、憲法及び一般法（法律）が立法府すなわち国会で作成されますが、それ以外の多くの法規類は、行政府（各省庁）によって法律の関係法規として定められます。学習指導要領はそういったものであり、関係部署にのみ効果を及ぼす規則です。中学校学習指導要領なら中学校関係者のみに影響を与えます。

今回、中学校学習指導要領について配布しましたので、中学校の教育課程をどのようにしているのか見ていくことにしましょう。

「第1　中学校教育の基本と教育課程の役割」という項目が、中学校教育の目指すものそのものです。ここは、アラビア数字で1から4まで項目別に記述されています。1は学校教育とはどういうものか簡潔に書かれた部分です。そこには、教育基本法や学校教育法に基づいて教育を行うことが示されています。日本の教育は、公教育として法規に基づいて行われていることがここからわかります。教員になるためには、教育法規をしっかり学んでおくことが必要であり、このため採用試験でもこうしたことが問われてきます。

2の部分が中学校教育課程として学ぶことについて説明された部分です。この部分で一行目に「第3の1に示す主体的・対話的で深い学びの実現に向けた授業改善」という部分があります。これが、今日の教育のテーマの一つとされているアクティブラーニングに関するものです。第3の1を見ていくことで学習指導要領ではアクティブラーニングとはどういったものと規定されているかわかります。そこに書かれているように一つ目の知識の活用ということは、決して知識習得の学習自体を否定していないことが理解できます。鈴木寛氏が文科省副大臣時代にアクティブラーニングを導入しようとしたのですが、その際は、知識習得のためのパッシブラーニングからアクティブラーニングへ変えていきたいとされていました。

なお、学習指導要領という法規の中には、主体的・対話的で深い学びの実現に向けた授業改善をアクティブラーニングのことなどと書いていませんが、例えば『中学校学習指導要領（平成二十九年告示）解説　社会編』には、四頁四〜五行に同一だとの記載がありますので、機会があれば購入してください。東洋館出版社から一八九円＋税で購入できます。

一行飛ばしてその次の行に「生徒に生きる力を育むこと」という文言がありますが、これが二〇世紀後半から二一世紀の日本の教育の柱となっている概念です。「生きる力」は重要な概念であり、機会を見つけて、いずれ少し触れたいと思います。

その次から記載されている⑴⑵⑶は、学校教育の柱となっているものであり、⑴は学校での教科の学習に関することです。一行目で「基礎的・基本的な知識及び技能を確実に習得」となっていますが、これは、ゆとり教育以来の学習の基本姿勢です。つまり多くの内容を詰め込むのではなく、基礎・基本を確実に習得することが重視されています。ゆとり教育を批判した世代が膨大な学習を求められた世代であり、その子ども世代がゆとり世代であり、問題が顕在化した二〇〇〇年ごろ、日本の子どもが馬鹿になると批判されたのですが、実際はどうでしょうか。

今日に至っても暗記学習の批判をしているということと、ゆとり教育の問題は無縁ではありません。実は、ゆとり教育導入の際、体験的な学習が重視されました。そこで導入されたのが、皆さんも経験したと思いますが、中学校の職場体験授業でした。また、総合的学習の時間もこの時から始まります。これらが機能していたら、アクティブラーニングの導入は必要なかったかもしれません。

また、四行目には「言語活動」の充実という文言がありますが、これは、ゆとり教育（二〇〇〇年代）と今日の主体的・対話的（二〇二〇年代）の間に当たる学習指導要領（二〇一〇年代）の目玉の概念でした。皆さんの受けてきた教育ということになりますか。その当時、ひどい教育の例とされたのが、数学教育でも言語活動の充実を図るとして、いろいろ実践的なことが行われたことでした。文章題の問題程度ならいいのですが、算数や数学を言葉と文章で説明することが行われたりしました。エレガントな数式で表現するという意識は無縁なものでした。このように、学習指導要領は時代を変遷しながら新しい概念を包含していくため、教育が不明瞭になることがあります。また、教育課程全体に同じ概念を適用しようとするため、数学なのに言語活動にこだわったりしているように焦点のぼけたものになっていることがあります。このことは、今回導入されたアクティブラーニングについても、あらゆる教科においてアクティブラーニングを適用することがふさわしいのかという疑問も浮かびますし、社会科ではどうなのか再検討も必要でしょう。

(2)は道徳教育に関するものです。道徳教育に関しては、道徳のみならず体験活動や表現・鑑賞活動とともに豊かな心や創造性の涵養という教育基本法の精神を目指しています。

三行目から道徳教育に関する説明となっています。「学校における道徳教育は、特別の教科である道徳を要として学校の教育活動全体を通じて行うもの」とされています。「特別の教科である道徳」は以前の名称を「道徳の時間」と呼ばれていたものであり、皆さんもニュースなどで知っていると思いますが、それを教科化して検定教科書を使用する方向で改訂されたものです。この問題点などはいろいろ意見も出ていますが、今回は省略します。

七行目に道徳教育は、「教育基本法及び学校教育法に定められた教育の根本精神に基づき」行われるものとされています。ここでも法規に基づいたものであることが明確化されています。

道徳についてやや長く説明しましたが、実は、道徳は社会科に包摂されていた時期があります。これは、社会科が成立した時から道徳の時間が特設される時期（一九五八年）までです。社会科が社会に関する概念的学習であるのに対して、道徳は社会での実際行動に関わることから両者の合科・総合化は戦前教育から議論されていました。この問題もここでは取り上げません。

(3)は体育・健康に関することです。これも学校教育全体を通じて行うものとされています。体育・健康に関するものは、安全に関すること、スポーツライフ、食育、健康の保持増進など多岐にわたります。

ところで、今見てきた(1)(2)(3)に関しては、知・徳・体となっていることに気づいたでしょうか。現在の学校教育も日本の伝統的な教育観によって構成されていることがわかります。教育というものが、日本の伝統的教育観から逃れられないということは、日本の社会を理解することは、すべての事柄の基礎になることも理解できるでしょう。

では最後に、今回の課題を提示します。

【課題Ⅰ】　授業感想をまとめてください。

【課題Ⅱ】　昭和二十二（一九四七）年社会科が成立した時、どのようなものを構想したのか、簡潔に説明してください。

第四回　戦後、社会科の誕生（二〇二一年五月一日）

それでは、社会科・公民科教育法Iの第四回授業を始めます。

今回の授業は、ゴールデンウイーク真っ只中であり、この講義資料をまとめている四月三十日は前日の雨も上がり、薫風という言葉が似あう心地の良い季節となってきました。本来なら行楽地に出かけて、日々のストレスから解放されたいのですが、緊急事態宣言中でありかないません。神宮球場でのんびり東京六大学野球観戦でもしたいのですが、無観客試合になっています。とにかく昨年以来の感染症は、人々の生活を一変させてしまいました。今回は、このあたりから考えてみましょう。

Introduction～東京五輪組織委員会による看護師確保要請

現在新型コロナウイルス感染症については、世界的な脅威であり、インドにおいては、連日万単位の死者が報道されており、さながら野戦現場のような状況が映像で映し出されています。こうした世界的な危機の中で、開催まで三か月を切った東京オリンピックについて、未だに中止するなどの判断は出てきていません。しかし、日本国内においても、確実に感染症による危機は高まっています。特に大阪では、すでに医療崩壊という状況に入ったといえ、本日の読売新聞では、トリアージに類する内容の通知が出されたとしています。

そんな中で、今週注目されたニュースは、東京五輪組織委員会が日本看護協会に大会会期中に五〇〇人の看護師を確保できるよう協力を願っていたということが明らかになったことでした。この協力は、四月九日付で同協会に要請したもので、開催三か月を前にして、新たに要請した形のものです。そもそも政府は大会中に医療従事者を約一万人確保する方針を示していました。一日当たりで医師三〇〇人、看護師四〇〇人というものです。

ところが、今回それとは別に、五〇〇人の要請ということがなされていたことがわかり、このことから、いろいろ問題を推測させてくれます。つまり、当初の医療関係者の確保はできなかったということか、あるいは、新たに追加するような状況が発生しているということなのか、五輪関係で医療に何か課題があるということでしょう。また、こうした看護師の確保は、現状の医療現場に支障をきたす恐れの懸念も指摘されています。現在、遅々として進まないワクチン接種について、連休明けから本格的に接種が始められるだけのワクチンを確保した（毎週一万回）と担当大臣は説明しています。

つまり、これだけの回数をこなすためには、相当数の医療スタッフを用意しなくてはなりません。そうした中で、五輪関係に人材が流れると順調にワクチン接種ができなくなる恐れもあります。今回の五輪に要請された看護師の勤務は、一人五日以上、一日九時間程度で早朝・深夜のシフトあり、五月から七月までに役割研修を行うというもののようです。

一方で、看護師関連の疑惑が国会で議論されています。衆議院厚労委員会で川内博史（立憲）議員などが追及しているもので、日本派遣看護師協会なるものの不自然な設立や、その協会が定款に示された所在地に存在しないことなど人材派遣関係の規制緩和と関連した疑惑となっています。オリンピックの中止の決断がないということの裏には、知られていない疑惑があるとでもいうのでしょうか。

いろいろなニュースを拾いつつ、季節の明るさとは逆の憂鬱な思いが浮かぶとともに、今後について目が離せません。

Theme 1 ～前回授業レポート

それでは、いつものように前回の感想から見ていきましょう。

【課題Ⅰ】　授業感想をまとめてください。

（一人目の学生）

中学校学習指導要領の『道徳』の欄を見て、ふと不登校ユーチューバー・ゆたぼんを思い出した。彼は『子供には不登校の自由がある』と主張して小学校では自由登校を貫き、今年進学した中学校でもそのスタイルは崩さない姿勢を明らかにしている。親曰く、ゆたぼんはホームスクーリングであるそうだが、それについての環境や制度が整っていない日本においてホームスクーリングは『子供に義務教育を施す義務』を怠っているのではないか、と話題になった。私は学習面に関してはホームスクーリングを批判するつもりはない。問題はホームスクーリングで『道徳を学べるのか』というところにある。

ゆたぼんの『不登校』を批判する論調には「友達ができない」といったモノがいくつかあり、彼は「インターネットがあるから問題はない」と反論している。彼の反論が正しいかは別として、確かにそれを理由に登校を強要することはできまい。だが、往々にして道徳は他人と物理的に交流することで育まれ、インターネットがそれの代わりになることはない。これは単に新しい環境に対する批判などではなく、環境の本質に違いがあるからだ。義務教育における学校という環境は子供たちにとっては特殊な環境で、地域的特色の差はあっても色々な家庭環境を持った子供たちがシャッフルされて強制的に長い期間共同生活を余儀なくされる。その中で子供たちは自分以外の他者とふれあい、摩擦しあい、妥協案を見出す過程で『社会の中での自分という存在』を作り出すことができる。それをサポートする教科が『道徳』であると私は考えている。ホームスクーリングで学力が上がったという例は少なくないが、他者との交流なしで『道徳』の向上が図れないのは火を見るより明らかである。インターネットが教室の代わりになることはない。インターネットでは他社（ママ）との交流が自由で広く自発的であるために、摩擦が起きればすぐに関係を断ち切ることができることで『妥協案を見出す＝社会の中での自分という存在を見つける』必要性がないからだ。

　ゆたぼんの教育を巡る論争の中で、だれもそれに対して言及していないのははなはだ疑問でならない。これから教職課程の学修を進めていく中で、彼の事例だけではなくホームスクーリングについて最適解がでないか考えなければならない。きっと『道徳』が最も向き合わねばならない「いじめ問題」の答えの一部もそこにあると思う。

（二人目の学生）

　道徳の教科化について少し触れられていたので、自分なりの意見をまとめた。私自身「こころのノート」を使用した授業を受けた経験があるが、ある程度「正解」が決められている教科書である。例えば、「いじめはどのようなものか」「大人になるとは」といった問が提示されているもののの、そこにはほとんど一通りの答えが存在している。道徳教育において「正解」が決められていること、これ自体は必ずしも悪いこととは言えない。いじめはしてはいけないもの、大人になるとは責任感を持たなければならないということなど、普遍的な知識として獲得しなければならないことも多い。しかし、学校教育は家庭教育とは異なる役割を持っているべきである。そのため、学校教育の道徳では、いじめとはどのようなものか、ではなくいじめに対する自分の考えを自分の言葉で話せることが、第一に目指されるべきだろう。

（三人目の学生）

最終的には暗記に始終することとなる知識獲得のための授業と、獲得された知識を活用することで養われる諸能力のための主体的・対話的な授業を、どのように組み合わせるべきかが問われていると切に感じた。振り返ってみると、後者の授業は印象に深く残ってはいるものの、前者の授業との繋がりが自分の中で格別意識されることはなかった。二者を強引に結びつけようとして、却って脈絡がなくなってしまう事態は避けなければならない。しかしながら、蓄積してきた知識が実践を通して生き生きした姿となることは、学びにとって一層好ましいことのように見える。「主体的・対話的で深い学び」を学習指導要領が掲げるのであれば、知識と実践との関連性に着目するのが求められるのではないか。

知識や理論として体得していることと、実践から引き出されたことが必ずしも一致するわけではない。現代のように転変著しい環境の中にいれば、猶のことそういった可能性が高まるであろう。ただ、このような状況であっても学びの種は確かに植わっていると私は思う。知識と実践が食い違っているのは何故なのか、そもそも食い違っているように見えるだけで本当は矛盾など生じていないのではないか、といった具合に思考が進んでいけば、実践が更なる知識獲得、洗練を引き起こしてくれる。

知識獲得のための授業と、主体的・対話的な授業とは、絶えず循環していくのが一つのあるべき姿であろう。そしてこの循環は、授業という枠組みを越えた地点でも、子どもたちを触発するべきなのではないだろうか。社会科という科目であれば、社会に対する柔軟な視点を学び取ることが重要である以上、一つの見解に縛られて形式的な判断を下すことは最も忌避される。ただし日常生活を送っている中では、どうしても速やかに物事を解決せざるを得なくなり、ある特定の基準にのみ寄り掛かることが少なくない。それは判断のしやすさという点で寄与したとしても、大切にされるべき多くの領域を抹消することに繋がりかねない。

取り返しのつかない立場へ至らないためにも、見解の固定化を打破するようなある種の循環を身に付けるのが一つの方策になると私は考える。その循環とは前述のように知識と実践との循環である。教室ではない場所であっても知識を携えて実践を行い、その実践から新たな知識を得るという循環を果たすことが、子どもたちには期待される。理想論に近い記述が多くなってしまったが、深い学びが一層「生きる力」を与えられる事実からしても、循環はいつも念頭に置かれる必要のあるものだと言いたい。

（四人目の学生）

　日韓が抱える従軍慰安婦の問題はなかなかデリケートでなおかつ大変根深い問題なので、私の方からとやかく意見を言うことですらはばかられてしまいます。ただ今回の判決をこれまでの慰安婦問題を抜きにして一般的な判例として考えると、妥当な判断だったのではないかと思います。一国家が国際法の取り決めを覆せるとは到底思えませんし（万が一国際法が間違っているのならば話は別ですが）、もしそれでも日本政府の主権免除を認めないというのであれば更なる紛争につながりかねないでしょう。月並みなことしか言えませんが、今一度従軍慰安婦問題のどこに論点があるのかを明確にし、日韓の両者が対等な立場から議論をすることが求められているのではないかと思いました。


どうでしたか。

　一人目の学生の意見から見ていきましょう。ユーチューバーゆたぼん氏については、話題になっていることは知っていますが、講義で取り上げるほどの情報を持ち合わせていないため、一般論として話していきたいと思います。

　現代日本において、不登校の問題は、決して特別のことではなく、例えば令和元年の中学生では、一二万七九二二人の不登校を数えます（文科省調査）。これは、中学校のクラスに必ず一人以上見られることであり、皆さんの身近にもいたのではないでしょうか。この講義を履修している学生の中には、不登校ではないが、高校中退者はおられたと思います。学校と生徒との距離感や関係については多様であるといえそうです。不登校になる理由も多様であり、友人関係や教員・学校との相性のようなものから本人が病弱であるなど多様です。学校も好きなのに、起立性調節障害のような朝低血圧で起きられないことから、休みがちになり、不登校となる場合もあります。こうした人は、学力も高く、成長に伴い体調が整う十八歳前後からは普通の生活もできるようになり、有名大学に進学する人なども多く見られます。このように現代社会においては、学校に登校し、そこで学ぶことしか認められないのか、ということは議論を続けなくてはならない課題です。

さて、不登校生徒の学校外での学習については、学力面に関しては、現在あまり否定的ではない様子です。学習教材が書店に氾濫し、ネットでもいろいろなコンテンツがあり、学習環境としての条件は格段に向上してきたことからでしょうか。一方で、レポートにもあるように、友人関係を創れるのかということは批判としてよく見られるものです。では、学校における機能として友人関係を創ることは保証されなければならないものでしょうか。もちろんできるのならそれに越したことはないのですが、例えば、過疎地の公立学校で極端に生徒数の少ないところはどうなるのでしょうか。いわゆる一般的なイメージでとらえる友人関係や教育活動はできないといえるでしょう。そもそも明治五年に学制が頒布された時、そこで目指された教育は、社会で生きていくための知識技能を想定しており、現在の学校教育法の義務教育段階でも普通教育として、知識面を対象としていることが理解できます。では集団的学習を否定しているのかといえばそうではなく、そうした形態の重要性も過去から理解されています。しかし、それができない場合どうするかということが課題だといえるでしょう。これに関して、レポートでは道徳教育から課題について考えてくれています。

レポートの中で述べられている「他者との交流なしで『道徳』の向上が図れないのは火を見るより明らかである」というのは本当でしょうか。仏陀が出家してひとりで悟りをひらいたことはどうとらえるのでしょう。実は、学校における道徳教育の範囲は広く、生活習慣に関わることから個人道徳、社会道徳、国民道徳に至るまで多様な内容を含めています。こうした内容を丁寧に見ていけば、学校という閉じた世界での集団関係だから学べるものではないこともわかります。

二人目の学生が道徳教育について考えてくれたので、そこから見ていきましょう。「道徳教育において『正解』が決められていること、これ自体は必ずしも悪いこととは言えない」とレポートしてくれましたが、本当でしょうか。学校の道徳の時間は、徳目といわれる道徳の価値目標を学ぶ形がとられています。一つ一つの価値はもちろんよいものなのですが、現実社会では価値の対立が存在します。学校で行う週一時間の時間の中で、徳目を身に付けるということで学べるでしょうか。実は、これが戦後、修身がなくなり社会科を中心に学校教育全体で道徳教育を行うことの意義でした。現在の学習指導要領にもこの課題が示されています。前回配布の総則で⑵の四段落で示された価値を学んでいくことが学校の道徳教育となります。ところで三段落目には「人間としての生き方を考え、主体的な判断の下に行動」することが書かれています。これは、戦後社会科の目指したものと同じです。つまり、経験的に考え行動できることが求められているのであり、教室の中で知識の取得のみを求めていたのではありません。だとすれば、現在の学校教育において、教室で学ぶことのみを要求していても果たして適切な教育といえるでしょうか。

三人目の学生は、「知識獲得のための授業と、獲得された知識を活用することで養われる諸能力のための主体的・対話的な授業を、どのように組み合わせるべきか」という観点について考えてくれました。これについてこのレポートでは、知識と実践という対立に置き換えています。ここでいう実践とは実践的活動という意味で主体的・対話的な授業を指しています。皆さんの体験してきた社会科授業から「社会科とは」どんな教科であるのか考えてきましたが、そこでは体験的な授業というものが印象的であったことがわかりました。このことにつなげて、知識獲得と実践的活動の循環する授業を提唱しています。二人目の学生が道徳について触れた際、戦後の道徳は社会科の中に包摂され、主体的判断の下で行動できる人物を育成しようとしていたことを述べました。実は、こうした戦後社会科の目指したものは何だったのか、それを見ていくと、このレポートの問題提起について一つの解が見えてきます。

四人目の学生のレポートは、授業で取り上げたニュースに関するものです。現在の日韓問題は複雑であり、解決までの道のりは相当先のこととなるのでしょう。今回は、従軍慰安婦に関係した判決から考えたものとなりましたが、徴用工問題など多様です。さて、現在の日韓関係の条約上の出発点は、日韓基本条約からです。現在、日本側はこの条約で一切の韓国との賠償問題は解決済みとの立場をとります。国と国との間で条約締結されたものであるので当然なのですが、韓国側では、従軍慰安婦などの問題があるとその問題についての賠償は別だとして日本に補償を求めています。実は、そもそも日韓基本条約は、東アジアの安全保障上の問題から今日につづく日米韓の協力体制堅持のため、締結されたという意味合いがあります。つまり、国家的観点からのものであり、国民的視点はないがしろにされていました。知られているようにこの条約により日本側は個人賠償分も含めて支払を行いましたが、それらは韓国の発展に使用され個人に支払われることはありませんでした。この問題を現在の日本人は、韓国側の問題であり、自国政府を訴えろという論調でとらえることがほとんどです。もちろん日本人として、そうした想いは否定しないのですが、その観点はあくまで国家観的観点です。国民的民衆の立場の視点で見ると、補償を受けていない韓国国民の気持ちも理解できなくもありません。韓国政府に対する不信感もあるのでしょうが、日本が自分たちに補償していないという現実に苛立つのでしょう。

実は、日韓基本条約を締結する段階で、こうした締結は後世に禍根を残すと指摘する論調も、すでにありました。東洋史家の旗田巍（はただたかし）などが述べていたもので、当時の岩波『世界』などに見られるものです。つまり軍事政権の国に個人賠償を含めた賠償をしても個人分が行き渡らないことを懸念してのことでした。この立場からすれば、後世への禍根は実際起きており、安全保障上の優先のため、丁寧な外交交渉を行わなかった日本側にも落ち度がないとは言い切れないともいえます。現在まで続く課題については、その原因と経過も含めて考えていかなくてはなりません。

Theme2～一九四七年に社会科が成立した時の構想とは

それでは、次の課題に入りましょう。

【課題Ⅱ】　昭和二十二（一九四七）年社会科が成立した時、どのようなものを構想したのか、簡潔に説明してください。

（一人目の学生）

一九四七年『学習指導要領社会科編Ⅰ（試案）』を参照すると、「社会科の任務は、青少年に社会生活を理解させ、その進展に力を致す態度や能力を養成する」「青少年の社会的経験を、今までよりも、もっと豊かにもっと深いものに発展させて行こうとすることがたいせつ」とある。つまり、社会生活を行う上で必要な知識の獲得と、獲得した知識を日々の社会生活に応用できるかを目指すのが社会科設置の背景にあったと考えられる。

参照：宮原武夫『初期社会科と問題解決学習』

（二人目の学生）

昭和二十二年の学習指導要領にはこう記されている。

　この社会科は、従来の修身・公民・地理・歴史を、ただ一括して社会科という名をつけたというのではない。社会科は、今日のわが国民の生活から見て、社会生活についての良識と性格とを養うことが極めて必要であるので、そういうことを目的として、新たに設けられたのである。ただ、この目的を達成するには、これまでの修身・公民・地理・歴史などの教科の内容を融合して、一体として学ばれなくてはならないので（学習指導要領社会科編参照）それらの教科に代わって、社会科が設けられたわけである。

　この内容から鑑みるに、従来の四科目の基礎知識に『道徳』の概念が追加されたとみて問題なかろう。別途記されている『自由研究』と同じように、教育の中心が本当の意味で子供に移らせる構想になったことが分かる。

【参考文献】

1．https://erid.nier.go.jp/files/COFS/s22ej/chap3.htm

（三人目の学生）

一九四七年に社会科が成立した際、特に意識されていた事柄は従来の教科的な枠組みに縛られないということである。要するに、ただ理論や知識に偏重するのではなく、現に私たちが生きているこの社会そのものに的を絞った科目として、社会科は出発したのである。

そのような初期社会科の中核を成しているのは、子たちの経験である。社会に焦点を当てた学びを志向するならば、学習主体である子どもたちが社会の一員として立っている事実に着目しない訳にはいかない。それ故に、子どもたちの属するそれぞれの環境から見えてくる景色を重んじつつ、社会の問題に対して積極的に学び、解決を目指していく流れが指標として示される。現代的な表現を取るのであれば、問題解決型の経験学習を何よりも重んじる姿勢が、初期社会科を形作っているといえる。

そして初期社会科の先に立てられているのは、公民としての意識の涵養である。一人ひとりがかけがえのない個人として存在し、その個人が結合することで社会が成り立っているという思想が、公民の意識には包含されている。子どもたちが公民として、社会に於いて明晰な思考と判断を以って生きていく、それによって国家が良き方向へ進んでいく、これこそが社会科の最も尊ぶ理念である。この理念を少しでも実現するために、問題解決型の経験学習が強調されている。

参考文献

・木村博一「初期社会科の統合理念とカリキュラムの実像：『学習指導要領社会科編Ⅰ（試案）』の編成の特質」『教育學研究』（68）、日本教育学会、二〇〇一年、pp.192-203

・佐藤弘「初期社会科と歴史教育」『大学改革と生涯学習：山梨学院生涯学習センター紀要』（20）、山梨学院生涯学習センター、二〇一六年、pp.49-66

どうでしたか。

この課題は社会科成立に関する事実を記載するものであり、二人目の学生が参考にした国立教育政策研究所のホームページや文部科学省のホームページで、初期社会科について調べられます。また、他にもいろいろな文献に目を通してくれたようです。

昭和二十二年に成立した社会科を見ると、『学習指導要領社会科編（Ⅰ）（試案）』の冒頭には、次のようにあります。

「今度新しく設けられた社会科の任務は、青少年に社会生活を理解させ、その進展に力を致す態度や能力を養成することである。そして、そのために青少年の社会的経験を、今までよりも、もっと豊かにもっと深いものに発展させて行こうとすることがたいせつなのである。」

つまり、「社会生活」が鍵概念となり、その理解とその場で主体的に生きることが求められていることがわかるでしょう。単なる知識の取得ではなく、態度・能力といった生きざまに関わることを身に付けさせようとしています。このために求められているのが社会的経験であり、こうした教育は、教室の中だけで完結するようなものではありません。

今回の前半の課題「感想」のなかで見てきた通り、学校教育というのを教室の中だけで完結するようなものとしてとらえるのか、そこは学びのための一つの場だとしてとらえ、学びをより広げていくことも、こうしたことから考えることができます。

一人目の学生は、この冒頭の部分について注目してくれました。そこでは、社会生活を行う上で必要な知識の獲得とその社会生活への応用ということが、社会科の意義としてくれています。

二人目の学生は、社会科の総合性について注目してくれました。この部分を当時の学習指導要領から引用すると次の通りです。

「社会生活がいかなるものかを理解させ、これに参与し、その進展に貢献する能力態度を養うということは、そもそも教育全体の仕事であり、従来も修身・公民・地理・歴史・実業等の科目は、直接この仕事にたずさわって来たのである。けれども、それらの科目は、青少年の社会的経験そのものを発展させることに重点をおかないで、ともすれば倫理学・法律学・経済学・地理学・歴史学等の知識を青少年に飲み込ませることにきゅうきゅうとしてしまったのである。」（社会科編（I））

「これまでは、社会科の内容となっている歴史・地理・公民などは、いずれも別々の教科として扱われて来たのであるが、一般社会科としては、本書に示してあるように、中学校あるいは高等学校の生徒の経験を中心として、これらの学習内容を数箇の大きい問題に総合してあるのであって、教科そのものの内容によって系統だてるようなことはやめることとした。」（社会科編（II））

つまり、単に総合しているのではなく、自らの経験から社会生活を理解し、社会の発展に寄与させる教科としているのである。

三人目の学生は、こうした社会科について簡潔に整理してくれています。

このように初期社会科と呼ばれたものを見てみると、今日の知識の獲得を主とする社会科とはかなり違ったものといえませんか。当時の学習方法は、生活体験型のもの、つまり経験主義教育と呼ばれました。今日でいえば、小学校三、四年のころに学んだ社会科の姿に近いといえるかもしれません。

それでは、今回の課題を提示します。

【課題Ⅰ】　授業感想をまとめてください。

【課題Ⅱ】　配布資料（資料４）を読んで、感じたことをまとめてください。

【資料４】重松鷹泰による「社会科の使命」（重松鷹泰『社会科教育法』誠文堂新光社、1955年、１～５頁）

日本の社会科が、敗戦後の所産であり、占領軍の示唆によって誕生したものであることは、万人周知のことである。

それが、いかなる意図に基いて命令されたか、それがどのように実施されたか、それがどのような使命を持ち、また果したか、ということは、容易に知り得ないところである。

占領軍が日本における超国家主義的傾向を払拭し民主主義を普及徹底させる意図をもって、社会科の実施を命令したとしても、その意図がそのまま、日本の社会科の使命を決めたということはできない。また逆に、占領軍が日本人を腑抜けにする意図をもって、社会科の実施を命令したのだとしても、おなじくその意図が、日本の社会科の使命を決めたということもできない。このようなことは、後世史家、なかんずく、教育史家の十分に検討すべきところであって、軽率な判定を下すことはできない。

もしこのようなことを、はっきりさせようとするならば、つぎのような諸点を明らかにしなければなるまい。

㈠　社会科発足当時における占領政策およびそれの実施者たちの意図。
㈡　日本政府および当時の文部官吏の態度および意図。
㈢　社会科の学習指導要領の構成および性格。
㈣　日本の社会一般の状況と占領政策の受けいれ方、なかんずく、教育政策の受けいれ方。
㈤　教育界、特に現場における教師の、社会科にたいする態度と能力。
㈥　社会科実施にたいする諸条件、特に、教科書、教具、参考書、その他の設備の条件。

これらのものが、社会科実施の当初において、いかなるものであったか、というだけではなく、その後において、いかに変っていったか、ということも、もちろん、考えあわせなければならない。

少なくとも、これらの諸点を考察することなしに、社会科を、日本を植民地化する使命を持ったものであるとか、無国籍のものであるとか、断ずることは真実にたいして忠実なことではない。

（略）

私事に渉って恐縮であるが、私が復員したのは二十一年三月二十五日であって、博多から東京にかえり、家族の疎開先である、東京都西多摩郡調布村にたどりついた。翌日か翌々日には、焼跡を通って、勤務先であった東京都庁に出頭した。都庁教育局も神田の千桜小学校（？）にあり、機構もかわっていた。さいわい同僚であった両角英運氏、阿部篤二氏が在庁され、迎えてくれた。そして文部省には青木誠四郎氏、石山脩平氏などがいられること、教育研究所に、城戸幡太郎氏、宗像誠也氏などのいられることを聞き、たのもしく思った。所管課長にはじめて挨拶した時、それは当然のことながら、「君が重松君か、何時から出勤するか、首はまあつながるだろう」という挨拶であった。応召時とは人がちがっているのだからしかたのないことではあったが、復員早々の自分としては、悲観した。

そしてその直後、文部省に、教科書局教材調査課長であった青木誠四郎氏を訪ねた。青木氏は心から歓迎してくれ、かつ職務の方がどうなっているかもたずねられた。そこで所管課長の言をつたえたところ、「文部省にきて、自分のところで、修身の教科書をつくる仕事を手伝わないか」といわれた。日本の子どもたちの尾羽打枯した姿をみじめなものに感じていた自分として、それはのぞむところであると考えて、その場で承諾をしてしまった。

（略）

私が文部省に入ると、間もなく、青木・石山両課長から、社会科（ソーシャル・スタディズ）をやることになるらしいということをきかされ、それが、修身・地理・歴史にかわる綜合的な教科であるということを説明された。その詳細は研究しなければわからないとのことであった。

私は、日本の子どもに好まれるような、また、日本の子どもに元気を与えるような、修身の教科書をつくろうと考えていた。そこでどういう領域のことを、どのような順序で取扱ったらよいか、ということを、公民科の指導書を研究しながら、表にしてみたりして、考えていたが、一向にはっきりした基準が設定できず、困っていた。しかし、それは一週間になるかならぬかの期間で、社会科の研究にとりかかったのである。

私は社会科が、ＣＩＥから当初どのような形で示唆されたか、またそれを文部省側がどのような経過で受容したか、知らない。ただ勝田氏が、そのころ、私にいわれたことで、「自分たちの作った公民科の指導書をＣＩＥの人々が見て、これは単なる公民科の指導書ではない、ここにおける綜合的な取扱いを今少し強化すれば、社会科の指導書である、日本の人々には、社会化を実施する準備（考え方の成熟）が、すでにある、だから社会科を実施したらどうか、といった。」ということは、十分に注目しなければならない。

第五回　「社会科の使命」を読み解く（二〇二一年五月八日）

それでは、社会科・公民科教育法Ｉの第五回授業を始めます。

前回の授業から今回までは、ゴールデンウイーク期間と重なりましたが、皆さんは、有意義に過ごせたでしょうか。今年は、まずまず天候にも恵まれて、スポーツや何かを行うには最適となりました。しかしながら、国や自治体からは外出を控えるようお願いが示されていることもあり、実際には、自宅に籠った生活だったかもしれません。

ニュースに関しても、休日のため政治経済上の動きも少なく、新型コロナウイルス感染症や緊急事態宣言に関連するものがほとんどでした。

Introduction ～部活動禁止の大学を通過するマラソン大会

そうした中、今回は、五月五日のこどもの日にあった、東京五輪のテスト大会である「北海道・札幌マラソンフェスティバル２０２１」から考えてみましょう。この大会は、五輪の準備とマラソンに出場する選手が実際のコースを試走する意味もあり、本番に向けて重要な調整機会となるものです。そうしたことからすれば、意味ある大会といえるかもしれません。しかしながら、現状では、海外からの参加者は望めるものではなく、今回エントリーした主要選手のほとんどは、国内選手でした。オリンピックが世界に開かれ公平な条件で行うものであるとすれば、テスト大会に参加できる選手が日本選手に偏ってしまうのなら、公平なものとはいえないでしょう。もちろん、準備に徹したものとすれば、重要なものであることは間違いありません。なお、今回は男女六名の外国選手が参加していま す。一方で、札幌市では、同日に入院患者数が過去最大になったことなどから、医療非常事態宣言を発表しています。さらに休日明けにはまん延防止等重点措置の適用を国に要望するという報道もあります。こうした中で、マラソン大会を観戦自粛の呼びかけをしてまで行うことが必要であったのか、そんなことも考えてしまいます。

実は、この大会に対して、別の角度から批判的な目が向けられていました。このマラソンコースは、札幌の観光名所を巡れるように設計され、札幌の名所でもある北海道大学の構内もコースとされています。ところが、その北海道大学では、現在、部活動などの活動が禁止されています。これは、北海道の警戒ステージに対応して大学側が示した行動指針によるものです。すでに、北大生からは、行動指針の緩和などの要望が出されていました。それは、大学が、在学する学生に対しては施設での活動を制限しているのに、マラソン競技のためには外部者に使用させるという矛盾をついたものでした。

感染症が拡大する中、そこのけそこのけ五輪がとおる、という状況は日本という国家社会の在り方を考える素材となっています。

Theme 1 ～前回授業レポート

それでは、いつものように前回の授業感想から見ていきましょう。

【課題Ⅰ】　授業感想をまとめてください。

（一人目の学生）
講義プリントの冒頭で時事問題を紹介する形式を毎回楽しみにしています。このような時事問題のトークを中高の授業冒頭にするのも、学習意欲を高めるために効果的ではないかと考えました。新型コロナウイルス感染症による在宅率の上昇により、ニュースを見る習慣がこれまでよりも増えてきたと思います。しかし、物事を批判的に見る力が養われていないことで、誤った情報やメディアの偏向報道に騙される国民が増えていることも感じます。公民科教育でどのように批判的な視点を養えばよいのかを考えてみたいと思います。

（二人目の学生）
コロナウイルスの記事について読んでいて、私自身このような状況での実施にとても疑問を持ちます。実施しなくては、オリンピックの準備費が賄えなくなり、巨額の負担になってしまうのはわかりますが、これこそ人命や信頼を守るべきなのではと思います。オリンピックを実施するのであれば、もうすでに何か大規模なライブなどの成功例を作り、日本でも実施が可能だということを証明する必要があるのではないのかなと考えます。また、ＧＷに入り、東京都では電車の本数を減らすなど行われており、行動範囲を制限することを目的としているのでしょうが、仕事などで人は外出はせざるをえませんし、それによって電車内がより密になっているという状況を見ました。このように目的が目的に沿わない結果となってしまっている状況であるなと思います。もはやこのような政策を行い続けていくのであれば、犠牲はあるが集団免疫を付けて解決するほうが、経済的にも日本の未来的にもよいのではないかと考えてしまうこともあります。

（三人目の学生）

連日引きも切らずに報道されているCOVID-19のニュースを目にするにつけ、悪い意味での「慣れ」に思考が染まりつつある自分を感じずにはいられない。自分の周りには幸いにも感染者がいない状況が昨年から続いているが、今後も感染のリスクがないとは言い切れない。また、周辺に感染者がいないからといって生活に何の変容もない訳では決してなく、大学の対面規制や電車の運行本数削減など、ありとあらゆる方面で影響を受け続けている。それにも関わらず、そういった諸影響に対する感受性が鈍磨していることに、不安が兆してくる。感染が拡大し始めた初期のような過剰の反応が止まなければ、心身共に疲れ果ててしまい、何事にも取り掛かれなくなってしまうだろうことはよく理解している。しかしその反面、二年前からは想像もできない暮らしぶりを違和感なく受け容れ始めているのは、本来なら深刻に捉えるべき事態を見過ごす結果に繋がりかねないのではないか。

悪い意味での「慣れ」を打破するためにも、可能な範囲で報道を追いかけようと意識することが大切なのかもしれないとも思う。COVID-19に対するメディアの態度は媒体によって様々で、無思慮に危機感を煽り立てるものも少なくないが、だからといってそれが事実を定期的に摂取しなくても良いという建前にはなり得ない。むしろこのような特異な事例だからこそ、ただ安直に受容するだけではない、メディアの批判的な読みを磨くべきなのではないか。力の及ぶ限りで正確な情報を収集するのはもちろんだが、そもそも正確の基準そのものが揺らぐような場合も、COVID-19であれば念頭に置かれるべきである。そうなれば、最後に活きてくるのは自分の判断力を措いて他にない。判断力そのものの精度を上げながらも、判断した物事を信じ切る強固な心的姿勢をも、メディアとの接触を通じて学ばれるのが望ましいように見える。改めて、日々の生活に「当たり前」など存在しないこと、「慣れ」の恐ろしさについて考えさせられた。

（四人目の学生）

先生がおっしゃる通り、道徳の形態が多様であるが故にそれをはぐくむ環境が学校だけではないのは分かっているのですが、だからといって不登校が道徳教育に障害としてなりえない、という論理の理由になる訳ではありません。例に仏陀をあげられていましたが、実在が不確かな人物の伝承を引き合いに出されてもどうも私は首をかしげてしまいます。約一三万人の不登校の子供たちがみな仏陀ほどの人材ならば話は別ですが。

道徳教育における学校環境が持つ能力・役割の考察はこれから深く考えていく必要があると感じました。

（五人目の学生）

冒頭の授業感想で不登校の話題があり驚きました。というのも私は高校中退に加え不登校の経験もあったからです。中学、高校ともに二度不登校になってしまいました。中学生の時は一年生で三か月不登校になるも転校して復帰しそれ以来通い続けました。高校では入学してから一か月後に不登校となり学校に籍は残し続けたものの一年後中退しました。超問題児です。

とはいえ（あまり詳しく存じ上げていないのですが）「ゆたぼん」さんとは状況が違い私にはインターネット上ではなく中高ともに沢山の良き友人たちが周りにいました。いじめなどは決して受けませんでした。自らの弱さが原因で、人と接することが怖く疲れてしまったため学校に通わなくなってしまったのです。

人を恐れていた私は、高校中退後も部屋に引きこもり、ただ窓から空を眺めていました。ご飯も独りきりで食べ親とは一切会話がありませんでした。その後親が暫く環境を変え休養をとることを勧め、子どもの頃によく遊んでいた祖父母の家がある奄美大島に滞在し、森の中に入っては花鳥を愛で、海へ行けば幾度も来る波をただ眺め過ごしました。この期間に初めて私は自分と向き合うことができ自己を確立できたと思います。

それ以来、実家に戻ってからは両親とも会話するようになり、中学の時にできた友人達と週に一度キャッチボールや囲碁将棋をして日々を過ごすようになりました。十七歳のある時、両親から「ただお前が自由に生き楽しく笑って生きてくれればそれでよい」と告げられました。この言葉に私は感激し、私を支えてくれた友人、そして両親に恩返ししようと、立派になった姿を見せありがとうと伝えようと大学進学を目指し勉学に励みました。不登校、中退の経験は私にとってアイデンティティであり、自分と向き合う機会であり、自信を抱かせてくれました。人の悩みに誰よりも耳を傾け支えになろうとするようになりました。その後、大学進学後は同じように辛い思いをしている子、いまを一生懸命生きようとしている方を手助けしようとボランティアサークルに所属し活動に勤しんでいます。

ここまでただ自分の体験談を長々と書き連ねてしまい申し訳ございません。

確かに私は環境に恵まれ「他者」との交流は「ゆたぼん」さんより「正常」な形に近かったかもしれませんが、不登校になったからこそ今の私は「他者」を渇望し誰かの力になりたいと励めています。一事例に過ぎませんが「道徳」は自分と向き合う中で、学校ではない小さな社会の中で育むことができたのではないかと自負しております。

子どもには不登校の自由がある、インターネットで他人と交流ができる＝道徳心を育めるという「ゆたぼん」さんの考え、親御様の考えについてはハッキリと正しい、悪いと判断ができません。しかしいかなる経験も無意味にはならないと私は思っています。いつか「ゆたぼん」さんが社会と向き合わざるを得ないときが来た時、傍観者としては良い運命に導かれ、架空、想像、画面越しではない真の交流を楽しんで欲しいと願うばかりです。もし考えを改め学校に通う道を選んだのならば挫けず明るく過ごして欲しいと願うばかりです。

どうでしょうか。

一人目の学生は、資料冒頭の時事的話題を取り上げる授業形式に関して述べてくれています。この、時事問題を授業冒頭で話をするというのは、皆さんも中高生の時に社会科で体験したことがあるのではないでしょうか。社会科が、実際の社会を知り、その社会の形成者となることを目指したものであるならば、現実の社会を見る目を養わなくてはなりません。そうしたことからも、ニュースに敏感であることは大切です。また、非対面授業が続く中では、自宅に籠り社会と途絶してしまうことになりかねないので、ニュースによって社会は動いていることを確かめることも意味があります。「毎回楽しみにしています」と書いてくれていますが、昨年の学生も、同様なコメントをくれました。社会とつながっていることを意識しましょう。

二人目の学生は、コロナウイルスに関連させて、オリンピックの実施について考えてくれています。実施しなければこれまでの準備費などが賄えなくなることの懸念を指摘してくれましたが、費用の回収を懸念しなければならないような大会運営を行っていることにこそ問題があるのではないでしょうか。もともとはコンパクト五輪といっていたはずなのに、いつの間にか巨大なものとなりました。すでにあった国立競技場を解体して、新たに聖火台すらない木造の競技場を建設したり、辰巳には国際水泳場もあるのにその近くに同様のものを建設したりするなど、無駄なものが多すぎます。一九八四年のロサンゼルス五輪では、五十二年も前の一九三二年ロス五輪の競技場を使用しています。なぜ、日本はそうしたことができなかったのか検証する必要があるでしょう。肥大化した建設費用は、次世代への負の遺産となることも考えなくてはなりません。

三人目の学生は、現在の感染症が拡大している社会においての「慣れ」というものについて考えてくれました。確かに社会状況に対する慣れというものは恐ろしいもので、緊急事態宣言が発出されても人出は昨年ほど減少していません。人流を減らす目的の電車の運行本数削減も逆に混雑を招く結果となり、対策の見直しも行われました。大学の授業形態に対する態度も多様であり、萩生田文部科学大臣はなるべく対面授業を維持するよう発言しますが、西村内閣府特命担当大臣や小池都知事は人流を抑えるよう発言します。こうした発言のブレもあり、人出は減る傾向にないのかもしれません。一体どういった対応が適切なのか、大変難しい判断が求められるのですが、社会全体が「悪影響に対する感受性が鈍磨」しているのでしょう。この学生が指摘してくれているように、一人ひとりが判断力を高めていくしかないということかもしれません。だとすれば、教育の場においては、考えていく授業がより求められているといえるでしょう。

四人目の学生は、前回の不登校の問題について引き続き考えてくれています。特に道徳教育を事例として、学校の役割を比較的評価した立場で見ようとしています。学校の機能については、集団に一定の知識能力を高めるものとして有用なのは言を俟たないでしょう。日本に近代教育が入って以来、ベル・ランカスター法にはじまり集団に対する教育はずっと続けられてきました。しかし、こうしたものは教授する側の立場から考えたものであり、学ぶ側から見て好ましいものであったのでしょうか。この学生は、仏陀という実在が不確かな人物を取り上げられても納得できないという様子でしたが、もちろん、仏陀云々は比喩であり、そうした修行型一般を述べたものです。天台宗の千日回峰行でも、禅宗の日々の修行でも、個人が自己と向き合うことによって何かをつかもうとします。すでに前回述べた通り、知識面では、自宅でも学べることはかなり認められてきていますが、道徳に関しても、というより学びの形態として、固定化された学校という場でなければならないのか、という問題提起です。こうしたことについて、次の五人目の学生が貴重な体験を述べてくれています。

ここに述べられた経験は、特別なものなのでしょうか。

実は、こうした経験は特別なものにも見えますが、不登校の中にはこうした事例はいくつもあります。私の知る事例として、中・高六年間で五校の学校を転学し、最後は卒業検定試験（旧大検）で大学に合格し、それを機に不登校状態の高校を中退して大学進学したという学生がいます。本人にとっては、学校という場でなければ学びにつながらないわけではなく、自分の世界観の中で人生を歩んでいったのだといえます。ただし、こうした選択は、必ずしも周囲から受け入れられるものではないため、本人にとっては、厳しい精神状態であったことは容易に想像がつきます。五人目の学生の事例は、本人もご両親も素晴らしい人格を持たれていて、ここでコメントするよりもう一度読み返してもらいたいものです。

ところでこうした学びについて、考えるヒントを与えてくれるものに、東大経済学部教授柳川範之先生の、『東大教授が教える独学勉強法』（草思社文庫、二〇一七年）という本があります。柳川先生は、銀行員の父親の転勤に従って海外生活を送り、大検で慶應の通信教育部に進まれ、研究者となられた方です。本のタイトルでわかるように独学で学ぶことの意味を教えてくれます。

学生の皆さんには、学ぶとはどういうことなのか、考え続けてもらいたいことです。

Theme2 ～重松鷹泰の「社会科の使命」

それでは、つぎの課題について考えてみましょう。

【課題Ⅱ】　配布資料（資料４・86ページ）を読んで、感じたことをまとめてください。

（一人目の学生）

前回に引き続き、戦後間もなくの社会科にスポットを当てた文章であり、特に社会科が成立した過程を文科省の現場から追った文章であった。社会科は占領後、ＧＨＱによって民主主義の色が高められ、結果的に日本人の歴史認識が歪められたという一説は知っていた。しかし、この資料を見る限りでは、従来の「植民地統治的にアメリカが押し付けた社会科観」はそこまで肯定できるものではないと思う。なぜなら、日本が提示した公民科の指導案をベースに社会科を構成しようと試みている点と、日本人に「社会科を実施する準備」があると、ある程度、日本側の自主性を許可している点の二点が指摘できるからである。

思うに、終戦間もないアメリカは、民主主義の下、日本にある程度の裁量権を任せるスタンスであり、アメリカ側に余裕はあった。しかし、一九五七年のスプートニクショックをきっかけに冷戦が始まり、共産主義への危機からアメリカに焦りが生じた。その冷戦の始まりから間接的にアメリカによる日本への社会科観の押し付けが始まってしまったのではないだろうか。資料がないため、あくまで妄想ではあるが、そこを興味深く知りたいところではあった。いずれにせよ、終戦間もない頃は、アメリカは民主主義の名の下に、ソーシャルスタディーズが考えられ、ある程度の教科の構築の裁量権を日本に任せていたことは事実のようである。

（二人目の学生）

今回抜粋された箇所を読む限りでは、社会科の創設される狙いとして意識されていたのは、ある具体的な人間像ではないように思われる。冒頭で重松氏は、「占領軍が日本における超国家主義的傾向を払拭し民主主義を普及徹底させる意図をもって、社会科の実施を命令したとしても、その意図がそのまま、日本の社会科の使命を決めた」とは言えず、このことは「占領軍が日本人を腑抜けにする意図」を仮定した場合にも同様であると述べている。ここでは占領軍によるお仕着せの意図が二つ挙げられ、双方ともに否定されているが、後の引用箇所を見ると占領軍（正確には民間情報教育局、CIEとも）から社会科を創設するよう指示を受けたことは事実として認められている。そうなると、どういった意図であるかが問題になるが、私は前述された二つの意図のようにはっきりと断言できないものが、社会科の目指すべき方向として筆者の重松氏に受け取られているのではないかと推測する。

「綜合的な取扱い」という記述が社会科を説明する上で登場しているが、これを深く読み取ろうとすれば、決して知識偏重にならないという意味が浮かび上がるであろう。そうすると、前回の講義までで重要な関心事として取り上げられてきた主体的な学習が、密接しているのではないかと容易に想像される。ただし、主体的な学習とてそれはあくまで学習の手段であって、その先にある目的をも兼ねるものではない。手段が自己目的化する事態は、学習にとって避けるべきものである。であれば、「綜合的な」学びの先に何が掲げられているのか。

言語化しようと試みるならば、それは子どもたち一人ひとりにとっての社会の体得、ということに帰結するであろう。冒頭で記された重松氏の主張は、社会科の意図は教授する側によって規定されるべきものではないと訴えるものだったのではないか。この訴えに基づくならば、学習の先にある光景は子どもたち自身が決めることに、力点が置かれていると考えてもおかしくはない。「学習の先にある光景は子どもたち自身が決める」というのは、子どもたちが一から目標を決め、それに向かって勉強を重ねていくという意味では*ない*。むしろ目標などは学習主体である子どもたちによってすら規定されないのである。

教授する側は「綜合的な」学びの場を提供することで、社会について考える機会を子どもたちに与える。考え抜くのは子どもたちの役割であるのだから、そこに教師等の不当な介入は許されない。ただし、子どもたち自身も、自分がそういった機会から何を学ぶのかは分かっていない。その場その場で一人ひとりが考え抜き、学び、自分にとっての社会を知ることが、授業の中で何よりも期待される。学びの場で直に知を獲得する直接性、あらかじめ何らの目的も敷かれない

（これは、教師や教材による補助を排除しない）無規定性、そしてそれぞれの子どもたちによって異なる社会像が浮かび上がるという独自性、この三つが社会科の本質を彩っているのではないか。かなり穿った読み方であるように思われるが、重松氏の言葉少なな姿勢は、このような意図が隠されていることに起因していると考え、以上のように述べさせていただいた。

どうでしょうか。

本課題の重松鷹泰の文章（**資料4**・86ページ）は、社会科の使命について述べられたものであり、社会科とは何か、という問題を考えるのに欠かせません。この本自体は、一九五五年に初版が出されたものであり、朝鮮戦争勃発以後、日本社会が教育や思想面で逆コースと呼ばれた保守化傾向に向かっていった後の文章です。つまり、この当時は、戦後の理念から逆コース後の教育の中で、社会科について、どのように捉えるべきなのか再確認する必要が求められていたのだといえるでしょう。

簡単に重松鷹泰について紹介すれば、次の通りです。一九〇八年生まれ。東京文理科大学卒業。文部省教科書局にて小学校の社会科創設にかかわり、その後、名古屋大学教授となられました。

本書の書き出しは、日本の社会科が敗戦後の所産であり占領軍の示唆によって誕生したことは万人周知だと述べています。現在の私たちは、そんなことは思いもせず、ただ、数ある教科の中の一つとしてしか見ていません。しかし、当時は、敗戦で生まれたものだと認識されていました。では、なぜ社会科という教科が生まれたのかということが問題となります。このことに関して、重松は、どんな使命を持っていたかは容易に知りえないことだといいます。ところが、当時、社会科に対する捉え方については、すでにある認識を持っていたことがわかります。それが続く文章であり、「日本における超国家主義的傾向を払拭し民主主義を普及徹底させる意図」があったということです。

一方で、「占領軍が日本人を腑抜けにする意図」をもって作られたという捉え方もあったわけです。

この対立する視点は、教育方法という教育の枠内の問題ではなく、その教科によっていかなる国民を形成しようとするのかという社会的な問題が含まれているといえるでしょう。ただし、これを日本の社会科教育の中に位置づければ、社会的な問題といっているものは、教科目標と同様のものとも言えそうであり、その下位概念として、教科の教育方法や、取り扱う教科の内容といった形で分類することになります。しかし、この対立する二つの視点は、その教科の目標を超えるような、日本自体をどうするかという問題としてとらえられます。

そして、社会科とは「社会に力を致す」人材養成であれば、この問題は避けて通れないものとなります。前者が社会科を肯定的に捉えるものに対して、後者は否定的に捉えるものということができます。つまり、前者のものであるなら、積極的に推進し、民主国家建設に寄与する教科として学べばよいはずです。一方で、後者としてとらえるなら社会科を学べばかつての強い日本は再び見ることはなくなり、ある意味アメリカの植民地化のための教育をするものととらえられてしまうわけです。実際どうであったかは、重松のいう教育史の研究に俟つほかないわけですが、皆さんはどのように学んできたのでしょうか。

ところで、ここで整理しておく必要があるのが、日本国憲法との関係性についてです。

社会科に対する二つの見方である民主主義を推進する役割としての見方と日本を腑抜けにするという見方は、日本国憲法を取り巻く状況と酷似しています。まさに押し付け憲法論と同様のものといえるのではないでしょうか。実は、社会科と日本国憲法とは相似形としてとらえることが可能です。つまり、アメリカによって押し付けられた新憲法は、平和主義に徹して、再びアメリカの脅威となることなく、五十一番目の州であり続けるという見方です。こうした見方をする人たちが、憲法を改正し、自衛隊を国防軍として明記し、軍事的行動を可能とすることを主張します。彼らにとって、現在の日本は、まさに腑抜けの状態ということでしょう。

一方で、日本国憲法の精神は世界人権宣言と一致するものであり、普遍的理念であることを認識しておかなくてはならないものです。安易に憲法改正を叫ぶ方の中には、そのことが欠落している人がいるようです。ちなみに、今、手元のネット環境が良ければ、「世界人権宣言」「日本国憲法」の２ワードでヤフーでもグーグルでも検索してみてください。そうすると例えば、日本国憲法と世界人権宣言を比較した「とよティーの喫茶室」（http://www.asahi-net.or.jp/~jm9t-tyng/10_text/hikaku.htm）や、公益財団法人人権擁護協力会のコンテンツなどが見られると思います。ここに示されている通り、人類の普遍的な精神を書いているのが日本国憲法であり、こうした内容について学んでいくと、安易に改正しようとするような思想に振り回されなくなります。もっとも皮肉を込めて言えば、憲法を改正し、アメリカとの安全保障に基づいて、世界で軍事行動できることを想定している人には、それ自体が、日本はアメリカの五十一番目の州のような態度をとっているのだといえ、こうしたことも社会の出来事をどう認識するかという意味で重要課題といえます。

下段については、重松の文部省入省に至るところと社会科研究にとりかかる部分の一部を紹介しました。これに関しては、今回取り上げた学生レポートでも関心を寄せてくれています。勝田守一が重松鷹泰に述べたとされる、ＣＩＥが日本の公民科指導書をして社会科になりうるものだと評価した部分については、一人目の学生が、「従来の『植民地統治的にアメリカが押し付けた社会科観』はそこまで肯定できるものではないと思う」と述べてくれたのは重要です。日本国憲法が、ＧＨＱ主導のもと短期間で作成されたのは事実ですが、それ以前に、民間による憲法案の草稿とそれをＧＨＱが調査

【資料5】日本国憲法と世界人権宣言の対比表（一部）

日本国憲法	世界人権宣言（外務省訳）
第13条　すべて国民は、個人として尊重される。生命、自由及び幸福追求に対する国民の権利については、公共の福祉に反しない限り、立法その他の国政の上で、最大の尊重を必要とする。	第１条 すべての人間は、生れながらにして自由であり、かつ、尊厳と権利とについて平等である。人間は、理性と良心とを授けられており、互いに同胞の精神をもって行動しなければならない。
	第３条 すべて人は、生命、自由及び身体の安全に対する権利を有する。
	第６条 すべて人は、いかなる場所においても、法の下において、人として認められる権利を有する。
	第12条 何人も、自己の私事、家族、家庭若しくは通信に対して、ほしいままに干渉され、又は名誉及び信用に対して攻撃を受けることはない。人はすべて、このような干渉又は攻撃に対して法の保護を受ける権利を有する。
第18条　何人も、いかなる奴隷的拘束も受けない。又、犯罪に因る処罰の場合を除いては、その意に反する苦役に服させられない。	第４条 何人も、奴隷にされ、又は苦役に服することはない。奴隷制度及び奴隷売買は、いかなる形においても禁止する。
第19条　思想及び良心の自由は、これを侵してはならない。	第18条 すべて人は、思想、良心及び宗教の自由に対する権利を有する。この権利は、宗教又は信念を変更する自由並びに単独で又は他の者と共同して、公的に又は私的に、布教、行事、礼拝及び儀式によって宗教又は信念を表明する自由を含む。
第20条　信教の自由は、何人に対してもこれを保障する。いかなる宗教団体も、国から特権を受け、又は政治上の権力を行使してはならない。 ２　何人も、宗教上の行為、祝典、儀式又は行事に参加することを強制されない。 ３　国及びその機関は、宗教教育その他いかなる宗教的活動もしてはならない。	第18条 すべて人は、思想、良心及び宗教の自由に対する権利を有する。この権利は、宗教又は信念を変更する自由並びに単独で又は他の者と共同して、公的に又は私的に、布教、行事、礼拝及び儀式によって宗教又は信念を表明する自由を含む。

第21条　集会、結社及び言論、出版その他一切の表現の自由は、これを保障する。 ２　検閲は、これをしてはならない。通信の秘密は、これを侵してはならない。	**第19条** すべて人は、意見及び表現の自由に対する権利を有する。この権利は、干渉を受けることなく自己の意見をもつ自由並びにあらゆる手段により、また、国境を越えると否とにかかわりなく、情報及び思想を求め、受け、及び伝える自由を含む。 **第20条** １　すべての人は、平和的集会及び結社の自由に対する権利を有する。 ２　何人も、結社に属することを強制されない。
第22条　何人も、公共の福祉に反しない限り、居住、移転及び職業選択の自由を有する。 ２　何人も、外国に移住し、又は国籍を離脱する自由を侵されない。	**第13条** １　すべて人は、各国の境界内において自由に移転及び居住する権利を有する。 ２　すべて人は、自国その他いずれの国をも立ち去り、及び自国に帰る権利を有する。 **第14条** １　すべて人は、迫害を免れるため、他国に避難することを求め、かつ、避難する権利を有する。 ２　この権利は、もっぱら非政治犯罪又は国際連合の目的及び原則に反する行為を原因とする訴追の場合には、援用することはできない。 **第15条** １　すべて人は、国籍をもつ権利を有する。 ２　何人も、ほしいままにその国籍を奪われ、又はその国籍を変更する権利を否認されることはない。
第25条　すべて国民は、健康で文化的な最低限度の生活を営む権利を有する。 ２　国は、すべての生活部面について、社会福祉、社会保障及び公衆衛生の向上及び増進に努めなければならない。	**第22条** 　すべて人は、社会の一員として、社会保障を受ける権利を有し、かつ、国家的努力及び国際的協力により、また、各国の組織及び資源に応じて、自己の尊厳と自己の人格の自由な発展とに欠くことのできない経済的、社会的及び文化的権利を実現する権利を有する。 **第25条** １　すべて人は、衣食住、医療及び必要な社会的施設等により、自己及び家族の健康及び福祉に十分な生活水準を保持する権利並びに失

	業、疾病、心身障害、配偶者の死亡、老齢その他不可抗力による生活不能の場合は、保障を受ける権利を有する。 2　母と子とは、特別の保護及び援助を受ける権利を有する。すべての児童は、嫡出であると否とを問わず、同じ社会的保護を受ける。
	第27条 1　すべて人は、自由に社会の文化生活に参加し、芸術を鑑賞し、及び科学の進歩とその恩恵とにあずかる権利を有する。 2　すべて人は、その創作した科学的、文学的又は美術的作品から生ずる精神的及び物質的利益を保護される権利を有する。
第26条　すべて国民は、法律の定めるところにより、その能力に応じて、ひとしく教育を受ける権利を有する。 2　すべて国民は、法律の定めるところにより、その保護する子女に普通教育を受けさせる義務を負ふ。義務教育は、これを無償とする。	**第26条** 1　すべて人は、教育を受ける権利を有する。教育は、少なくとも初等の及び基礎的の段階においては、無償でなければならない。初等教育は、義務的でなければならない。技術教育及び職業教育は、一般に利用できるものでなければならず、また、高等教育は、能力に応じ、すべての者にひとしく開放されていなければならない。 2　教育は、人格の完全な発展並びに人権及び基本的自由の尊重の強化を目的としなければならない。教育は、すべての国又は人種的若しくは宗教的集団の相互間の理解、寛容及び友好関係を増進し、かつ、平和の維持のため、国際連合の活動を促進するものでなければならない。 3　親は、子に与える教育の種類を選択する優先的権利を有する。
第32条　何人も、裁判所において裁判を受ける権利を奪はれない。	**第8条** すべて人は、憲法又は法律によって与えられた基本的権利を侵害する行為に対し、権限を有する国内裁判所による効果的な救済を受ける権利を有する。
第36条　公務員による拷問及び残虐な刑罰は、絶対にこれを禁ずる。	**第5条** 何人も、拷問又は残虐な、非人道的な若しくは屈辱的な取扱若しくは刑罰を受けることはない。

（出典）「とよティーの喫茶室（http://www.asahi-net.or.jp/~jm9t-tyng/10_text/hikaku.htm）」を一部改変

していたことは有名であり、単純な押し付け論で語れないことは考えておかねばならないことです。まさに、日本国憲法論と同様であることがわかります。

最後に、二人目の学生のレポートから考えてみましょう。このレポートの初めに、「社会科の創設される狙いとして意識されていたのは、ある具体的な人間像ではないように思われる」というのは、重要な指摘だといえます。これは、課題Ｉにも関連し、道徳教育がどう行われるかということにもつながってきます。道徳でいえば、徳目といわれる価値を教え込むという教育がありますが、その代表的なものが、戦前の修身であり、その目的はよい子どもやよい日本人を育成するものでした。そこには目指す人間像がありました。一方で、戦後の社会科は、経験主義教育として行われ、自らの経験に即して社会の一員になろうとする教育です。このため、都市や農村、漁村など土地による違いから、学ぶ内容も異なることが前提として社会科の授業は構成され、社会科の中で学ぶ価値観形成も多様なものになりえるものといえました。「教授する側は『綜合的な』学びの場を提供することで、社会について考える機会を子どもたちに与える。考え抜くのは子どもたちの役割である」という読み方は、誤りではありません。むしろ、かなり正確な初期社会科の姿をとらえているといえます。では、実際の初期社会科とはどのようなものであったのでしょうか。次の課題として、それを考えてもらいましょう。

それでは、後半の授業です。配布資料（**資料６**）を読んでください。今回のものは、戦後、最初の中等教育用の社会科教科書の内容です。

【課題Ⅰ】 授業感想をまとめてください。

【課題Ⅱ】 配布資料を読んで当時の社会科授業について感じたことをまとめてください。

【資料6】戦後の中等教育用の社会科教科書の内容（文部省『社会の政治』東京書籍、1949年、113〜119頁）

16　民主主義には出版報道の自由がある

民主的な国

民主的な国では、出版報道の自由すなわち、個人について不正なまちがったことがらを文字にして発表したり、その名誉を不当に傷つけたりするようなひぼうを犯さないかぎり、自分の欲することを印刷し出版する自由がある。

新聞や雑誌は、種々の立場や考えを持つあらゆる人々の意見をのせることができる。これらの考えの中には、あまりよくないものも正しくないものもあろう。それでも個人は、それを公けにする権利を持っている。このような十分な自由を持つことは絶対に必要なのである。もし、自分の意見が真実であり正しくなければ、その意志を公けにすることはできないという法律があるとしよう。そうするとこれは、何が真実であり、何が正しいかを決める権力や、政府の同意し得ないことを公けにすることを禁ずる権力を、政府に与えることになろう。こういう危険があるから、われわれはどのようなことがらについても、だれでもその意見を文字にして発表することができるようにしておかなければならない。

新聞や雑誌は、政権を持つ政党を批判することができるし、政府の公務員が義務を怠れば、これを批判することができるし、役所の収賄、買収、失策などをあばくこともできるし、また、それをやらなければならない。それは特定の一政党を支持することもできるし、またどれも支持しなくともよい。

民主主義における新聞の機能は、政治的なことがらについて知っていることや、発見することのできるあらゆる真実を印刷出版して

非民主的な国

非民主的な国では、出版報道の自由はない。憲法では出版報道の自由を保障しているが、この原則は全くふみにじられているところもある。もし、どこかの国で、政府および政府の公務員に対して、新聞の人たちが批判することができないならば、そこには自由がないことは確かである。もし自由があるならば、政府に対するなんらかの反対や批判が必ずあるはずだからである。

独裁制では、新聞は独裁者あるいは権力を持つ政党を支持することを要求される。独裁者が権力を握って、最初にやることの一つは新聞雑誌に口止めをすることである。近代では独裁制を維持するには、新聞・雑誌・劇場・学校・ラジオ放送などを含む情報機関を統制することが絶対に必要である。政府が出版報道を統制する国では、その政府は民主的ではないと決めても、まず間違いではなかろう。

政府が、新聞の編集者のいうこと、劇場で上演させること、ラジオで放送されること、学校で教えられることについて指令するところもある。こういうふうなことが行われていれば、それらの国々は問題なく非民主的だと決めて差しつかえなかろう。

国民に報道することである。

出版報道の自由は人間の自由にとって基本的なものである。国民が公共のことがらについて知らないでいたり、自分たちの意見を自由に話したり、これを印刷して発表することができないようなところには、自由な政治は行われない。

17　民主的な国は集会の自由を保障する

民主的な国

民主的な国の国民は、平和な目的のためならば、集会をする自由を持っている。きみたちの地方の人々が農地改革や労働関係のことについて、あるいは新しい政党を組織するために、集会を希望するとしよう。かれらは官公庁の公務員、そのほかのだれからも、集会をするための許可を受ける必要はない。警察は決して干渉することはできないのだから、警察の干渉を恐れる必要はない。

政府がやっていることについて抗議をするために集会する場合でも、政府の保護があるのである。いかなる政府の公務員も、自分と反対意見の人々が集まって平和な手段でかれを批判することを妨げる権利はない。

政府は集会が平和的なものであることを要求する権利を持っている、警察官は集会に臨席するために派遣されるかも知れないが、しかし、それは秩序を維持し、また、集会を妨げるものがないように監視するためである。

よい国民は、集会の自由とともに、集会が秩序正しく行われるように注意する責任を持っていること、だれでも自分のいうことを聞いてもらう権利を持っていること、また、集会は破壊的でなく建設的な目的で行われることをよく知っている。

非民主的な国

集会の自由は、イギリスの人々によって戦いとられ、のち、アメリカに植民して合衆国を立てた人々に受けつがれた権利である。この2～3世紀前までは、国王は公共の問題を話し合ったり、その他の理由で国民が集会することを禁ずる権利を持っていた。

今日でも、自由に集会をすることが許されていないところもあるだろう。独裁制では、この自由は存在しない。そこでは、もし国民が自主的に集会を開こうとすれば、必ず警察にふみこまれ、指導者は捕えられるだろう。独裁者は、もし集会を許せば、批判されるし、また、その反対者の公開の集会は、ついに自分の権力を失わせることになろうから、決して自由な集会を許しはしない。

警察が集会を統制する国、あるいは、公開の集会をするために政府の許可を必要とするような国は、非民主的であるというほうがよかろう。

18　民主的な国は法律を犯したかどで告訴されたものに対して公正に迅速に裁判を行うことを保障する

民主的な国

民主的な国では、国民は公正で迅速な裁判を行ってもらう権利がある。国民は、司法当局によって罪の正式な言い渡しを受けるまでは、公判を待つ間、刑務所に入れられることはない。有罪を言い渡す場合は、どういう罪によるかを正確に述べなければならないし、また罪の行われたと推定される日時や、その他のことを詳細に述べなければならない。個人は単に罪を犯したという疑いだけでは、ほんの少しの期間しか拘置されない。もし官憲が罪の言い渡しを受けない者を刑務所に留置しようとすれば、弁護士は本人を代表して、「人身保護令状」を申請する。これはむずかしいことばであるが、簡単にいうと、犯人を留置する官憲に、裁判所へ犯人を連れて行って、なぜ留置したかその理由を示すように命ずる命令書を弁護士が裁判所からもらうことができるということである。

裁判官は、国民から直接あるいは間接に選ばれた国民の代表であって、かれらは国民に対して責任を負っている。民主的な国では、だれでも裁判官の前に行き、公平に聞いてもらい、公平で誠実な判決を受けることができる。

なんぴとも裁判所で正規の裁判を受けないで、体刑や罰金刑や死刑やその他の罰を宣告されることはない。

政府が個人の財産を押収する場合には、法律上の手続きにより、適正な額の補償をしなければならない。

裁判は公開される。ひそかに宣告されるということはない。

だれでも罪を告発されたものは、自分に対するあらゆる反対証人のいうことを聞き、これに質問する権利を持っている。また、だれ

非民主的な国

非民主的な国では、国民は、単に警察官の気まぐれで捕えられることがしばしばある。かれらは、裁判にもかけられず、獄に入れられ、幾月も幾年もそこに止められて、恐らく裁判も受けないで死ぬこともあろう。「人身保護令状」は存在しない。警察の役人は部下に命じてある人を捕えて来ることができる。こうして逮捕が行われる。そのために法律上の理由を示す必要はない。もし、その人を友人や親類のものが獄中から出そうとすれば、かれらもまた自分たちがまきこまれてしまう。一夜にして、その家庭から姿を消してしまったり、あるいは、その家庭から連行されてしまって、親類のものや友人たちは、再びその人に会うことができないようになることもある。

非民主的な国では、裁判官は国民の代表者ではない。かれらは権力を振るっている人たち、あるいは権力を握っている政党を代表している。国民は、単に犯罪上の理由だけでなしに政治上の理由、たとえば、政府やその公務員を批判したり、あるいは、権力者たちが発表してはいけないと考えている考えを発表したというかどで捕えられる。たとえばわが国でも、数年前までは思想統制の法律があった。多くの自由主義的な大学教授や学生やその他の人たちが「悪思想」を持っているというかどで投獄された。

自白をさせるためや「悪思想」を持っている他の人たちの名前を聞き出すために、拷問もしばしば用いられる。財産はある時には無償で政府に押収される。裁判はしばしば秘密で行われる。自分たちのために有利な証言をしてくれる証人を連れてくることを、被告は許されるとはかぎらない。自分に不利な証言

でも自分の側に立って証言してくれる証人を法廷に出させる権利を持っている。だれでも自分を弁護してくれる弁護士を頼む権利を持っている。

なんぴとも法律を犯したために、惨忍な異常な方法で罰せられることはない。たとえば、罪がどんなに重大であろうと、捕えらた人は、裁判される前にも、有罪の判決があったあとでも、決して拷問されることはない。

なんぴとも、自分が有罪であるということを証拠だてるようなことがらについて、自分に不利なことを証言するように要求されたり、強制されたりすることはない。政府は証人を用いるが、かれに不利な証人になるようにだれをも強制することはできない。

捕えられたものは、公判が行われる前には、ある人が「保釈保証人」になり、かれが公判に出席することを保証するならば、保釈出所することができる。裁判官は保釈金を高くして、拘引されている人に行動の自由をこばむことは許されない。

重大な事件にまきこまれたものは、市民からなる陪審員による公判を請求することができるようになっている国もある。陪審制度がない他の国々でも、やはりだれでも公正な裁判にあずかるということが、その根本要件になっている。

最もだいじなことは、だれでも有罪ときまるまでは、無罪の取りあつかいを受けることである。法廷では、当局は、もっともな疑いが残らないように、裁判を受けている人が、有罪だということを、有罪と判決するまでに証拠だてなければならない。もし有罪ではないのではないかという疑いがあれば、釈放されなければならない。

これらすべての権利は、国民の自由が維持されるためには欠くことのできないものである。

をすることを、拷問によって強制されることも恐らく多いだろう。拘引されている人が裁判や判決の前に「保釈」を許される制度は許されない。陪審制度による裁判も行われないし、あるいは法廷は「国民の法廷」だといわれたにしても、国民を代表する裁判官による裁判も行われない。

犯罪の疑いを受けて逮捕された人は、自分で無罪だということを証明しなければ、有罪だと推定されるところも多い。政府は、かれが有罪であると証明する必要はない。

現在、ある人が有罪であるか無罪であるかを証明する十分な証拠がない場合が非常に多い。そのような場合、民主的な国では、その人は無罪と推定される。ところが非民主的な国では、それは有罪だと推定される。前者では、何人かの有罪の人々を逃がすかもしれないが、無罪の人を有罪と判決することは避けられる。後者では、多くの無罪の人々は有罪と判決され罰せられることがどうしても起って来る。

第六回　戦後初の社会科教科書から考える（二〇二一年五月十五日）

それでは、社会科・公民科教育法Ⅰの第六回授業を始めます。

今回は、なんとも気持ちの悪い話から始めましょう。

Introduction ～ニシキヘビの逃走から考える

すでに報道で皆さんも知っていることと思いますが、横浜市戸塚区で飼育していたニシキヘビが逃走したというものです。この事件は、五月六日に起きた出来事のようですが、報道自体は、その後の捜索でも見つからないという数日過ぎたあたりから記事が増えてきました。事件を整理してみると、六日の朝、三・五メートルのアミメニシキヘビの飼い主が自宅アパートから出かけ、夜九時ごろ帰宅した際、飼育箱のカギが外れ、すでに蛇はいなくなっていたというものです。動物園でニシキヘビを見たことはあるし、各種の記事を拾っているといくつもの蛇の写真も掲載されていましたが、なんとも気持ちの悪い姿であり、こうした生き物を飼育しようという精神にびっくりしてしまいます。

ところで、飼育したいという気持ちについては、個人の自由なのですが、蛇という危険な生き物を飼育するという行為については、もう少し議論をしておく必要がありそうです。今回のような動物を飼うということについては、動物愛護法によって規定されています。その中で、蛇のような人の生命を脅やかしたり危害を加える恐れのある生き物については、特定動物としてその飼育に関して都道府県知事に届け出て許可を受けなくてはなりません。今回のケースでは、きちんと届け出がなされていたようですが、管理場所としての飼育施設が届け出のものと違っていたようです。それは、届け出時点より個体が大きくなり、それを捕獲できるサイズのものへと変更したということでした。実際には、届け出のガラス製のケージから木製のケージへの変更であり、木製箱のカギが、蛇の力で押し開けられていたということです。このように見れば、生物は日々成長し、許可を受けた時点の状態で飼い続けられないことが理解できます。

ところで二〇一七年一月に名古屋市の東山動植物園で飼育されていたニシキヘビが逃走し、七か月後の七月二十六日に戻ってきたというニュースがありました。しかもその際に、元の大きさの倍以上になっていたというものです。生き物ですから成長するのは当然ですが、今回のように三・五メートルもある蛇が成長するにはどのような食物をとるのでしょうか。これに関する記事もあり、自然では鳥類や哺乳類を待ち伏せて捕食するということです。この地域の小学校では集団登下校も行っているということですが、海外では、実際に人がニシキヘビに丸飲みにされた事例も多く確認されているようです。どうやって捕獲すればいいのか、蛇について調べていたら、二〇一一年十月に横浜市保土ケ谷区でアパート住民が自宅の押し入れを開けたらニシキヘビがとぐろを巻いているのを発見したというものを見つけました。また、今年五月八日には、兵庫県高砂市で一・五メートルのカリフォルニアキングスネークという黒白マダラの蛇が民家の車庫で発見されたという記事もありました。

こうも安易に蛇が逃走するのを見るにつけ、果たして現状の飼育許可制度のままでいいのか不安になります。環境問題としても、外来生物の飼育については、より厳しく当たる必要性を感じますが、危険生物が自宅に侵入することを想定しなくてはならない生活とは何なのでしょうか。ペットの飼育と社会生活として考えてみたいテーマです。

Theme1 ～前回授業レポート

それではいつものように、授業感想から見ていきましょう。

【課題Ⅰ】　授業感想をまとめてください。

（一人目の学生）

今回の時事を読んで、先日ネット記事にもなっていた『池江璃花子に寄せられたオリンピック辞退を勧める（半ば強制する）書き込みが多数あった』ことを思い出した。私は五年ほど前にオリンピックセンターで練習終わりの彼女と挨拶をしたことがあったので少なからず注目していた。確かに北海道のマラソンのように、オリンピックが全てに対して優先される考え方・社会の在り方に対しては疑問を呈するところではあるが、それに対する批判をその主催者ではなくそれに参加するアスリートに向けられるのは間違っていると思う。中には『オリンピックに参加する意志がある者は他者の命を軽視する身勝手な者だ』と人格否定するアカウントが少なくなく、オリンピックを強行しようとする考えと同じようにてんでおかしいモノだ、と私は考える。他の教職の授業で教育勅語と御真影を巡る事件を扱ったが、なんだかそれらと今回の一件の根底は似たようなモノだと思った。

不登校についてですが、五人目の方の経験（92ページ）は『特別な事例ではない（無論良い意味で）』と思いました。先生がおっしゃっていた修行一般もきっとこれと同じようなものでしょう。決して学校という環境に固執しなくとも、優れた環境（ご両親の考えや友人との関係）があれば道徳を学び教育できるのだと理解しました。ですが不登校になっている児童・生徒が皆そうした優れた環境にいることはないはず、この授業でなくとも、どうすれば学校を伴わない道徳を養える優れた環境を提供できるか、その方法を模索する必要がありそうです。

（二人目の学生）

不登校に関連して五人目の学生の方が語って下さった経歴を見るにつけ、既定路線などという言葉がどれだけ信用ならないかを考えてしまう。

私自身、社会人生活を二年続けた後に会社を辞めて、大学に再入学した経緯がある。更に掘り下げてしまえば、二年の社会人生活は働き通しだったのではなく、不慣れな環境や重圧を過度に感じてしまう内面の問題故に休職した時期があったため、実際は現場に一年半立っていたといえるかどうかも怪しい。休職期間中や会社を辞めた後などは、自分の人生があまりにも一般的なそれとかけ離れていることにともすると嫌悪感が募り、やり場のない怒りを滾らせることが少なくなかった。しかし今となっては、そもそも既定路線などというもので人生を逐一見る必要など全くないと、はっきりと断言できる。

既定路線の不合理さを何よりも痛感したのは、就活の時である。皆が一斉にスーツを身に纏い、過去を漁って自分の長所を練り上げることへの非難は一般的になりつつあると自分は感じているが、それ以上に就活という人生の節目があまりにも「整然」としてしまっていることに、不気味さを覚えずにはいられなかった。就活とはそういうもので、会社側も大勢の希望者を捌（さば）いていくためには機械的にならざるを得ないのは仕方のないことだと割り切ってしまう学生は多い。しかし私からしてみれば、割り切ってしまっている学生はその割り切りの中で、人間というものを固定的に捉えてしまっているように映る。固定的な視点の下で人間は、「既定路線に乗って当然である」というように何かしらの定義を受ける。定義を与えてしまえば判断は楽で、その定義に合っているかどうかを確認するだけで済んでしまう。しかしその合理性が、本来であれば何らの規定も受けるべきではない（当然、規定せずに我々は生きられないのだが）人間を容赦なく傷つけてしまうのではないだろうか。そして合理性に身を任せきっている人間は、手短で容易な判断の根本にある合理性を、疑えなくなっているのではないだろうか。もし疑って改善する力が少しでもあるならば、既定路線といった絶対的尺度を揮（ふる）って他者の在り方を否定することになど、至らないはずではないか。

「〜すべき」という言葉ほど、用心すべきものはない。生き馬の目を抜く現代だからこそ、困った時に縋（すが）れる頼みの綱として既定路線といった尺度が欲しくなる気持ちは分からなくもない。だが、その尺度へと身を預けたことで、一体どれだけのものを傷つけ、失うのだろうか。そうした尺度は自分を追い込むだけでなく、他者に対する危害にも発展しかねない。自分が社会の一員として生きる以上、「当然」「当たり前」という表現には絶えず疑問符を突き付け、考え抜くように心がけねばならないと思う。

（三人目の学生）

連日コロナ関連のニュースが報道され不要不急の外出の自粛を呼びかけられていますが、なんでもかんでも自粛してくださいというのはもう限界の域に達していると思います。私自身こんな自粛まみれの生活にはもう嫌気がさしていますし、あと一年くらいは頑張ってくださいと言われても頑張りようがありません。もはや「頑張る」という言葉自体が嫌いになりそうです。宝島社が五月十一日に『このままじゃ、政治に殺される。』という企業広告を朝日新聞、日本経済新聞の朝刊三紙に同時掲載しました。この広告に対して賛否両論はありますが少なくともこの状況に一石を投じるだけのインパクトは持っていたと思います。終わりが見えない戦いを強いられるのはもううんざりです。せめてゴールだけでも示してほしいと切に思います。


どうでしょうか。

一人目の学生は、前回取り上げた札幌での東京五輪のマラソンテスト大会から、オリンピック関係で書いてくれました。それは、「オリンピックが全てに対して優先される考え方・社会の在り方に対して疑問を呈」してくれています。同時に、オリンピックに対する批判を、水泳の池江璃花子選手に向けてしまっている現状にも疑問を持ってくれました。このなかで述べているように、オリンピックに参加する一アスリートに対してオリンピック批判を向けるのは、確かに問題があると思います。しかし、これだけ多くの人たちが、なぜ池江選手に批判的な視線を向けてしまったのでしょうか。実は、一般の人たちは池江璃花子という一人の大学生に対して自分たちの思いをぶつけているのではなく、東京五輪の象徴である池江選手に発信していると考えられます。つまり、池江璃花子選手に対して発信するのは、五輪関係者に発信するのと同義なのです。

これまでのメディアにおける彼女の扱いは、明らかにオリンピックに向けた象徴的物語として創られたものでした。かつてテレビで繰り返し放映された保険会社のＣＭには、彼女が幼少期に畳の上で行っていた水泳練習風景と現在の姿を重ねるものがありました。まさにこうした物語が彼女を追い込むことになったといえます。普通の感覚であるのなら、ホームビデオの撮影映像は、結婚式で流される程度のものであり、それくらい私的なものといえます。それを広告に使用する意識が、彼女を東京五輪の広告塔にしてしまったのでしょう。もし彼女のプライベートな一面を守る意識があるのなら、ホームビデオの使用という提案に対して、水泳連盟や五輪組織委員会はストップをかけることもできたでしょうし、そもそもそんなホームビデオの存在を知られることもなかったはずです。明らかに彼女の周辺や五輪関係者が、子どものころからの夢をかなえるサクセスストーリーとして商品化してしまったのであり、それが現在の状況を作り出したといえるでしょう。未成年の時から商品化された扱いを受けてきた個人としての池江選手には気の毒この上ないものがあり、周辺関係者こそ猛省すべきでしょう。

二人目の学生は、不登校に関連して、人生における既定路線という問題について考えてくれました。世の中で学校ほど既定路線を好む世界はない。そんなところから見ていきましょう。そもそも日本の学校は、小学校から高校まで、一直線に進んでいくことを前提としています。特に義務教育段階では、学齢制度といって学年と年齢が一致し、どんな状況でも何事もなく漫然と進級していきます。また、高校入試に関しても、選ばなければどこかに進学できるでしょう。こうした中にあって、人と異なる世界を歩むとなると相当の覚悟を決めなくてはなりません。就職に際しても、学卒者に対しては、一般求人の場合のようにハローワークを訪ねるのではなく、文科省と厚労省の協力の下で大学や学校の就職課で対応してくれます。つまり、就職という人生の節目は、新卒であることが極めて重要であり、利便性が高いものとなります。こうなれば、既定路線を走り続けることがどれだけ楽なことかわかります。では、そうした人生は好ましいものといえるでしょうか。前回、自己の不登校体験を紹介してくれた学生のように、既定路線でなくても豊かな人間性は作り上げられます。就職は、新卒で一流企業に就職することを善と捉えれば、既定路線に乗りたくなりますが、長い人生何が起きるかわかりません。私の例でいえば、大学卒業時にある有名企業に内定をもらっていたのですが、進学を決意して、就職しませんでした。ところが、その企業は二〇〇〇年前後に不祥事で倒産しました。連日テレビで報道されている様子を見ていると、会見している社長が、就活時に面接してくれた人事課長であることに気づきました。何とも言えない感慨を持つと同時に、人生の不可思議さを感じた瞬間でした。

　三人目の学生は、話題の宝島社の広告に触れながら、現状の閉塞感について、思いを吐露してくれました。すでに一年五か月新型コロナウイルス感染症について、報道され続けてきました。昨年と同時期である四月、五月に緊急事態宣言が発出され、二年続けてゴールデンウイークに遠出ができないものとなりました。大学生の皆さんにとっては、貴重な四年間の内、すでに一年半もこのような状況では、精神的に参ってしまうのもうなずけます。昨年春の学生が、このまま大学に通えず、オンラインですべての授業が行われるなら、いっそのこと休学してしまおうかと、相談してくれた人がいました。その時答えたのが、休学しても留学することもできず、国内を放浪することもできないのなら、単位をとっておくことも選択肢になるのではないかというものでした。すべての人が全く予測のできない日々を送っているのであり、既定路線というものがないわけですから、そうした状況を観察して経験していく気持ちで過ごすことも必要なのではと思います。もっともオリンピック開催は、既定路線のように進んでいきます。

Theme2 ～戦後最初の中等学校教育用の社会科教科書を読む

では次に、課題について見てみましょう。

【課題Ⅱ】　配布資料（資料6・108ページ）を読んで当時の社会科授業について感じたことをまとめてください。

（一人目の学生）

この資料を初めて目にしたとき、とてもじゃないですが社会科の教科書には見えませんでした。教科書というよりもむしろ憲法や法律の類かと思いました。現代の社会科の教科書と比べてみると図や写真は少なくともこのページには一切掲載されていませんし、文章の体裁も教科書というよりかは条文のように見えます。社会科と日本国憲法は深いつながりがあると先生はおっしゃっていましたが、教科書の構成という視点からもこのような部分を感じ取れるのは大変興味深いです。

つぎに資料の内容について見ていくと、この部分では「出版報道の自由」「集会の自由」「公正で迅速な裁判」について民主的な国と非民主的な国を対比しながら論じられています。「民主的な国」の方は自由の保障が強調されていてポジティブな印象を受けますが、逆に「非民主的な国」の方は規制・束縛が強調されていてネガティブな印象を受けます。戦時体制下の日本は言論統制や治安維持法による運動の弾圧など「非民主的な国」としての対応をとっていましたが、敗戦国としてアメリカに占領されたにあたって今までの非民主的な政治体系を捨てて、民主的な新しい日本へと変わっていくんだという強いメッセージ性を感じました。


（二人目の学生）

戦前の抑圧的な社会の反省・反動のためか、極端なまでに思想のリベラル化を進めようという意図が見て取れるように思う。「民主的な国」と「非民主的な国」との二項対立をもとに議論が行われているが、どうにも後者が戦前〜戦時中の日本の様子を書いたもののように見える（メディアに政府が干渉していた点や、集会の自由が事実上認められていない点、思想に関する罪がある点などから）。ここには人権を侵害するような抑圧や規制が批判されており、こちら側のような社会の在り方を否定する意図が感じられる。そして「非民主的な国」の否定すべき点をすべて逆立ちさせるようにして「民主的な国」の項目が記述されているように感じる。

「民主的な国」の項目には国民に対して戦前を彷彿とさせるような「〜をしてはならない」「〜することはできない」というような規定を主張する文章はほとんどなく、それに代わって権力を縛るような主張や国民に権利を認めるような主張が多くみられる（この点、日本国憲法のポリシーと通ずるものがある）。文章の調子を見ても、こちら側の個々人に自由と人権を認める社会の在り方を肯定していることが明らかである。

以上のように配布資料を見ていくと、この教科書においては今までの社会の在り方を改善するというよりも、完全にひっくり返すことが目指されていたのではないだろうか。西洋の歴史における啓蒙思想の誕生に匹敵するパラダイム・シフトを、教育を通して実現することが試みられたのだ。ただ、個人の自由や人権の尊重という思想が教科書という権威を以て説かれることに多少の違和感を覚えないこともない。

（三人目の学生）

自分にとって特に印象的な文言として映るのは、「16　民主主義には出版報道の自由がある」の最後に書かれている「出版報道の自由は人間の自由にとって基本的なものである」という一文である。出版報道の自由はより概括してしまえば言論の自由と言い換えてしまえるだろうが、この言論の自由に人間の自由に於ける根幹を見出していることは、様々な面で意義深い。

出版報道の自由が樹立されるのであれば、個々人がただ言いたいことを言いあうだけの状況を想定すべきではない。出版報道は個人の発議を前提にしているものの、その本質は相互間の応酬にこそある。意見や批判というのは、公共的な空間へ提出されることによって一層活発に働いていく。その理由は、思想が多様化することによって議論が引き起こされ、現実を見つめる目が絶えず改められる可能性が生まれるからである。

非民主的な国に視線を移せばはっきりするが、世界を一様にしか見ることのできない状況は非常に危険である。誤ったまま進み続け、破局まで一切歯止めのかからない恐ろしさ、一時は問題なかったとしても、時代を経るごとに内部の矛盾が剔抉（てっけつ）されてしまい、価値観を転換しようにも一つの観点に固着していたが故に立ち往生してしまう無力さが、非民主的な国には付き纏う。本来が多様な存在である個々の人間が、ある絶対的な思想の下に屈従しなくてはならず、内的な豊かさを徹底的に刈り取られてしまう。この豊かさの開花が人間の自由にとって最も意義深いものと解釈すれば、「出版報道の自由は人間の自由にとって基本的なものである」という一文は更に深く味わわれるであろう。

ここまでは出版報道の自由を掲げることがどれだけの価値を持つかを説明してきたが、この自由を何の批判も加えずに受容することができない時代に、我々は突入しつつある。端的に言うならば、出版報道の自由、言論の自由が却って人間の自由に牙を向けかねない状況が生じているのである。

ヘイト・スピーチやSNSでの冷酷無比な誹謗中傷、偏向報道などが、自由の悪しき側面を露わにしている。これらの新しい問題は、当時の社会科授業で想定されたであろう事態を逸脱してしまっているが故に、自由の礼賛だけでは何の解決にもならない。それどころか、自由を重んじれば重んじる程、こういった懸念すべき問題を野放しにしてしまう可能性すらある。ここで浮上するのは、これらの表現が他者を著しく傷つけてしまう惨状を前にして、出版報道の自由を抑制すべきかどうか、という問いである。

無論、ヘイト・スピーチなどの表現が、「人間の自由にとって基本的なもの」を毀損しているのは明らかである。自由の先に意図されている光景を踏み躙(にじ)るような出版報道は、真っ先に規制されて然るべきだと主張する人がいても、不思議ではない。ただし、自由の下になされている出版報道に規制を加えることは、果たして容易に為し得るのだろうか。我々は過激な実例を前にしているからこそ、それを即座に規制するべきだと訴えて、溜飲を下げてしまってはいないか。ここには、今まで不問に付されてきた、ある根深い問題が植わっているように私には思われる。つまり、どのような規制であっても、その規制が固定化されてしまえば、非民主的な危険性に絶えず脅かされるという事実である。

事態を円滑に処理するためには、出版報道の自由を濫用する事例を列挙し、それに共通する要素を法によって処分対象とするのが最も理想的である。しかし、それは効率の面に於ける理想でしかない。というのも、出版報道や言論というものの持つ豊かさは、法の一面的になりがちな尺度によって把握し切れるものではないからである。法の尺度を使って出版報道が適切か否かを判断する主体は、基本的に政府であろう。そうであれば、どれだけ厳粛に行われていたとしても、政府の判断が恣意的である余地は残り続ける。その余地が、何かのはずみに悪しき方向へ転ずることを、誰が完全に否定し切れるであろうか。むしろ我々は、それがどんなに困難であったとしても、悪しき出版報道を規制しようとするのではなく、悪しき出版報道に正当な反対、批判を向けるよう努めなければならないのではないか。自由の過酷さに耐えつつ、自分の信じる正しさを問い続けることが、どこまでも重んじられるべきである。

確かに、出版報道の自由によって人間の内的な豊かさは守られる。この豊かさが損なわれては、どのような自由も立ち行かなくなるであろう。ただし、自由の下に何の欠陥もない訳ではない。自由が我々に課する新たな課題は、自由を安直に重んじる限りでは決して解決しない。そして我々は、社会の慣習に倣って合理的な思考からそれを処理しようとするのではなく、その困難さをありのままに受け入れ、立ち向かっていくしかない。これが自由という二字に込められた重みだと私は感じる。

どうでしたか。今回課題として取り上げた資料は、初期社会科と呼ばれた当時の教科書です。一人目の学生が、「この資料を初めて目にした時、とてもじゃないですが社会科の教科書には見えませんでした」と述べてくれたように、他の方も、この当時の教科書が今日のものと異なる印象を抱いたのではないかと思います。そして、実際当時の教科書は現在と大きく異なるものでした。

すでに学んできた通り、初期社会科と呼ばれた成立期の社会科は、経験主義教育と呼ばれるものでした。それは社会生活を学ぶことから、将来、社会に力を致すことのできる人物を養成しようとするものだったわけです。これを前提として、配布資料（**資料7**）を見てください。

これは、一九四七年九月一日付の朝日新聞に掲載された社会科の授業が始まるという記事です。この記事を見ると、これまで学んできた通り、社会科が一九四七年新学期に間に合わず、二学期スタートであったことも確認できます。また、教科書がこれから配布されていくこととその内容が経験主義教育に基づくものであることもわかります。ところで、ここで注目してもらいたいのが**資料7**の下から十一行目にある文言です。そこには社会科の教科書は、「手引書」だと書いています。つまり、現在のわれわれが考えている項目別に重要語を太字にして、そうした内容を解説していくスタイルとは大きく異なるものです。

そして、このことを理解して、今回の課題であった教科書を見ていくと、まさに民主主義の手引書であることが理解できます。

では、教科書の内容について見ていきましょう。

一人目、二人目の学生、そのほか皆さんが指摘してくれた通り、民主的な国と非民主的な国を対比して記述されていきます。自分の所属する社会が民主的なのかそうではないのか考える素材となっています。教科書の「出版報道の自由」に関するものは、現在の日本国憲法で保障された表現の自由に

【資料７】1947年の９月から社会科が開始する旨を伝える新聞記事（朝日新聞、1947年９月１日・朝刊）

きょうから“社会科”の授業　―小学生も学ぶ「私たちの生活」―

“よい公民”を作る基礎教育――社会科授業が九月の二学期からはじまる。六・三制教育でいちばん大事な学科でありながら一学期には準備が間に合わず、とり残されていたこの科目も学習指導要領は中、小学校用とも夏休み中に先生の手許にとどいたし、教科書も小学五、六年用と新制中学各学年用が九月末か十月初めに渡る見込なので中、小学の各学年はこんどこそ、いつせいに授業がはじめられることになり、小学一年から新制高校一年までを一貫した社会科教科書の編集体系も、文部省の編集会議でこのほど本ぎまりした。

◇　◇

小学校…教科書は二年から六年までを「私たちの生活」（全九冊）として子供たちの生活記録といつたものが、文化、科学、風俗、風土、習慣などいろいろな角度から編まれている。題名がついたのは六年の「土地と人間」「気候と生活」五年の「村のこども」「都会の人たち」で「土地と人間」と「村のこども」が九月中に完成する。三、四年用も三学期には間に合わせられるが、どれもＡ５判縦組み一冊百五十ページくらい。

中学校…一単元が一冊ずつにまとめられ、一冊を四ないし六週間で仕上げる。各学年とも一年間に六冊ずつ読むわけで題名は一年「我が国土」「家庭生活」「学校」「田舎の生活」「都市生活」「レクリエーション」で生活を中心にしたもの、二年「世界諸地域の農牧生活」「天然資源」「工業の発展」「交通通信」「天災」「生命財産の保護」（防火から警察制度までふくむ）で社会の発展、生活と自然および科学、社会の交流がテーマ、三年「文化遺産」「芸術」「宗教」「政治」「職業」「消費生活」で個人と社会との関係、高度な社会生活を多少専門的にえがいている。

うち九月にできるのは「我が国土」と「世界諸地域の農牧生活」「文化遺産」の三冊、Ａ５判横組みで一冊七十ないし五十ページ、また参考書四、五十冊がこれから編集会議で決まる。

高等学校（新制）…六冊で一単元が一冊、「経済生活」「経済政策」「労働問題」「社会政策」「民主主義の発展」「国際関係」でいずれも一年用で、できるのは来春。

社会科は教科書が頼りの学科ではない。だから先生が第一ページから説明するだけでは社会科の授業にならない。文部省でも社会科の場合は教科書と名付けることさえ考えもので、むしろ社会科を勉強するための「手引書」だといつている。社会科の教材は日常の社会や生活そのもので、教科書は社会や生活上に現われているものを問題や知識として分類したり、分析したりして子供たちに解り易いように文章や図表にしたもの

来月発行される教科書の一例を見ると「村のこども」では学校の新聞係の三郎、進、すみ子、はる子、くに子たちが学校や家庭での生活記録から、田植え、養蚕、茶摘み、漁業、夏休みのこと、誕生日のお祝い、お料理、電信、電話、新聞、ラジオなど子供たちの体験や研究を語る趣向、「土地と人間」では人間はどんな風にして住むようになつたか、川ぞいの土地――大阪平野、台地のひろがり――関東の台地、山にかこまれた地方――木曽谷、海べりの土地――九十九里浜、四国の塩田などの実例をあげながら、土地と結びついた交通、産業などを歴史もふくめて述べている。

相当する部分であり、憲法二十一条では、第一項で「集会、結社及び言論、出版その他一切の表現の自由は、これを保障する」とあり、第二項で「検閲は、これをしてはならない。通信の秘密は、これを侵してはならない」とされています。

この教科書では、民主主義を理解させるために、民主的な国と非民主的な国を対比しているのですが、実は、非民主的国家の部分については、一般的な概念世界として述べていると同時に、二人目の学生が言うように、戦前の日本を比較対象と見ることもできます。ではなぜ、こうした対比で授業を行おうとしたのでしょうか。この教科書は、独裁国家とはこうだと断定しそれを覚えることが目的ではありません。あくまで手引書であり、自分の所属する社会がどういった社会なのかを考えることを目的としており、自分たちの生活する社会がどのようなものなのか考えるためのものです。つまり、私たちの社会は民主的な社会といえるのか、あるいは非民主的な社会であったのか、それを考えていくのです。そして、もし独裁的な国家に近ければ、主権者である国民が理想の状態に変えていくことを求めていくものだといえます。授業で学ぶ生徒は社会に力を致す人となるよう学んでいくわけです。

二人目の学生が述べる、パラダイム・シフトを教育を通じて行おうとしたということについて、前回見た重松鷹泰の社会科は民主主義を普及徹底するものか、日本を腑抜けにするものか、その観点としてどちらなのか考えてみてください。

ところで、現在の私たちがこの教科書を使って学んでいくとどうなるでしょうか。単なる過去の教科書ではなく、現在の社会を見つめる手引書ということです。我々の眼前に広がる日本社会を民主的か非民主的か具体的項目で見た時、悲しい気持ち、あるいは絶望的な感じがしてきませんか。もう一つの配布資料（**資料8**）を見てください。これは、現在の日本の報道に関する国境なき記者団による声明文です。

【資料８】「国境なき記者団」による声明（和訳）翻訳：藤田早苗（エセックス大学人権センター）

国境なき記者団は日本のメディアの自由の低下を懸念する

2016年4月11日

国境なき記者団（RSF）は今週行われる、表現の自由に関する国連特別報告者、デビッド・ケイ氏の公式訪問に先立ち、日本におけるメディアと情報の自由に関する現在の状況の評価を行った。

国境なき記者団は2012年12月に安倍晋三氏が再び首相になって以来、日本におけるメディアの自由が後退していることにケイ氏の注意を促す。安倍政権によるメディアの独立性への脅し、最近のキャスターの降板、主要な放送局内で自主規制が進んでいることなどは日本の民主主義の基盤を危険にさらしている。

政府によるメディアへの圧力の、憂慮を引き起こしているもっとも最近の兆候は、公共放送のNHKが時報番組のキャスターである国谷弘子氏を降板させたことであり、これはジャーナリストの中で広いショックを引き起こした。彼女はNHKの番組の中でも、数少ない調査報道と分析を含む番組である「クローズアップ現代」の主催をしていた。2014年7月の菅義偉官房長官へのインタビューが、彼女の契約が先月終了したことの理由の一つだといわれている。

ほかにもおそらく降板を強いられたと思われるジャーナリストがいる。そこに含まれるのが、毎日ニュースのジャーナリストでTBSの「ニュース23」のコメンテーターをし、昨年末に安保法制を批判した岸井成格氏と、政権に批判的であるとしてよく知られテレビ朝日の「報道ステーション」のキャスターを務めた古館伊知郎氏である。

「安倍晋三首相の政権は、メディアの自由と市民の情報の権利への考慮をますますしなくなっているように見える」と国境なき記者団のアジア太平洋デスク長のベンジャミン・イスマイルは述べた。

特別報告者は日本の公共放送サービスへの政府による干渉の問題を取り上げる必要がある。我々はまた彼にメディア管理の法枠組み、秘密保護法、そしてメディアの自由に脅威を加えうる憲法改定について調査するように強く要請する。

政府は批判的な報道に対する敵意を隠していない。2月8日の国会で高市早苗総務大臣が「偏向した政治報道」を続けるテレビ局は停波すると脅した。その翌日、記者の質問に答えて高市氏は、事実を曲げてはいけないとする放送法4条と、総務大臣が審査を経ずに停波命令を出すことができるとする電波法76条を引用して前日の脅しを繰り返した。

保守的なビジネスマンの籾井勝人が2014年に NHK の会長に任命されたことは、政府がニュース報道を管理しようとする企てとしてとられた。籾井は NHK は「番組制作で政府の見解から逸脱すべきではない」と発言したことによって、論議を引き起こした。彼はまた秘密保護法の採択も支持した。2015年6月には自民党議員が、政府に批判的なメディアへのスポンサーをやめるように企業に圧力をかけて、そのようなメディアを懲らしめるよう政府に強く勧めた。

最後に、憲法改正案に「公益と公の秩序を害するもの」という概念が含まれているのは、言論の自由とメディアの自由を抑制する仕組みを提供することになりうる。この概念はメディアの報道や見解に、国家への脅威という汚名を着せるために、政府高官によって恣意的な具体例をあげた上で任意に乱用される可能性がある。

特別報告者は当初は2015年の12月に日本を訪問する予定であったが、日本政府がその訪問延期を要請した。多くの人が、それは日本政府が「特定秘密保護法」についての議論を避けたたかったからだ、ととらえた。

この法律は「国家機密」を漏らした内部告発者や、「不法に」取得した、または内部告発者から得た情報を報告したジャーナリストやブロガーを最長10年の刑に課することができる。国境なき記者団による報道の自由度ランキングで日本は2015年には180国中61位である。

（出典）日本の表現の自由を伝える会ホームページ

　どうでしたか。この国境なき記者団の声明文を読んで、初期社会科の教科書を手引書として学習したらどんな授業となるでしょうか。

　現在の日本社会は明らかに自由度が低下しているといえるでしょう。政府によるＮＨＫに対する圧力は、ここ何年も語られていることですし、高市早苗元総務大臣による民放に対する放送権利の取り上げ発言なども、この教科書で扱えば、非民主国家として理解されてくるでしょう。そしてこの教科書は、当時の国定教科書であり文部省が作成しています。国が国を批判的に見る目を養っていたのです。初期社会科とはかくも力強い教科であったといえるのです。

　最後に、三人目の学生が述べた点について考えてみましょう。この学生は、自由に関して疑いの目を持っています。つまり、現代社会は自由が行き渡っていて、逆に、その自由ゆえの危険性について捉えようとしています。例えばそれを「ヘイト・スピーチやＳＮＳでの冷酷無比な誹謗中傷、偏向報道などが、自由の悪しき側面を露わにしている」と述べます。つまり、こうしたことは、自由ゆえに野放しにされているという考えです。しかし、果たしてそうでしょうか。こうした表現は、自由な個人からの発露として生じたものなのでしょうか。そうではなく、ある偏向した価値観を持った集団による攻撃性から生じたととらえられないでしょうか。つまり、ヘイト対象となるものとの関係性から考えてみてください。韓国や中国に対する批判的発言の増加と政府による隣国に対する対応で見るなら、相関性が認められないとは言い切れないでしょう。つまり、多分に政治性が含まれた発言だといえます。そうだとすれば、この教科書に書かれているように、どこまでも自由に発言できる社会であり、政権に対して批判的に報道できる状況であることが求められるのではないでしょうか。

それでは、後半の授業です。今回の配布資料（**資料９**）を見てください。これは、昭和三十（一九五五）年に刊行された日本の代表的雑誌である岩波の『思想』に掲載された社会科教育に関する論文の一部です。取り上げた部分は、社会科の無国籍の問題について語られたものです。すでに、重松鷹泰の「社会科の使命」（**資料４**・86ページ）で、社会科が無国籍的なものであるという批判について、読んでもらいました。その内容を思い出しながら、この論文を読んでください。

それでは、最後に今回の課題です。

【資料９】雑誌『思想』に掲載された論文（長洲一二「社会科教育と教科書」、『思想』No.374、岩波書店、1955年８月）

社会科教育と教科書　長洲一二

本稿は、現行の中学校社会科教科書について、勝田守一、久野収、遠山茂樹、日高六郎、入江敏夫、長洲一二、それに現場から吉村徳蔵、安藤彌太郎が参加しておこなった共同研究会での成果を、長洲がまとめて執筆したものである。ただし論じたりなかった点について多少長洲の私見もまじえてあり、文責は長洲にある。

（略）

㈢　戦後の社会科の教科書すべてにある程度共通な欠陥は、リアリズムの不足であろう。べつの角度から言えば、無国籍的な近代主義の傾向である。

この傾向は従来の「学習指導要領」などに明瞭にあらわれているが、同時に教科書のなかにもふかく滲透しているように思われる。社会科をたんに「近代社会」の理解と考えたり、民主主義の一般的理念や類型的在り方を説明したりするやり方である。それは地理でも安易な相互依存論や、歴史ではいわゆる便利史観などに端的にあらわれるが、ことに政治・経済・社会の分野でつよい。たとえば社会諸機能を図式にならべて説明し、その相互関係を安易な社会的分業＝協力としてつかむ。民主主義政治を、三権分立や議会政治に解消して、その図式を家庭や学校、町や村から国会にまで同心円的拡大として類推していく。社会関係についても抽象的な自由や人格の尊厳の概念で説明し、日本の現実の問題に目をつぶる。封建遺制にふれるばあいでも、ただ近代社会の類型と対比して農村の封建性もやたらにならべたて、頭ごなしの批判をやる古い日本はすべてわるかったという簡単な割切り方をする。文化についても、科学は人間の幸福をすすめるとか、芸術の本質とかを論じたてる。そして全体としてイギリスはじめ西洋諸国の近代社会（これ自体がまちがった類型化にもとづいていることが多い）が、まるで日本社会の明日の目標であり、民主主義の模範であるかのようにえがかれたり、民主化の道が、十八世紀的な自我の確立や、一般的な人間性や、心構えの問題として説教調な結論でむすばれたりする。

【課題Ⅰ】　授業感想をまとめてください。

【課題Ⅱ】　配布資料（資料９）を読んで、社会科の無国籍的について、感じたことをまとめてください。

第七回　社会科の「無国籍的」論

（二〇二一年五月二十二日）

それでは、社会科・公民科教育法Ｉの第七回授業を始めましょう。

緊急事態宣言は、当初五月十一日に終わるはずだったのですが、五月末まで延長となり、さらに二十日程度延長される見込みです。これに関係して、感染症や東京オリンピックの開催問題がニュースの主要な位置を占めていますが、今回も別の記事から考えましょう。

Introduction～入管法改正と日本の人権意識の低さ

今回の時事ニュースは、五月十九日の朝刊各紙の第一面で取り上げられた「入管法改正今国会断念」というものです。入管法とは、正式名称を出入国管理及び難民認定法と呼ばれるものであり、敗戦後の占領下において、いわゆるポツダム命令の一つとしてＧＨＱにより出された命令が法律の形態として続いているものです。今回の入管法改正は、不法滞在状態になった外国人について、その収容施設での長期収容が問題となったことから議論されてきました。一方で、今年四月から衆議院で審議入りとなったものの、三月に名古屋出入国在留管理局に収容されていたスリランカ人のウィシュマ・サンダマリさんの死亡に関して、四月に死亡事故調査の中間報告書が公表されたものの、その報告には医師の治療に関する指摘事項が記載されていないなどの問題点が指摘されていました。また、国連難民高等弁務官事務所からも改正案に対して懸念が表明されたことなどで審議の行方が注目されていたものです。法案の論点については、出入国在留管理庁のホームページに示された「入管法改正案Q&A」で確認してもらうとして、ここでは、不法滞在者と外国人の問題について、考えてみましょう。

日本における不法滞在者は、八〇年代から増加し、最大で三〇万人程度存在していたと推計されていますが、一九九〇年の法改正で日系ブラジル人の就労が認められるようになり、一〇万人程度まで減少しました。このことからわかるように、不法滞在者は日本での外国人の就労と関連していることがわかります。実際、警視庁では、企業向けに「外国人の適正雇用について」という通知を出して、不法就労と外国人の雇用に関する事業主の責務について注意喚起をしています。一方で、日本では外国人の就労要件は厳しく、技能実習生から不法就労へ移行する例などが知られています。こうしたことから見ると、日本の労働問題を検討する中で、不法滞在の問題を議論していかなくては、適正な解決に向かわないことが解ります。

一方で、外国人に対する意識の問題も考えなくてはなりません。国際社会からは日本人の人権意識の低さが指摘されていますが、そもそも日本人は外国人をどのように見てきたのでしょうか。自国民と外国人とで扱いを異にすることは、世界的にも歴史的にも見られることですが、日本に限っても幕末から明治期には、外国人居留地を定め、内外雑居の禁止等が行われてきました。こうした扱いは、外国人を異質なものとしてとらえ、排外的思想へとつながるものです。そこから多様な交流を通じて相互理解に向かうよう進めていくことで、同じ人間同士として人権意識が高められるといえます。このようになれば、同じ場所で生きるもの同士同じ権利を付与しようという平等精神につながっていきます。こうした入管法の元である出入国管理令が出された時は、日本国内に新たな外国人として在日朝鮮人が生じました。今日まで続く在日関係の問題を考えても、外国人に対する日本人の意識の問題性は認識していかなくてはならないことだといえます。

Theme1 ～前回授業レポート

では、いつものように感想から見ていきましょう。

【課題Ⅰ】　授業感想をまとめてください。

（一人目の学生）
　どんな種類にせよペットを飼育することは個人の自由であり、ペットを飼うこと自体は禁止するものではないと思いました。問題なのは、ペットが社会に害を及ぼす可能性が、どの程度なのかというところではないでしょうか。今回の三・五mのニシキヘビの件は、周辺の住民に迷惑をかけているため、社会に害を与えてしまっていると言わざるを得ないと思います。公共の福祉に反しなければ、基本的には自由であるといいますが、今回の件は公共の福祉には反してしまっているのかなと感じます。どんな種類のペットでも飼うことを否定しない自由は尊重するべきですが、その一方で、公共の福祉を守るためには、危険なペットの飼育にはより強い規制をかける必要があるのかなと思ってしまいました。

（二人目の学生）

学校における既定路線の話があった。皆が同じように大学に入り、同じように就職活動をして、同じような人生を歩んでいくことは当人にとっても楽であろうし、それほど悪くない生活をリスクを抑えて送れるのだから魅力的ではあるが量産型人間しか生まれない。よって、学校の既定路線は批判的な文脈で語られることが多いが、私はここで敢えてこれを肯定的に捉えたい。学校はとにかく既定路線に持っていこうとする。私の友人も芸術系の大学に行こうとしたときも、担任に止められて結局普通の学校へ行った。こういった風潮が個性を潰すこともあろうが、この強制的な力で救われる人もいるのではないか。つまり、自由を利かせるととんでもない方向に進んでしまう人の轡（くつわ）の役割を果たすことがあるのではないか。私の友人に、高校卒業までは既定路線に乗るための勉強をしていたが全落ちし、卒業後に「俺は上へ行く！」と会計士資格の勉強を始めたが、こちらも既にやる気を失いかけているという状況の人がいる。野心を持って何かに取り組むのは素晴らしいことだが、私としては彼について既定路線に乗ったままの方が良かったように思う。よって、私は既定路線にこだわる学校のおかげで「食いっぱぐれる」人間は抑えられていると考える。

（三人目の学生）

前回の課題Ⅰの一人目のコメント（114ページ）にあった池江選手のネット記事は読んだ。私自身としてはオリンピックの実施する、実施しないに関してはどちらでもよいのだが、池江選手への書き込みに対してのいわゆるアンチ意見が出ているということも確認した。先生も後に、「池江璃花子選手に対して発信するのは、五輪関係者に発信するのと同義なのです。」と触れられていてとても納得した。現代社会において、ＳＮＳという存在は欠かせないものであると思うが、そのＳＮＳの誤った使い方をしている人が多すぎるのではないかと常々感じている。先ほど挙げた先生の言葉を使うとすると、「池江璃花子選手に対して発信するのは、五輪関係者に発信するのと同義なのです。」ということであれば、私はオリンピック強行反対のコメントを送る相手は、池江選手ではなくオリンピック委員会へ送るべきだと考える。ＳＮＳは自分の想いが簡単に発信できるという良い点があるからこそ、だれにどこへ情報を発信するのかということは間違えてはいけないと思う。また、本当に自分の想いがあって強く発信したいのであれば、実際にデモでも起こすくらいのことをすればいいと思う。その際に、ＳＮＳで共感者を集めるというのであれば上手なＳＮＳの使い方なのではないか。簡単に発信できるからというものに甘えているのはいけない、責任を簡単に人に擦り付けてはいけない、と私は考えた。

（四人目の学生）

前回の感想文からは、コロナウイルスによって社会に重くのしかかっている閉塞感を確かに受け止めつつも、希望を持って歩んでいくことの難しさを感じる。自分は現在の学生生活をそれなりに過ごしていると自覚しているが、その一方で将来の展望が全く開けないで苦しんでいる学生もいると思うと、自分の生を素直に喜んではいられない心持ちになる。境遇が違えば、自分がそういった立場に置かれていた可能性も十分にある。他人事だと思って無関心を貫いていられるほど、この現状が当たり前だとは思えない。

既定路線の話もあったが、世の中には様々な意味で当たり前という発想が溢れていて苦しくなる時がある。障害者の乗車拒否の問題が少し前に話題となったが、ここでは全く対照的な当たり前が衝突し合っていて、私は困惑しきりになった。

第一に、障害者は我慢して当たり前だという風潮に由来する、陳情を行った障害者への批判である。批判の多くは、その障害者の要求があまりにも傲岸である点を指摘しているが、その語調から人格への尊敬が感じられないものも散見される。障害者差別解消法の定義によれば、障害は個人ではなく社会の在り方に起因すると捉えられる。だとすれば、障害者が希望通りに電車へ乗れるよう、鉄道会社側は配慮していかなくてはならない。事前に申し出をしておかなくては配慮が受けにくくなっている現状には、改善すべき余地がある。障害者の生活がどういったものであるかが想像しづらい環境であることも、こうした問題を根深くしてしまっている一因ではないだろうか。

第二に、障害者も健常者と同じように暮らす権利があって当たり前だとも取れる、当事者の強い訴えである。バリアフリーはより拡大しなくてはならないのは事実で、不自由は少しでも取り除かねばならないという思いには同感する。だが、その表現の「強さ」から来るのだろうか、どうしても個の傲慢さが滲み出てしまうようにも映る。以前の第三回講義で取り上げられた慰安婦の事例は、私が感じ取っている傲慢さと通じる部分がある。たとえ被害者や障害者といった社会的弱者であっても、公共的空間に於いてはただ要求を放縦に述べ立てるのではなく、然るべき態度で臨む必要があるのではないかと、私は考えてしまう。事前の申し出について先ほどの段落では否定的に見たが、鉄道会社側の立場からすれば諸々の準備をする時間が確保できるという点で、申し出は重要である。連絡があれば対応することが可能であったという事例も、過去には見られている。無論、突発的な利用も考えられ、常に問題なく対応できるのが理想だが、市場の論理の中に揺れ動く社会の中でその理想が完全に実現する日が来るかは分からない。そして、障害者と対比されて健常者と呼ばれる人でさえも、見えない折り合いをつけて生きているのではないか（折り合いの度合いが障害者と違うことはまた事実で、どこまでの折り合いは妥協するのかも、社会保障等が絡む極めて由々しき課題である）。一人一人に与えられている権利は平等で尊いからこそ、むしろ当たり前ではない。

また、第一の論点へと戻るが、健常者の多くは何不自由なく暮らしているように見えるものの、どこまで「不自由なく」と言えるのかにも目が行ってしまう。メンタルの問題については可視化できないために、自己責任論が特に飛び交いやすい。そういった自己責任論を目にするにつけ、そういった人々は当たり前に窒息してしまい、見えるべき景色も見えなくなってしまったのだろうかと悲しくなる。

毅然とした態度で社会に挑み、当たり前はないという信念の下に生きることはとても難しい。何らかの後ろ盾を得て、そこから「〜は当たり前だ」と主張してしまえば、どれだけ楽だろうか。しかしその安楽は、公共性の内に潜む大切な物を台無しにしてしまう恐れがある。先述した合理的配慮も、その多くの部分は鉄道会社等のサービス提供者が負うべきなのは間違いない。しかしそれと合わせて、障害者の側も彼らが配慮しやすいように努めることが、真の意味で合理的配慮を実現する近道なのではないか。何もかも一人でこなせるのが当たり前でもなく、補助を受けるのも当たり前ではない。歪な固定観念が少しずつ取り除かれて、緩やかに優しい共生が広がっていくことを切に願うと共に、自らもその拡大に少しでも貢献できるよう努めたい。

どうでしたか。今回は、四人の学生レポートを紹介しました。

一人目の学生は、前回授業の冒頭で取り上げたニシキヘビ逃走事件から個人の自由について考えてくれました。ペットを飼うということも個人の自由であり、公共の福祉に反しない限りは自由を保障すべきものとしています。至極当然な意見であり、何等問題もないのです。一方で、二人目の学生は、自由な行為というものについて、一定の距離をとっているように見えます。こちらで取り上げてくれたものは、人生における既定路線というものについてです。人生選択を本人の自由に任せると失敗というリスクが付きまとうので、周りの指導に従った方がいいということでしょうか。前者のような幸福追求権に属するものと後者のような職業選択に関するものは、法律的には異なるのでしょうが、教育としての自己実現のための選択とすれば、自分の意思をどのように実現させるのか、気になるものがあります。

二人目の学生が紹介してくれた事例にある芸術系の大学に行くということは、周りから否定されるようなものなのでしょうか。授業料を払えるか否かは、進路選択の条件としてあり得るでしょうが、本人の長い人生において、何らかのわだかまりは残らないのでしょうか。一方で、もう一人の方は、既定路線を否定しているのではなく、既定路線の修正のように感じられます。ここでいう既定路線とは、就職に有利な有力大学へ進学することのようですが、それが失敗して次の選択肢が会計士というのは、方向性は同じように見えます。日本における公認会計士の合格者は、早慶明中、四私大出身者で占められています。つまり、こうした受験エリート的な路線を否定はしていないのだと感じられます。既定路線ということでいえば、東京から京都までの旅行計画は変更せず、新幹線を使うのをやめて、高速バスを利用したようなものではないでしょうか。だとすれば、この方は、自分の意志で初志であるエリート職を選択しようとしているのだといえるでしょう。

三人目の学生は、前回にあった池江選手に関する話の続きです。池江選手が五輪の象徴であることに同意しつつ、そうだとしても、意見は委員会など関係者に送るべきとの考えを述べてくれました。この意見は、その通りなのですが、それでもなぜ、池江選手に送信されているのでしょうか。それは五輪関係者に意見を伝えても何も変わらないことを知っているからです。元々東京オリンピック開催に関する事前アンケート調査では、反対意見の方が上回っていました。それがいつの間にか賛成が上回っていった様子を見て、都民の中には、関係者に対する信頼を持てなくなった人が増加したように見受けられます。そもそもの理念であったコンパクト五輪のため、都心部中心に開発を行うなど一部では経済的恩恵があったとしても、同じ東京でも多摩地域などではそうしたこともなく、巨額の負担だけは、都民として引き受けなければならないことを感じていた様子です。つまり、人々の気持ちを汲んで進められた大会ではないため、五輪関係者に対する不信感を持ち、意見などしても、はなから相手にされないだろうというあきらめ感が感じられます。一方で、大会の象徴である池江選手に対する行為は、生身の人間としての反応も期待でき、たとえ好意的反応がなくとも話題性はあります。こうしたことからメッセージは送られてきたのでしょう。学生も言うように、デモなどを行うことも行為としては正しいのですが、日本社会は、いつのころからか、デモをプロの活動のようにとらえるようになり、支持が広がらなくなっています。こうしたことも日本社会の姿として見つめていかなくてはならない面かもしれません。

四人目の学生は、現在の社会に漂う閉塞感に対しての人の生きざまを、障害者に対する人々の風潮と比較して考えてくれました。この障害者と社会との関係性に対する観点は、一つが、障害者は我慢して当たり前、他の一つが、障害者も健常者と同じ権利を持つという観点で考えています。そして、障害者に要求があるのと同様に、健常者にも要求すべきことがあり、そういったことについて折り合いをつけて生きているということから、社会の閉塞感を表してくれています。ところで、そもそも論ではありますが、障害者を考えるのに健常者との二項対立のようにして考えることが適切なのでしょうか。つまり、ここで取り上げられているような、公共の鉄道会社に対する要求、例えば乗車時の補助のようなものに対して、障害者は社会弱者として当然のものとしているが、彼らの要求は、健常者にとっては折り合いをつけなければならないものという見方となっていることについてです。

例えば、鉄道利用について、「私たちの高校の通学課題」というテーマで考えたらどうでしょう。高校生の中には、障害者も健常者も含まれ、私たち高校生の皆が安心して通学できるためには、さらなるバリアフリーに努めるべきだという結論を導き出すのではないでしょうか。このテーマで社会科や総合的学習などを行えば、その現状調査段階で、障害のある生徒以上に他の生徒たちが、課題点を整理してくれると思います。この際、自分自身の問題であり、みんながより良く過ごせることは何か、積極的に考察するからです。閉塞感ある中で、課題分析する場合、自分自身の問題とすると同時に、社会の全てに共通する課題と位置付けることが必要だと思います。

Theme2 ～長洲一二による無国籍的な社会科批判

それでは、次に課題について考えてみましょう。今回の課題は次のものです。

【課題Ⅱ】　配布資料（資料９・131ページ）を読んで、社会科の無国籍的について、感じたことをまと

めてください。

（一人目の学生）

社会科教育の意義を考えると、リアルでドロドロした現実も教えられなくてはならないはずなのに言われてみればそういったことが教科書に載っていたことは案外少なく、担当教員が補足として話してくれる程度であった。だが、最近ではこういった時事的内容が入試問題で取り上げられることも増え、それに伴って授業でそういった事柄が語られる機会も増えてきたように感じる。しかし、こういった事柄は社会科の中でさりげなく取り上げられることは少ない印象がある。こういった事項は「地理的視点！」や「社会科的視点！」、下手をすれば「思考力！」などとあたかも特別なことをしているかのように、大袈裟にもてはやされている気がしている。本来は至極当たり前のことなので、何年か経って、当たり前が当たり前になればよいと思う。

（二人目の学生）

長洲一二が『思想』での論考に於いて指弾している戦後社会科の無国籍性を、私は理論的無謬として解釈した。具体的な描写を隈なく捨象し、形式的な側面だけを取り上げることによって、ある程度は「概念的教育」として成果を上げることができよう。経済学で頻りに取り上げられる諸理論は、まさに「概念的教育」の所産と呼ぶべき代物である。我々の生活を向上させるためにも、根底で作用しているものを理論として汲み取ることは有意義な行為といえる。

しかしながら、理論は実践との協同あってこそ意味を成している。長洲が非難しているような「概念的教育」は、実践と縁を切ってしまったが故に理論の本来有していた活力が失われてしまっている。私は第二回のレポートで、社会の動的認識と静的認識に関する拙論を展開したが、「概念的教育」の抱える問題点にはこの二つの認識との繋がりがあるように思われてならない。というのも、「概念的教育」は社会の静的認識に於ける最たる形であるためである。

社会というものは、決して無国籍的には存在し得ない。日本という国を一つ見ていっても、そこには様々な事象が生き生きとした形で内在されている。また、それらの事象は時と共に絶えず変化している。不変であるように捉えられるものでも、長い期間で見ればやはりどこかで姿を転じている。時代が進むにつれて刻一刻と様相を異にする所から、社会は一つの存在として見做せる。フランスの思想家であるサン・シモンが社会生理学という学問分野を立ち上げたのも、上述した生物の如き社会の本質へと迫ろうという意識があったからだと推測される。

細かい例に焦点を当てるまでもなく、社会がその本性からして動的であるのは間違いない。そうだとすれば、我々が社会を忠実に追っていくためには、その動的本性をひたすらなぞっていくのが最善の手段だと判断される。しかし、これはどだい不可能な話である。社会はあまりにも膨大な存在をその内に含んでおり、その全てを網羅的に把握することは現代の技術をもってしても叶わない。仮に把握できたところで、把握した社会像は既に過去のものと化してしまう。理論的無謬は、理論の範疇に留まらなければ途端に切り刻まれる。社会の転変は、恐らくいつまでも追い切れないものとして、これからも延々と続いていく。

動的本性への追随が不可能だと言っても、我々が社会の中に生きている事実、そして社会について知ろうとする意欲は残されたままである。ここで要請されるのが静的認識であって、その一つの立脚点として「概念的教育」が実施される。国会を例に見ていくと、時代時代によって議員に誰がなっているか、審議にかけられている法案がどういったものかは異なるが、国会という枠組みそのものは変わっていないように思われる。ならば、国会の権能やそれを取り巻く政治の体系を理解するためには、「民主主義政治を、三権分立や議会政治に解消して」しまうのも、手段としては是認される。基本的に国会の本質そのものは時代を通して同じように思われるため、本質を理解する上では静的認識といった態度を取ることが有効である。

ただし、社会を静的に認識していくことには常に危険が伴う。その危険にまつわる二つの事柄に対して、以降は考察を集中したい。一つ目は静的認識の神聖視、二つ目は社会そのものの成立過程である。

まずは、静的認識の神聖視について見ていく。冒頭で述べたように、社会に対する静的認識の利点は少なくない。茫然と現実を観察しているだけでは分からない内容が、静的認識によって見えてくる場合もある。ただ、静的認識が社会の動的本性を絶えず裏切り続けていることは、どうにも否定できない。それにも関わらず、有用性の享受によって視野が狭まってしまったのか、静的認識こそが真であるという風潮が現在に至るまで強い。社会が絶えず変化している、あるいは変化していてもそれはある種の法則によってそう決められている（法則によって動向を把握するということも、一つの静的認識ではないだろうか）と信じ込んでしまうのは、生きている社会の魂を握りつぶしているに等しいのではないか。長洲による「日本の現実の問題に目をつぶる」、「頭ごなしの批判をやる古い日本はすべてわるかったという簡単な割切り方をする」という表現には、社会の生気が「概念的教育」の静的認識によって奪われていることへの危機感が浮かぶかのようである。

事態を分かりやすくするため、再び国会へと的を絞る。長洲が批判の矛先を向ける「概念的教育」で描かれる国会の姿は恐らく、間接民主制に基づいて選出された議員たちによる、より良い社会を目指す討議の場、といったものだろう。我々はこのような理想像としての国会を、最早素直には受容できない。現実の国会運営には諸々の問題が潜んでいて、理想像が示すような健全さが保たれているなどとは言いようがない。

そうすると「概念的教育」は、必要に応じた静的認識の提供というより、抽象的に述べられた図式の理想化へと傾いていることが分かる。理想を語ること自体は、常に肯定されるべきであろうが、それは現実との対比に於いてのみである。朝の訪れない夢物語は「リアリズムの不足」、ひいてはリアリズムの抹消をも引き起こしかねない。現実とはかけ離れた理論的地平で、目指すべき理想を安易に語り続けるものとして「概念的教育」が機能してしまえば、静的認識の神聖視という最悪の事態に転落してしまうのは避けられない。現実を、まさに今我々が生きている現実として引き受ける力が欠けてしまえば、時代の荒波にただ流されていくばかりである。踏みとどまって抵抗し、あるべき姿に向かって一歩一歩進んでいく力を育てることこそが、社会科に期待されている役割ではなかったか。その役割を遂行していくためにも、リアリズムは保持されねばならない。

次に、社会そのものの成立過程へと移る。非常に複雑で厄介な話だが、社会そのもの――殊に近代国家――はそもそも静的なものとして樹立されている。憲法を軸として種々の法律から我々の生活を規定していく様などは、社会を図式的に描くことと何ら異ならない。当然、生物としての人間は老いて死んでいくため、世代の循環は考慮されている。しかしながら世代の循環も、社会の中で「かくあるべし」が定められ、一応の道筋がつけられているのである。予定通りにはいかず、時々刻々と変動が生じてその予定を裏切っていく社会の現状を見るに、成立過程がはなから歪んでいるのではないかと主張することは、荒唐無稽とは言い切れない。

我々が警戒するのは、この荒唐無稽とは言い切れない社会への主張に全身を捧げてしまうことである。社会がその土台からして虚構に通じてしまっているのではないかという疑いから、社会そのものを拒絶してしまっては元も子もない。また奇妙な言い方になるが、いくら虚構という疑念が消えないからといって、社会が存在するのは紛れもない事実である。より適切な表現を取るならば、人間である以上、共同体としての社会に属さない訳にはいかないのである。社会を拒んだふりをしていても、市場との関わりを断っていないのだとすれば、やはり社会を受け容れてしまっているのと、事情は同じである。

科学といった別の分野であれば話は変わるかもしれないが、社会に対する静的認識は剣呑なものである。絶えず社会が変化することに基づけば、リアリズムの欠如という点を見ずにはいられない。そして理論的無謬が頭をもたげやすいことへ着目すれば、空しい理想を振り回す救い難い姿が露わになるだろう。一方で、静的認識の重要性も忘れてはならない。自分が今立っている社会を、現に目の前にある風景から察しようと思っても、その試みは失敗に終わってしまう。他者と共に生きていくことを想定するだけでも、共生を可能にするような知識の習得が極めて重要なのは明白であろう（知識の習得についても、「文化的リテラシー論」への批判といった事態から、そう簡単には片付けられない問題がある）。

無国籍的な学びが理論的無謬へ閉じこもることを導くようであれば、それは早々に改善されなくてはならない。我々は生きた社会の上に立っており、また立たざるを得ない。眼前に広がっている社会への洞察がない社会科は、「傍観者的人間」の量産には寄与しないであろう。そのような「概念的教育」からは、人間の真の「主体性」は二度と養われないであろう。

どうでしょうか。今回は、二人の学生レポートを紹介しました。

はじめに、この課題について理解を深めるために、資料として読んでもらった論文から考えましょう。この論文は、岩波書店から刊行されている雑誌『思想』に掲載された「社会科教育と教科書」というものです。岩波の『思想』といえば、日本の二〇世紀を代表する雑誌でした。二一世紀になり、社会全体が保守的というか、右翼的雰囲気が蔓延し始めてから、いわゆる岩波文化人といった人々へのいわれなき批判が広がり始めました。同時に新聞では朝日新聞をたたくということも起こりました。これらの現象は、保守系とされる人たちから進歩的文化人と呼ばれる人々の寄稿するメディア類に対して、攻撃的な姿勢が表れたものといえます。そうしたメディアが批判されるべきものなのかは、自己の学術を深めていく過程で確認してください。

この論文の掲載された昭和三十年ごろは、教育や教科書に関して、政治の世界からの特異な提言が出されたりしていた時期でした。その代表的なものが「うれうべき教科書の問題」という政治運動で、小中学校で使用されている教科書の記述内容が共産主義に偏っているというような批判が向けられていました。今回取り上げる論文は、そうした教科書問題とは異なるものであり、先に見てもらった重松鷹泰の社会科の使命における社会科の位置づけと関連させて理解してもらいたいものです。論文の執筆者は、まさに岩波文化人といった当時の代表的な学者が名を連ね、彼らによる共同研究を長洲一二がまとめたものとなっています。長洲の論文では、社会科の「無国籍的」傾向について、最初に明確な説明がなされています。それは、リアリズムの不足、無国籍的近代主義の傾向という表現で、社会科教科書の欠陥を説明します。具体的には、その後の文章の中で、「社会科を「近代社会」の理解と考えたり、民主主義の一般理念や類型的あり方」を説明するものだと述べます。つまり日本の現実の社会を学ぶのではなく、近代社会という抽象的概念を取り扱うものだというのです。さらに、三権分立に関しても、国会と政府と裁判所の関係も日本の実際に即したものというのではなく、立法、行政、司法の機能を説明したものということです。そして、この概念は西洋近代社会がモデルであり、こうしたものと異なる日本社会の現実に目を向け、その現実に向き合う人物の教育こそが社会科の意義であり、概念教育は自身を高みにおき傍観するような人物を創ることだというようなことを言います。

では、二人のレポートを簡潔に見てみましょう。一人目の学生は、「リアルでドロドロした現実も教えられなくてはならないはずなのに言われてみればそういったことが教科書に載っていたことは案外少な」かったとしています。まさにリアリズムの欠如の状態です。一方で、現在では、入試などにも時事的内容が取り上げられるという指摘は、社会科について、変化の兆しと捉えられるのか、考えてみたいものです。

二人目の学生は、「社会というものは、決して無国籍的には存在し得ない」という当然の理解のもと、「概念的教育」のもたらす、その先のことについて考えを巡らせてくれています。ところで、社会の成立におけるリアリズムの欠如という観点は、面白い着想です。つまり、憲法構想というものも、現実の中で必要課題に対応する条文として示されるのではなく、単なる図式として起草されたものということでしょう。実は、大日本帝国憲法も日本国憲法もそんな単純な制定過程ではないのですが、今日の憲法改正論には、首肯することができる部分があります。なぜ憲法改正が必要かではなく、占

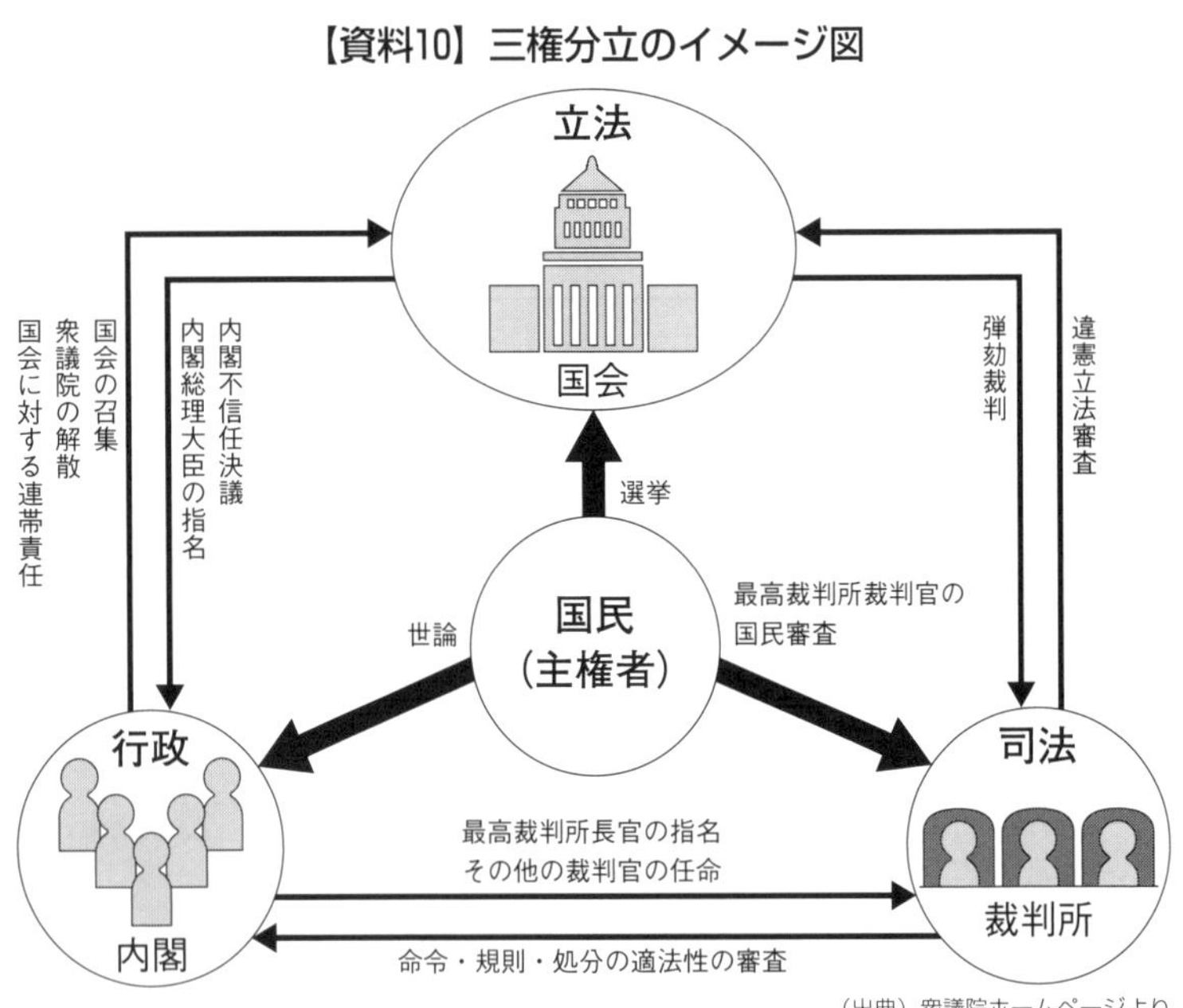

（出典）衆議院ホームページより

領下の制定憲法だから改正するというのでは、議論すら進められないではありませんか。すでに、七十年以上現行憲法下で行われてきたありとあらゆる歴史的事象をまったく考慮しない議論には、リアリズムのかけらも存在しないといえるでしょう。

次に**資料10**を見てください。これは中学校公民の教科書などで一般によく目にする三権分立に関するイメージ図です。日本の国は、三権がそれぞれ牽制し合っていることがわかります。裁判所には違憲審査権があり、最高裁判所がその最終的な判断する権限を持っているので、とくに「憲法の番人」と呼ばれています。我々は中学校以来こうした説明を聞いて日本の国のかたちを理解してきました。もちろん間違いではないのですが、こうした理解で日本社会の構造を正確に掴むことができてきたでしょうか。

一方で、二〇一三年八月三日の日本経済新聞には、内閣法制局長官の交代に関する記事（「『法の番人』にも安倍色　法制局長官に小松氏」）が載っていて、ここでは内閣法制局長官を「法の番人」と呼んでいます。どうでしょうか。疑問に思いませんか。実は、国語辞典では、「法の番人」とは、法秩序の維持を担う機関や人と説明されており、裁判官や裁判所を指すのが一般的です。ところが日本では内閣法制局長官のことを「法の番人」と呼んでいます。これは、日本における立法過程が、国会議員による議員立法よりも、内閣提出法案いわゆる「閣法」の方が圧倒的に多いため、この立法過程で一定の役割を持った内閣法制局長官の地位は絶大です。閣法が提出される過程は、まず各省庁が原案を作成します。これを内閣法制局が審査し閣議決定してから国会に提出されます。ですから法律を作る過程において、内閣法制局が実質的な審査をしているのです。しかし本来は、三権は互いに牽制し合うものであり、法の番人は裁判所でなければならないはずでしょう。ところが、こうした理念型と現実の運営形態とは同一でないのが実際の社会であり、こうした社会の仕組みについて学習するのが社会科だとすれば、長洲一二が言うように概念としての「近代社会」ではなく、リアルな社会を学ぶことが重要ではないでしょうか。

最近の例でも、検察官と一般公務員すなわち事務官とが同一か否か問題となったではありませんか。安倍政権末期には、検察官を行政職として理解しようとし、公務員の定年と同じ扱いで高検検事長の定年延長を行いました。これについては、検察庁法が特別法であることの法の意思に反するとして批判されることとなりました。実は、日本人は国家の理解が不十分であり、国家とは行政と同一として理解してしまう傾向にあります。これは、古代の律令官制に見られるように、行政を行うものが国家であるとして捉えてきたためかもしれません。このため、行政機関こそ国家であるとして、行政権以外の機関などを対等なものとして捉えられなくなっているように感じます。これが三権分立に基づく司法権の独立を前提とした法の番人ではなく、内閣法制局長官を法の番人とするようになるのです。また、検察についても法務行政の中で独立性のある検察庁として組織化しているにもかかわらず政治家の中には理解していないような発言が飛び出してしまうのです。以上を踏まえて、「社会科教育と教科書」で指摘された日本の社会の現実に即した学びについて、どのように創っていくか考えてみてください。

それでは後半の授業です。今回の配布資料（**資料11**）は「勝田・梅根論争」と呼ばれる社会科教育の代表的論争についての梅根悟の論文を読んでもらいます。

【課題Ⅰ】　授業感想をまとめてください。

【課題Ⅱ】　配布資料の梅根悟の論文を読んで感じたことを、まとめてください。

【資料11】「勝田・梅根論争」における梅根悟の論文（梅根悟『社会科の問題』金子書房、1954年、23〜32頁）

まえがき

この篇以下三篇の文章は雑誌「教育」で発表された勝田守一氏の「社会科をどうするか」という提案をめぐって、勝田氏と私との間にとりかわされた討論における私の側からの主張である。だからこの文章と共に勝田氏の文章を読んでいただかなければ、よく了解がつきかねると思う。勝田守一氏の主張は結局カリキュラム構造論としてみれば、今日文部省がいよいよ持ち出した社会科改造案と同じであって、教育課程審議会も文部省も結局はこの勝田案を踏しゅうしたものといっていい。この討論の出発点となった勝田提案の要旨は、以下の私の文章でも要約されているが、ここに簡単に抜萃すると次のようなものである。

一　小学校では社会科を歴史や地理に分けることは反対する。しかし、五年は日本地理を主とし、六年では日本地理を主とする単元をとる。教科書は単元学習的でなく、歴史を主とした教科書、地理を主とした教科書とした方がよい。
　修身復活には反対する。
二　中学校では一年および二年の単元を歴史と地理を主とすべきである。三年は経済的・政治的・職業的・文化的な問題を取扱う。以上の三つを地理・歴史・社会というふうに分けてよいかどうかは名目上の問題にすぎないが、現状では分けると、はきちがえられて生活から遊離するおそれがあるから、現状では社会科という広いわくの中で、「地理を主とする単元」……というように考えておく方がいい。
三　高等学校では一般社会科は廃止して、一年で人文地理（三時間）二年で日本史および世界史（四時間）三年で現代の諸問題（仮称）（四時間）とする。現代の諸問題というのは中学三年のそれに照応するもので、政治・経済・文化および倫理的問題である。

（略）

私は勝田氏の提案に反対である。

勝田氏のこの提案は結局のところ、いまの社会科を解体して、歴史・地理・公民あるいは（修身公民）というような諸教科に還元した方がいい、というような一部の議論に対する回答という形のものであるが、その回答は初めの方を読んでいると解体反対論のように見えるけれども、おしまいまで読んでみると結局は解体賛成論であることがわかる。

氏は「われわれは原則的には小学校において社会科を歴史・地理・公民（？）というように分けることには賛成しない」といっておられるが、その小学校でも、五年の社会科は日本地理を主とした単元をとり、六年の社会科は日本歴史を主とした単元をとるようにしたいというのであるから、これは結局五年以上は社会科を解体して地理と歴史に還元するということである。そして中学校では、これにつづいて一、二年は同様に歴史と地理を主とする単元にするという。ここでは一年が地理で二年が歴史とは書いてないが、小学校の五、六年の筆法からおすと、これも一年は地理、二年は歴史ということらしい。そして三年になったら修身公民科を置くというのである。そしてさらに高等学校になると、再び一年で地理（人文地理）二年で歴史（日本史及び世界史）三年で公民（氏はこれを現代の諸問題と呼んでいる）を課するというのである。これを全部必修として課そうというのである。

以上を表示すれば次のようになる。

五年　地理（日本）	七年　地理	十年　地理
六年　歴史（日本）	八年　歴史	十一年　歴史
	九年　公民	十二年　公民

これでみると、中学一年以後は地理・歴史・公民の順で三科を二度くり返すことになっている。もしこのゆき方をもっと斉合的にするつもりなら、小学校の方も四年で地理、五年で歴史、六年で公民というようにして、小・中・高の三段で三年間ずつ、同じやり方で三科をくり返すことにした方がいいかも知れない。そして一番下の三年間（即ち小学校一―三年）は三科の内容を、三科に分けないで、いわば一般社会科として取扱ってゆくということになれば、なかなかすっきりとしたプランになるであろう。（ついでにこの調子で理科の方も一、二、三年は一般理科、四年以上十二年までは博物・化学・物理の順で小・中・高の各段階で三べんくり返すということにすれば一層斉合的になるのであろう）

（略）

社会科を解体してこれを地理・歴史・公民（？）の三科に分ち、それを並列的に教えてゆくことがいいということになれば、この単進法はこれまでの並進法よりも一歩進んだよいプランだといっていいであろう。また最初の三年間は、まさか一年生は地理、二年生は歴史、三年生は公民というわけにもゆくまいから、いっそ低学年にはそんな学科を置かないか（在来は置いてなかった。但し修身は別だ）置くとすれば、理科の方の一般理科（或は直観科、自然科など）と同じように一般社会科（或は生活科、郷土科など）として置くよりほかはないというのは、これももう教育界の常識であって、社会科解体論を肯定した上でも、文句のないところである。

（略）

しかし私はそれとはちがった社会科観をもっている。私どもの見解によれば、社会科はそんな諸科学諸教科の寄合世帯ではなく、そのような分科諸科学、諸教科がそこから発展し、また逆にそこに活用される具体的な社会生活上の諸問題をとりあげ、その解決の道を探求するいわゆる「問題単元課程」である。それは諸科学を教える教科ではなく、青少年自身の問題、かれら自らがかれらの親たちと共に同じ一つの問題的場面の中におかれていながら、その問題性を自覚することなしに、あるいはまた問題の深さを知ることなしにすごしているような問題、そのような問題を問題として自覚させ、その解決の道を探求させること自体を目的とし、またそのような問題の探求と解決とに向って反省的思考をたくましく働かせるような人間の形成を目的とするものである。

青少年がこうした問題の探求にのり出すとき、かれらは自ずからさまざまの領域の知識を必要とし、その獲得に努めるであろう。多くのかかる問題は単に社会諸科学のみでなく、自然諸科学の諸領域にわたる知識を必要とする。保健衛生に関する問題も、生産に関する問題も、何れも社会諸科学、自然諸科学の両面にわたる広い、さまざまの知識や法則・原理を必要とする。だからこのような問題研究は元来理科と対称される意味での社会科ではなく、理科と社会科がそこから生れ、またそこに帰ってゆく母胎としての社会生活問題課程ともいうべきものである。

青少年はこうして具体的な問題にとりくみ、そしてその問題の究明と解決に必要な限りにおいて諸科学の知識を科学の体系からいえば、いわば断片的に獲得してゆく、その問題に関して問題史的な歴史研究が必要になり、問題地理的研究も必要になる。この意味でこの問題研究の課程はそのうちに諸科学の研究を含んでいる。

われわれはこのような問題研究の課程が小学校・中学校・高等学校あるいは大学を通じての一貫した中核的な課程として貫かれることの必要性を主張するものである。それがわれわれの考えているコア・コースとしての社会科である。そしてこれが一本強く通っているということを前提として、われわれはそこに地理や歴史その他の諸学科の系統的な学習をする部門、すなわち地理科、歴史科などの教科の存在を肯定する。それはあるいは小学校の五、六年ごろからはじめる必要があるかも知れぬ。中学校や高等学校に至ってはぜひとも必要であろう。それらの社会諸学科のあり方、教育法については私は勝田氏の所説に概ね賛成である。

第八回　社会科解体論──勝田・梅根論争──
（二〇二一年五月二十九日）

それでは、社会科・公民科教育法Ⅰの第八回授業を始めます。

この一週間のニュースを見ても、やはり、感染症と東京オリンピック関係の記事が目につきます。朝日新聞では、五月二十六日付社説で、「夏の東京五輪　中止の決断を首相に求める」というものが、通常の倍の六段記事として示されました。このところのＩＯＣ関係者の発言に対する批判とオリンピック憲章についてまとめていることから、相当ＩＯＣに対して不信感があるのだと見て取れます。この問題は、二〇二〇年、二〇二一年の出来事として、記憶にとどめるとともに検証もしていかなくてはならないものだと思いますが、社会科の冒頭記事としては、他のものについても広く拾いたいものです。そんなことを思いながら、いろいろ見ていると、同日付の東京新聞総合二面に「『こども庁』創設へ議論本格化」というものがありました。

Introduction ～こども庁創設議論本格化

記事によると、与野党ともに次の衆院選の公約の中にこども庁創設が盛り込まれる動きがあり、その背景に、子どもの貧困やヤングケアラーなどの社会問題があるとしています。一方で、これまでの国の対応は、子どもに関する政策は、縦割り行政のためにあったため、統一的組織としてのこども庁について議論されているというものです。現在の社会が、新型コロナウイルス感染症の対策などで、経済的に疲弊した状況もあり、ひとり親家庭などでは、本当に収入減によって子育ての厳しい状況にあることなどが報告されています。では、その対策としてこども庁の創設というものが効果ある対策となるのでしょうか。就学前の幼児から、縦割り行政について考えましょう。

日本の未就学児の施設に関しては、学校教育法上の幼稚園と児童福祉法上の保育所の二系統があります。この二つは、法律上全く異なる目的の施設であり、幼稚園は就学前の子どもに四時間の教育を施す施設であり、保育所は、親に代わって八時間程度の保育をする施設です。こうした中にあって、親の生活環境や意識の変化から、幼稚園に通わす親の中に、もう少し時間延長して子どもを通わせたい希望があったり、保育所に通わせる親にも子どもに教育も与えたいという要望が上がったことから、両施設の機能を持たせた認定こども園が創設されました。これにより、幼稚園は文部科学省、保育所は厚生労働省、認定こども園は内閣府がそれぞれ担当するようになり、改革によって所管庁は増加しています。ところがこの改革で成立した認定こども園は、予想したほど増加せず、運営からしばらくして、もとの幼稚園や保育所に改組するところも出てきています。

こうしたことから見ると、今回のこども庁に対しても疑念が生じます。教育と福祉という目的機能の異なるものを統合しようとして、結果として、所管を増やしてしまえば、複雑になるだけです。例えば、幼稚園がなぜ四時間なのかといえば、教育行為がそれだけ子どもにとって負担が大きく、長時間預かることに適さないからです。これは、小学校一年生が、入学すぐには四時間授業であることからも推察することができます。一方、保育所は、教育の場ではなく、生活の場であるため、お昼寝の時間を置くことなどで八時間の預かりを可能としています。安易な統合は、子どもに負担をかけるだけであり、結果として予想ほど定着していません。今回のこども庁の場合はどうでしょうか。子どもの貧困などで、補助金などの増額と配分を考える目的なら、独立した機関の設置ではなく、目的にあった資金援助で足りるのではないでしょうか。あるいは、文科大臣や厚労大臣に子ども担当の特別職掌を兼務させることで行政機能は高められるでしょう。

選挙前になると、いろいろと目玉公約になるものが生じてくるものです。

Theme 1 ～前回授業レポート

それでは、いつものように感想から見ていきましょう。

【課題Ⅰ】　授業感想をまとめてください。

（一人目の学生）

延長された緊急事態宣言について述べる。元々出不精な私は緊急事態宣言が発令されても生活に特に不便は感じなかったが、今回の宣言ではある一定の広さを持つ施設が軒並み閉鎖されていることでかなりのストレスを感じている。特に、映画館とジムの閉鎖が厳しい。百歩譲っても映画館はNetflixなどのサブスクで代用できるから良いが、この梅雨の時期にジムが閉鎖されてしまうと家が狭い私は運動する場所を失ってしまう。結果としてかなり太ってしまった。ただ太ったのならばまだ許せる。しかし、宣言が三週間、一ヶ月、二ヶ月と後出しで延びていくこの現状で運動できずにいる期間が延び続けるのは些か見過ごすことができない。無論、海外からの入管管理や拡大する感染、ワクチン接種の遅れは死活問題で何よりも優先されるべきであるモノであるが、自粛することによって浮上する経済的・健康的（私にとってはこちらが深刻である）問題はすぐに私たちの首を絞めつけることはないが、現在進行形でその強さを増している。経済的問題はすでに手遅れになっている人・企業・店もでている。こうした対策は早急にとらねばならない。私たちが社会科の教員になった暁には、後世のためにこうした事例を使って有意義な授業を展開させねばならないだろう。

（二人目の学生）

「概念としての「近代社会」ではなく、リアルな社会を学ぶことが重要ではないでしょうか。」とあり、私自身も学校で学んでいることに対して疑問を持つことが多い。事実を学ぶべきなのか、理想の体制を学ぶべきなのかということが良く分からなくなっている。公民の政治という分野に関しては、今回挙げられた三権分立があると思うし、他にも、お金に関しての授業、それこそリアルな社会で必ず使うのにもかかわらず、学校では教えてくれない。歴史の授業においても、事実を全て載せているわけではないという点から、何を学ばせたいのかという点が不明瞭なところが多すぎるように感じた。

（三人目の学生）

二元論的世界観に基づいて生きてしまうことへの反省が募った。ＳＮＳ上での八村塁選手への誹謗中傷といった事件からは、外国人に対する日本人の意識を考えずにはいられなかった。批判する人の内には、日本人はかくあるべしという確固たる像があるのだろう。その像に合致しないものは外国人として排斥されるのだとすれば、これほど警戒すべき二元論的世界観もないように思われる。

自分自身、国境を越えた人々の移動がこれほど流動化してしまった現代に於いて、国民性というアイデンティティを従前のように神聖視することには何らの根拠もなく、また正当性もないと常々感じている。ただし、そう感じていながらも、無意識の内に対立構造を抱えていて、それを尺度に色々な事象を判断してしまっているのかもしれない。二元論的世界観が実生活を生きやすくしてくれる利便性を、恐らく現代人の誰一人として否定できない。どこかできっぱりと決断していかなくては、時代にも取り残される上、決断のできない無責任な人間と見做されかねないためである。

ただし、世界を矛盾なく二つに線引きできるなどと、心から信じられるだろうか。善－悪の二元論は遥か昔から疑われているが、この二元論を頑なに保持している人は大勢いるのではないか。我々は何かしらの事件に対して、誰が正しくて誰が悪いのかは明瞭であると語りがちであるが、その明瞭さは何に依拠しているのだろうか。社会を根拠として挙げたとしても、その社会が根拠にたる存在であるのかという問いを禁じることは誰にもできない。問いは永久に続き、全ての根拠は疑われ続けてしまう。ついには、何らの基準も信頼できなくなるような結末すら露わになりかねない。人間の尊厳すらも、本来はこの問いを免れない。（ただし尊厳が裏付けられないからといって、人間をどう扱っても良いという発想に至る論理はどこにもないと私は考える。こうした問いの徹底は、真理がどこにもないことを暴く可能性があると主張したいだけである。生まれてくる意味がないから反出生主義が正しい、すなわち真理になる、などと訴えてしまっては、真理に縋る不徹底さを露呈させるばかりである）

この問いの連鎖は極端な例だが、何かが明白に判断できるように思われても、それがいかなる理屈から明白なのかを問う癖は、常に持たねばならないと痛切に感じる。八村塁選手を批判した人からすれば、自らの行った批判は自明であって否定されるべき要素を何ら持たないものなのであろう。日本人像が確固として打ち立てられていればいるほど、批判は自明性を増す。ただしその自明性によって、批判がどれだけのものを黙殺して傷つけているかについて目が向かずにいることを、我々は指摘しない訳にはいかない。既定路線の話にも繋がるが、簡便さが欠点を抱えていない善きものとしてのみ捉えられるのは危険である。背後にまで迫る問いを発し、その上で自分が背負えるような判断をしていくことが、自由な社会で望まれる生き方ではないだろうか。

どうでしたか。今回は、三人のレポートを掲載しました。

一人目の学生は、緊急事態宣言の延長について述べてくれています。日本社会において緊急事態宣言の扱いはとても微妙なものとなっています。海外のロックダウンのように、法規によって罰則を伴う外出等の制限ではないため、通常生活を行いつつ、いくつかお願いベースで制限を加えているものです。このため、普通の生活と制限が混在して、人流の減少にも思うほどつながらず、私の自宅最寄り駅である下北沢近辺では、以前と比べて全く減っていません。この学生が述べてくれた通り、延長に次ぐ延長は、生活上のストレスとなり、社会疲弊を進行させているようにも感じます。「社会科の教員になった暁には、後世のためにこうした事例を使って有意義な授業を展開させねばならない」というのはその通りで、冒頭にも書きましたが、この時代の政策に関しては、正確な情報資料に基づく検証が必要です。

二人目の学生は、社会科学習におけるリアルな社会の姿を考えることと社会科教科書における理念的な叙述について、どういった立場でとらえればいいのか考えてくれました。実は、学習過程ではどちらについても学んでいくことが重要となります。マックス・ウェーバーが社会学の方法として理念型としたのは、理想というより、モデル的な概念というようなものです。現実の存在を見るとモデル的な概念から外れているというのは、いたるところで見られる現象です。ある概念で示されたものと実在するものに差異があるなら、その差異とは何か考えていけます。私たちの学ぶ大学というものも、大学は、低年次の学習課程と専門課程とにより構成されていることから、慶應の日吉と三田のように、あるいは駒場と本郷（東大）や和泉と駿河台（明治）のようにキャンパスが分かれているのかといえば、早稲田のような同一キャンパスのものもあるし、いろいろです。早稲田の場合、高等学院が、本来、予科の役割を持っていたのですが、高校へと移行したため、上記の大学と異なるあゆみとなっています。また、ＳＦＣや所沢のように同じ大学でも後発学部では異なることもあるため、大学の姿を見ても、かくある姿という理念型と現実に存在するいくつもの事例との比較ということもいろいろな場面で考えられます。

三人目の学生は、「二元論的世界観に基づいて生きてしまうことへの反省が募った」と述べてくれましたが、これは、障害者と健常者の問題でしょうか。このレポートでは、ＮＢＡの八村塁選手に対する誹謗から、「日本人とは何か」について考えてくれました。日本人が同じ日本人に対して、こうした見方をするのは、八村選手だけでなく、テニスの大坂なおみ選手に対しても向けられたことがありました。立憲民主党の蓮舫議員に対しても二重国籍などと批判がなされています。さて、こうした人たちに対する攻撃の視線は、いったい何なのでしょうか。本当に日本人に非ず、と考えているのでしょうか。確かに八村選手や大坂選手は、見た目として土着の日本人と異なるように思えます。しかし、彼らの活躍には素直に喜ぶこともあり、日本人かくあるべし、という規範から外れているからと単純には見られません。日本の武士道精神から見れば、この人たちは武士道的な潔さも感じられ、逆に、前首相やその周辺の人たちは、部下に責任を押し付け自ら責任を取らず、武士道精神にもとるものとして、最も忌避される人物のように感じます。つまり、基準に対する逸脱として、誹謗されているとは思えません。どちらかといえば、戦前の日本で社会の下層の人たちが、朝鮮人を自己より下位に位置づけようとした差別的観念のようなものでしょう。SNS時代に自らの不満のはけ口に、外国起源を持つ日本人を下位に置こうとした差別であり、しかも有名である人物に対して、優位に立つことでより自己の不満を解消しようとしているように感じます。

Theme2 ～社会科解体論—勝田・梅根論争—

では次に、課題について見ていきましょう。

【課題Ⅱ】　配布資料（資料11・153ページ）の梅根悟の論文を読んで感じたことを、まとめてください。

まず、この課題を考えていくために、論文について整理しておく必要があります。

今回の課題としたのは、社会科教育においては、教育方法上の有名な論争であった「勝田・梅根論争」といわれるものを見ていきます。この授業では梅根側の論文を読むことから考えてもらいます。

取り上げる梅根論文は初出の雑誌『教育』のものではなく、著作集に収録されたものによります。このことによって論文の位置づけについて、収録論文の「まえがき」で解説されており、理解を助けてくれたと思います。

勝田守一については、すでに名前を見た記憶のある人もいるかと思います。重松鷹泰の社会科の使命を読んだ時、配布資料（**資料4**・86ページ）の後段で、勝田の名前が出てきました。勝田守一は、戦後社会科を創る時、文部省に在職し、中等教育における社会科を担当した人物です。その後文部省から東京大学に転出し、東大教授として長く戦後教育を牽引してきました。前回の課題であった長洲一二の論文では共同研究者として名前が出ていました。

一方、梅根悟は、近代教育制度の中で教育者としての王道を歩んだ人物です。小倉師範学校から東京高等師範学校卒、その後、師範学校の教員を経て東京文理科大学へ進学、卒業後、中学校校長や川口市助役を経て東京教育大学教授となる人物です。この制度は、軍関係と同様のものとなっています。陸軍では、陸軍幼年学校の後、陸軍士官学校を経て、将校として任官します。中隊長以上の経験の後、秀才は陸軍大学校へ進学が許されます。このコースに乗れば、以後、軍の参謀となり将官クラスまで出世するのが通例となります。つまり、教育も軍部も高等教育を終えるといったん現場に転出し、その中で秀才と認められると最高学府の大学へ推薦され、その世界のエリートとなるのです。

勝田は帝大を出て官界に身を置き、梅根は東京文理大を出て教育界の世界を歩んだ人物という比較ができるでしょう。明治中ごろまでは赤門と茗渓という対比が学術・教育の世界ではありました。赤門は帝大を指し、茗渓は高等師範を指します。ともに湯島の聖堂学問所の系譜を受け継ぎ近代教育を牽引していきました。そうした比較ができるところで、戦後の新しくできた社会科をどうしていくかという大問題で論争を展開したのだから注目されるのも当然といえましょう。

（一人目の学生）

筆者の主張は、『社会科から歴史・地理・公民が分裂するのではなく、より総合的な学習効果をもたらすために社会科という総合的な科目に歴史・地理・公民という専門的な科目を加えるべきだ』というモノである。現代教育は前者が適用されているが、私は後者、つまり筆者の意見に賛成である。教育とは、社会に必要な知識をただ教えるだけでなく、その社会が抱えている問題点を見出しその解決案を考え導き出すことが目的だからだ。知識はそのために必要不可欠なモノであり、いわば通過点である。歴史・地理・公民だけでも真の目的に到達する子供はいるだろうが、それを見出すことができず通過してしまう子供たちが少なくないことは間違いようのない事実である（現に私も社会科の教職課程を取るまでそうであった）。カリキュラム的に圧迫してようとも、三つの専門科目の集大成としてまとめ上げて実践していく『社会科』という科目は必要である、と私は思った。

（二人目の学生）

梅根が論ずるように、社会を諸教科へと分解し、それを総合して社会科と称するような姿勢からは、「生きた」学習が削がれてしまいかねない。「問題単元課程」とは、単なる知識収受を越えて現実の問題へと取り組んでいく方向性を備えたものだが、知識を分野別に整備して効率的に教えるだけでは、そうした問題解決型の学びを生みにくくなってしまう。現実はあくまで一つの現実であって、歴史・地理・公民といった区切りは現実にはない。全ての混合物として、一つの現実が立ちはだかっている。社会科が解体されてしまえば、諸知識の有機的な連関は意識されず、現実を現実として受け止めていく力が減退していくのではないかという懸念が梅根の心中にあったように想像される。

ただし、私は梅根へ完全に同意する訳ではない。勝田の指摘がある点で正鵠を射ていることが、間違いないからである。それは知識面と効率性の観点からである。我々が思考を編んでいくにあたって必要となる前提知識は膨大である。この知識を少しでも多く吸収していこうと試みるならば、知識収受の場はある程度整然としているべきであろう。整然というのは、分野が雑然と入り乱れておらず、従って体系的に知識を学びやすくなっている環境の有様を指す。

当然のことながら、体系化された知識の獲得だけでは不十分である。それが現実の問題に対処する上で活かされなくては、長洲一二が記したように「リアリズムの欠如」へと陥ってしまう。そのため私は差し当たって、知識収受の領域は分野ごとに分解しつつ、「問題単元課程」として実践へと歩み寄る領域では統合するというように、授業の方向性によって分解と統合を使い分けるのが一つの方針としてあるのではないかと考える。理論と実践の両輪のように、両者が時機良く回転していかなければ、前進は難しくなる。現実はあらゆるものを綯い交ぜにした一つの現実である点に疑いはないものの、学ぶ段階ではこの現実をそっくりそのまま取り扱うことなど不可能である。だからこそ、知識収受と問題解決でそれぞれ授業を実施するのであれば、分野ごとの分解と分野の統合はそれぞれ良さを維持したまま併存できる。

繰り返しになるが、現実はあくまで一つの現実である。この試案とて、ある種の効率的な観点から現実を二分してしまっていることは事実である。だからこそ、あえて「差し当たって」の箇所に傍点を振った。授業として完全に二分してしまえば、梅根が批判せんとした事態は放置されてしまう。かといって、知識獲得の場面が整備されなくては勝田の主張する分解の利点がまるで活かされない。知識収受と問題解決は一定の距離を置くのが望ましいと、現状で私は判断している。この距離感を調整するためには、実際に授業を運営した結果を深く吟味しなければならない。

どうでしたか。今回は、二人の学生レポートを紹介しました。

一人目の学生は、梅根悟の考えに共感してくれています。社会科をどのように理解するかは、自身の学習経験に影響を受ける面があります。中学校社会に代表される、地理、歴史、公民という構成は、知識習得としてそれなりにしっかり構想されており、戦前の中等教育では、地理、歴史、法制経済というものとして、同様の形で行われていました。一方で、「社会が抱えている問題点を見出しその解決案を考え導き出す」ための社会科は、学校から巣立った後、社会の一員として生きていくために、ぜひとも学習してほしいものです。梅根の考えるコア・コースとしての社会科は、確かに、カリキュラムの圧迫があるかもしれませんが、必要な考えであったといえるでしょう。

二人目の学生は、「現実はあくまで一つの現実であって、歴史・地理・公民といった区切りは現実にはない」という表現で社会科の取り上げる世界を見つめています。この観点は重要であり、例えば、今回、静岡県知事選が行われる際の政策論争の一つに、リニア新幹線問題があります。この問題については、静岡のメリットとデメリット、日本全体のリニアの意義などを考えていかなくてはなりません。そこには、環境問題、経済問題、安全性、利便性など多様な問題を学術的観点で深めていくことも必要となります。そうした複合的な問題を考えるのに、系統的に分化した学習では対応できないことは理解できることでしょう。一方で、知識の習得には、分化した分野の学習が適しており、その学習の塩梅をこの学生は、授業における方向性で分解と統合を使い分けると表現しています。

二人の学生ともに、梅根の社会科について、よく理解してくれています。


では、すこし解説していきましょう。

この論争は、勝田守一が系統学習で梅根悟が問題解決学習といった簡単な構図で語られるものではなく、梅根は社会科とは初期社会科以来の社会の諸問題を考える教科として必要性を述べ、同時に勝田の提唱した分化した系統的教科も重視しています。また、勝田自身も社会科における社会諸問題を考えることの意義は認めています。そして、社会の諸問題を考える社会科を中核におき、その周りに学問系統に基づいた教科目の学びを配置するのが、梅根のコア・コースとしての社会科となります。

実は、この社会科は問題解決学習を行うものとして、課題単元としていますが、そうしたものが勝田の唱えた分化したカリキュラムと併存していたならば、現在のアクティブラーニングの導入など行う必要性はなかったかもしれません。また、ゆとり教育の時代に導入され、現在も生きている総合的学習の時間もわざわざ作ることもなかったでしょう。

では、梅根が言うように、問題単元課程として社会科があり、その問題を各教科で深めるのならどれだけ充実した授業になるでしょうか。例えば、3・11以来の原子力発電所の問題についても、これを課題として、各教科で学んだ多様な知識と観点で、放射能と生物、地震災害と地理、地学、経済性と政治経済、災害の歴史と日本史など、多様な学びを深めていくことができると思います。

また、今日の総合的学習の時間についても、こんな風な問題単元課程として利用することも可能でした。しかし、実際の総合的学習の時間は、その意義を理解されませんでした。今から20年ほど前、この科目が導入されてすぐに、ある国立の中等教育学校では理科と家庭科の総合学習を行いました。

そこでは、鶏を解剖して、その後、調理するというものです。結果として何が起こったのか。食中毒で新聞に掲載されました。こうした授業例は、当時流行したようで、私の友人の栃木の小学校教諭も校長から豚を解剖して、みんなで豚汁を食べようと提案されたといいます。彼は日本獣医畜産大（現・日本獣医生命科学大）を出ていたものですから、そんな役割を求められたようです。しかし専門家は違います。肉を安全に解体することと解剖して内臓を見せることは相反することであり無理だと断ったといいます。これなども総合の意味を取り違え、教育目的を整理できず、食の安全の専門知識もなく、無謀なチャレンジをしようとしたのだといえます。総合的学習の時間を、単に科目を総合するという理解ではなく、自分たちの問題意識から派生させる教育を行う学習として理解していたなら、全く違ったものとなったでしょう。

ところで話は変わりますが、昨年の学生レポートに次のようなものがありました。

「社会科は少なくとも地理・公民と多くの学問を合わせた範囲を教える必要があり、どうしても専門外の単元を扱う機会が多くなってしまう。個人的には史学専攻の学生が歴史を教えるために社会科を教えている場合が多いように思え、地理の専門は（大学における科目設置上も）少ないように思える。また、公民は憲法、政治、経済、哲学などかなり多くの専門分野を組み合わせているため、公民科全体を専門性を持って教えることはかなり難しいように思う。そのため、このような系統立った科目の方が、教師の専門にとらわれず均しく教授するのには向いているように思う。」

この学生は、個人的と断りを入れてくれていますが、史学科の学生が歴史を教えたいために、教職に就くというのはよくあるものです。そもそも教育を仕事にしたいのか、教育で取り上げる学問内容を仕事にしたいのかは学生にとって教職への動機として相当の違いとなると思われます。教育学を専攻した学生は、教育的課題や多様な教育方法の変遷についても一定以上の理解があり、また、教育の対象となる児童・生徒観についても考えてきたでしょう。一方で史学科学生には、このまま好きな研究に没頭したいけど学者として大成できるかわからないので、とりあえず教職について好きな歴史とかかわりながら、ささやかな研究をしていこうと動機づけしている人も多くいます。知人のトルコ史の先生が自分の周辺で教職についた人たちのほぼすべてが、歴史と関わる仕事がしたいという動機であったと話してくださいました。こうしてみると、今日の開放制教員養成のもとで、教育学的理解をどこまでもって教職についているのか、この問題は重要だといえましょう。

これに関して、系統学習に対する批判としての同じ内容を三べん繰り返すということについても考えておく必要があります。例えば、日本の歴史は、小学校、中学校、高校とまさしく三べん繰り返していいます。では、その意義はあるのでしょうか。実は、歴史教育に関する専門的知見を持っていれば、学校段階ごとに、まったく異なった日本史の教育を構想しているはずです。つまり、人間の発達段階を前提とすれば、小学校時代には、人の活躍を通して歴史を学ばせています。人物史といわれるものです。小学生は高学年に近づくと伝記ものを好んで読み始めます。こうした特徴と、まだ時間の観念について理解するまで、成長しきれていない段階にふさわしい教育を行うことを目指しています。

一方、中学生になると知識の習得に目覚める時であり、多くの用語などを暗記することを好む時期です。だとすれば、年表に見られる膨大な年号と事件を取り上げて歴史の流れを講義するのも適切なものとなります。事件史ともいうべきものです。では、このようなことを理解して、歴史学習を組み立てているのかといえば心もとなくなります。現在、日能研やサピックスなどで中学受験を目指している小学生の社会科のテキストは、ほぼ中学校学習指導要領の内容を終えています。御三家クラスに進学した中学生は、文部科学省の検定教科書で学ぶ意義について見れば、内容面では何もないと断言できるでしょう。これなど用語などの暗記学習事例の際たるものです。小学生でも難しい用語は覚えます。しかしその理解の深度は思ったほど深まっているとは言えないはずです。それは生物としての発達段階の問題であり、例えば道端に落ちているゴムボールを拾って遊んで帰る子どもには所有の概念がまだ確立していないといえます。高校生なら、たとえゴムボールでも遺失物ということは理解できるでしょう。だとすれば、たとえ知識の量が増えたとしても、理解が深まってない教育を行っているのだという自覚は必要となるはずですが、教師にその自覚はありません。結局、難しい用語を知っていれば、それに関する理解は傍らにおいて、よくできる子どもとして扱っているのです。

やや横道にそれましたが、三べん繰り返す学習は無意味なのではなく、その発達段階に応じた教育にしていくことを考えなくてはなりません。なお、御三家クラスに進学する生徒は別の意味での知的好奇心があるため、単なる暗記学習として終わらせず、大手塾の先生に多様な質問と自分で行う調べ学習の組み合わせで、違うレベルの領域の学びをしているものも少なくありません。いずれにせよ、教師の側が理解を深めなくては、無意味に同じ教育を三べん繰り返すこととなります。

それでは、後半の授業です。配布資料（**資料12**）を読んでください。これらは一九七七年改訂中学校学習指導要領の案に対する日教組などの批判です。

【課題Ⅰ】　授業感想をまとめてください。

【課題Ⅱ】　配布資料を読んで、感じたことをまとめてください。

【資料12】1977年改訂中学校学習指導要領案に対する意見（歴史教育者協議会『中学校社会科のπ型問題』地歴社、1979年、87～90頁）

第三章　新学習指導要領は“案”と“告示”でどう変ったか

第一節　π型を画一化した“案”の発表
―一九七七年六月―

1　改訂の方向

文部省側の説明する三つの観点

新学習指導要領案の発表に先立って、六月二日、この案を執筆した中学社会担当の文部省教科調査官らが、教科書編集者に改訂の趣旨を説明した。佐藤照雄教科調査官は中学社会の改訂のポイントを次の三点にしぼった。

㈠今回はとくに生徒の立場に立って精選した。過密解消・暗記学習からの解放をねらっている。これは現場のねがいにも応えることだ。

㈡三分野の風通しをよくした。そのために地歴の並行学習の上に公民を展開するというπ型に画一化した。これで地、歴相互の学習もしやすくなろう。

㈢小・中・高の関連を十分考慮した。その観点で精選も行なった。小学校六年の世界地理を発止（ママ）したので、中学のはじめに世界地理を持ってきた。歴史では、前近代の世界史を大幅に削除したが、全体としては、自国認識、日本認識を主軸にすえた。そのため世界を軽視したと批判されるかもしれないが目標の冒頭で「広い視野に立って」とおさえている。

改訂の三つの観点の問題点

文部省の説明を聞いていると、いずれももっともなように思える。しかし裏を返せば、いずれも重大な問題を含んでいる。まず第一は㈠精選の内容が問題だ。

精選は現場のねがいだという。それは一面的事実に過ぎない。公民は一一頁を四頁にした。それだけで現場は喜ぶか。生徒の立場に立って精選したというが、本当にそうか。量を減らすことについてだけは、現場や生徒の意見にそったが、肝心の内容は文部省側の思い通りのものだけ残した、ということになれば、重大問題である。

とくにπ型について

㈡三分野の風通しをよくするのに、なぜザブトン型だけはいけないのか。

このπ型問題を、ついに読売新聞は社説にとりあげ、次のように指摘している。

「現行では一、二年は地理、歴史の並行学習、三年は公民という“π（パイ）型”のほかに、一年地理、二年歴史という“座布団型”の履修方法も許容されている。

それを“π型”だけしか認めないことにしようとしている。こうした硬直的な方針は、長い間“座布団型”で実施し効果をあげてきた学校を不安に陥れるだけである。従来の柔

軟な方針に戻すべきではないだろうか」（七七年六月九日付）

社会科の履修方法の現状

現状では、社会科の履修方法は大別して二種、もう少し小さく分けると四種になろうか。

大別した二種とは、ⓐザブトン型、ⓑそれ以外のいろいろな型ということである。ⓑはπ型と総称されている。四種というのは、ⓑを次のようにさらに三種に分けることができるからである。

ⓑの１＝地理と歴史を一人の教師が平均約五学級を同時に教えている、いわゆる文部省のいう好ましいπ型学習。生徒の側にとっては、たとえば、一年一組は、月曜日地理、火曜日歴史、水曜日地理、木曜日歴史というように、交互にA先生が教える方法。

ⓑの２＝地理と歴史を二人の教師で分担して教える方法。たとえば、一年一組の生徒にとっては時間表は同じだが、歴史はA先生だが、地理はB先生という方法。

ⓑの３＝文部省や、地教委・指導主事がやれというので、ⓑの１を、やり出してはみたものの、とてもやりきれないということから、一年一組の場合、A先生が今週は地理を四時間やり、来週は歴史を四時間やるというように地・歴を一週間交代。先生によっては、単元交代、一カ月交代、最近は、一年の前期地理、後期歴史というのが流行している。これは表向きπ型といっているが実質的には並行というより小ザブトンとかせんべいザブトンとか呼ばれている。

現場の実態から離れている

π型をやると、風通しがよくなる、と文部省がいうのは、ⓑの１の型を想定している。これが文部省推薦というか、文部省が今度の新学習指導要領で画一化しようとしている「原則」的履修方法である。このⓑの１型の履修方法が、本当に現場教師にとって、教育効果が高まり、現場から喜ばれるものか、どうか、アンケートでもとってみるがよい。圧倒的にノーの答が返ってくることは確実である。

なぜ、現場から拒絶されるのか、それは、中学校では、一般の高校や、大学の付属中学校のように、教師の専門優先ではなく、学年に教師をはりつけるという、学年担任制が優先しているということである。

中学校の教師は、学年に所属し、学級担任をし、生活指導をやり、その学年の教科を教える。そして一年→二年→三年、と持ち上がって行くのが一般的である。この中学校の教師の現状からは、担当学年の生徒に、一つの分野だけをじっくり教えるザブトン型の方が自然な履修方法なのである。今度の新指導要領はⓐを大幅に認めるかとも思われた。一九七六年七月二一日全日本中学校長会長の谷合良治氏まで、教育課程審議会の席上でその意見を述べた。全国各地からも切実な声が文部省へ届いたはずである。それも認めず、今回の新指導要領案となった。読売新聞が社説にまでとりあげるのも無理からぬことである。とにかく、子どもの学習権を守ってやるためにも、日本の教師はⓑの１のπ型の押しつけに簡単に屈服するわけにはいくまい。みんなの智恵を集めて対策を考えたいものだ。

（日本教職員組合『新中学校学習指導要領案の検討』一九七七年七月）

第九回　中学社会科のパイ型・ザブトン型議論（二〇二一年六月五日）

それでは、社会科・公民科教育法Ｉの第九回授業を始めます。

今週から緊急事態宣言が再度延長となり、まだまだ感染症対策を続けていかなくてはなりません。そんな中で飛び出してきたのが、代々木公園内にオリンピック応援のためのＰＶ（パブリックビューイング）設営が始められたというニュースです。感染症対策として掲げられていたのが過密な状態とならないことや大声を出さないこと、集まって飲食をしないことなど示されていましたが、ＰＶはすべてに該当する施設です。いったい何を考えているのかと思っていたら、今度は、その会場をＰＶのためではなく、新型コロナウイルス感染症対策のワクチン接種会場とするという都知事の会見が行われたため、さらに驚くものとなりました。七月という梅雨の末期で酷暑のただ中に入る時期に、野外でワクチン接種をしようとする発想が理解できないし、それこそ野戦病院の実験場にでもしようとするのかという感想です。あまりにも突拍子なニュースでは、まともに社会科の授業で取り上げる素材にすらならないものといえましょう。そこで、今回は二〇二一年五月三十日付朝日新聞朝刊一面に掲載された「教員免許更新制、８割『見直しを』　全国教委、朝日新聞社アンケート」について考えてみましょう。

Introduction ～教員免許更新制の見直し議論

記事では、現行教員免許更新制について、全国の六十七の教育委員会にアンケート調査したところ、五十三教委が見直しを必要と回答し、現行のままでよいとしたのは五教委にとどまり、その他の教委は「国の動向を注視している」などと回答したというものです。現在、中央教育審議会では、教員免許更新制度について議論がなされており、制度自体の廃止も含めて検討されている段階です。こうしたことからのアンケート調査であり、同紙社会面では、更新制度の負担についても紹介しています。

現行では、教員免許は十年の期限が付与されているため、更新時期には大学において三十時間の講習を受けなくてはなりません。それに関しては、講習費等が免許保持者の実費となるため、会場大学が居住地近辺になければ、宿泊費用等もかさみ負担が大きいことや、うっかり失効してしまうと職を失うこと、それをなくすために管理職が免許の年限チェックを行うなど負担の大きいことが示されています。そもそも資格職としての免許等の比較でいえば、医師免許も弁護士資格も保育士資格も有効期限による更新制度は取っていません。そうした中にあって、何故、教員免許のみがこうした負担を負わせられているのか、職業の在り方としても課題の多いものといえます。

そもそもこの免許更新制度は、教育再生会議で提言され、教員の質の保証と関係するとして二〇〇九年四月に導入されたものでした。それまで教師による事件などがニュースで取り上げられるたびに、質の向上が俎上に上がり、現行の教員養成段階で、教職の基礎に関する講義を履修させているのも、教職の理解を深めるとともに向き不向きを考えさせる目的で導入されたものでした。このような教師に対する不信感から進められた政策から、逆に、今日では教職に対して敬遠する雰囲気を醸成することにもつながり、教職を志す大学生の減少にまでつながっている様子がうかがえます。免許更新制に見られる教職に対する締め付けは、教職自体を弱体化させるものにもなりかねず、現在進行している中教審の審議経過には、注目していきたいものだといえましょう。

Theme1 ～前回授業レポート

それでは、いつものように感想から見ていきましょう。

【課題Ⅰ】 授業感想をまとめてください。

（一人目の学生）

【課題Ⅰ】の【三人目の学生】（159ページ）に関連して述べようと思う。

人間における国民性・国籍といった国家アイデンティティの話題、「自分がナニ人で、あいつがナニ人で……」という話題はとても曖昧で、それ故に国民から信任を受けた政府が規則を設けて何とかその形を保っている、と私は考えている。なので政府が介在できない中での国家アイデンティティの考え方は、【三人目の学生】の述べている通りしばしば論争になることが多い。その時に基準として用いられやすい要素が「肌の色」や「言葉」、「習慣」になるのではないだろうか。八村選手は「肌の色」、大坂選手は「肌の色」と「言葉」である。これは日本という国の特徴がこの二つの相違が特に目立つから取り上げられることが多いが、多様な民族背景を持つ国家では「習慣」が取り挙げられることがある。

では「習慣」から区別できる国家アイデンティティとは何か。例えば日本人の場合、私が知る限り最も顕著な例は、昭和十年代のスパイを描いた小説『ジョーカー・ゲーム』にて『着物を愛用し、毎朝御真影を拝み、箸で飯を食う』アメリカ人（金髪の白人）が日本人として扱われる描写だ。現実かつ現代でこのような例を考えるのならば、『ワールドラグビーにおける異国のルーツを持つ選手（外国人）に関するレギュレーション』だろう。ラグビーではその起源と歴史を背景に、選手に『代表となる国を一度だけ選べる』というルールが存在し、選べる基準は『①出生地がその国　②両親、祖父母のうち一人がその国出身　③その国で三年以上、継続して居住。または通算十年にわたり居住』となっている（編注：二〇二一年七月現在。現在は六〇ヶ月の居住が条件）。前述の三つの要素に照らし合わせると、「肌の色」「言葉」が①②、「習慣」が③となるだろう。従って、２０１９ワールドカップに登録されたラグビー日本代表三十一人のうち十五人が異国にルーツのある選手となり、他のチームも同じように非常に高い多国籍性を有していた。選手らはそれぞれ代表となった国の共通語は拙いが国旗を背負って心から国歌を歌い、ハカを踊ることもある。

これらのことを考えて、政治を抜きにして考えれば、人間の国家アイデンティティを外野が少ない情報量でとやかく言うのは的外れも良いところである、と私は思う次第である。

（二人目の学生）

こども庁設立に関する報道は自分も時折目にするが、どうしてもポージングの域を出ないのではないかと思ってしまう。こどもの問題について真剣に考えていることを前面に押し出すためだけの設立であっては、実質が少しも伴わないことになってしまう。

当然、設立するからには従来の問題に対して新たな解決を志向していくことが期待される。しかし講義資料でも指摘されていたように、縦割り行政の打開を意図していたはずが却って縦割りを促進してしまう事態は、最も避けるべき結末である。現状が抱える問題の原因は、確かに現状の内にあることを我々は認める。だからと言って、現状にない新たな物が導入されれば原因が取り除かれると安易に考えてしまって良いのかどうか、深く議論が交わされるべきである。新たな枠組みは、既成の枠組みを取り壊さずに微調整で取り繕うことがもはや間に合わない時にこそ要求されるのであって、既成の枠組みに対する十分な考察を経たとも言えない段階で導入されても何も生まないのではないか。

「こどもまんなか」というスローガンが平然と掲げられていることにも、自分は違和感を覚える。政治家が想定する「こども」とは何なのかが全く掴めないことも相俟って、幼保一元化が芯を持った政策として見えてこないのである。昨今のこどもを取り巻く環境の改善という目的は評価されるべきだが、それがどのようにしてこども庁の設立に結びつくのかが理解できない。こども庁なるものができなければ、こどもについて考える機会がないと本気で思っているのだとすれば、それは制度以前の問題である。政治に臨む人々の心構えが不十分では、どのような体制でも問題は解決しない。

こども庁の話題からは、改めて理論と実践との繋がりが大事にされていない政治の姿をありありと見せつけられるように感じた。どうすればこの二つを上手く接近させていけるか、一学生の身だが可能な限り考えていきたい。

（三人目の学生）

私も今回のニュースを読み、こども庁というものに疑念を抱きました。確かに、新型コロナウイルスの影響などによってますます子育てに対しての政策が重要視されていることは否定できません。しかし、先生も仰っているように幼稚園と保育園の両施設の機能を持った認定こども園というものは今のところ失敗しているように思います。このようなことからも、こども庁というものを創設することは効果があると決めつけてしまうのは良くないでしょう。新しい政策を立てていくことも必要ですが、オリンピックのための建造物と同じで無駄なものを次々と行っていくことは間違いであると思うのです。また、他の方のコメントを見て、内容とは少し異なりますが、SNSでの誹謗中傷という観点に関心を持ちました。近年、SNSの普及と共に、差別によるものばかりではなく、インフルエンサーや芸能人などへの誹謗中傷が際立ってきています。さらにそれにより命を落としてしまうといったことも増えてきました。私が何か発言して変わることはありませんが、SNSを使う際のマナーなども学校で学ぶものとして必要ではないかと思うのです。

（四人目の学生）

授業資料の冒頭で、オリンピックに関連したニュースが紹介されていました。スポーツという点でいうと、今週のニュースの中では、大坂なおみ選手が全仏オープンで記者会見を拒否した話が印象的でした。選手の精神面に焦点を当てた議論ということですが、彼女は以前も全米オープンで亡くなった黒人の名前が書かれたマスクを着用するなど、大会を通じてメッセージを発信していたなということを思い出しました。ただ、Black Lives Matter の運動に参加したそのときよりも、今回は周囲の共感が低いように感じます。

そんな風に思っていたら、今朝（六月一日）、電車の掲示板で彼女が全仏オープン棄権を表明したと報じられており、驚きました。うつ病状態であることを自身のTwitterで明かしたと聞いて、昨日までは泥沼化と報じられていましたが、ここからは大坂なおみ選手擁護の方向で世論が動くのかな、なんて思いました。

昨日までは、「女子テニスの歴史はメディアとともに」「メディア対応も選手の仕事の一つ」と述べていた記事が何本かありました。その事実は今後も変わりませんが、状況を考えると明日からは見ることができない内容だろうなと感じます。話題となっている出来事は、それを知るタイミングによって全く異なる意見が報じられているので、本質を捉えるのはとても難しいことだなと感じました。校閲のアルバイトで差し替えられていく記事を見ていると、なおさらそのように感じます。


どうでしたか。今回は、四人の学生レポートを紹介しました。

一人目の学生は、「人間における国民性・国籍といった国家アイデンティティ」について考えてくれました。いわゆるエスニシティについてであり、近代国民国家の形成によって生じる、自分たちの所属する集団としての意識の相違については、民族性としてなかなか難しい問題を持っています。日本においては、一九九〇年代にブラジルからやってきた日系二世と地域社会との認識のずれが鮮明となったことで、こうしたエスニシティに関心を持たれるようになったといえます。この学生の意識としては、集団としてのエスニシティの問題点よりも、多様な起源を持つ個人が抱く国家観をより意識しているといえます。事例としてくれたラグビーの日本代表選手のうち約半数が外国起源の人たちであるということは、なかなか面白い問題です。日本代表としてワールドカップに出場するとは、彼らにとってどういった意識なのか、確かに気になるものです。ただし、ラグビーはサッカーとは異なり、国籍条項がないことは考慮しておく必要があるのではないでしょうか。つまり、国家という枠組みの中で共通した国籍を有するものの、民族性が異なることで自己をどう認識するかという問題が生じて来るわけですが、ラグビーの代表選出に関するレギュレーションを見るとそうした問題を生じさせるものがありません。元々ラグビーでは、自分の生活する場所のアソシエーションに所属しているか否かが問われるだけで、国籍などは問題とされない歴史がありました。つまり、代表チームといいながら、国家を背負うという意識は持たない集団ともいえます。私が学生時代を過ごした一九八〇年代のラグビーでいえば、臙脂、黒黄（タイガー）、紫紺のジャージを着ることこそが誇りであり、対抗戦の開催中に日本代表に選出されても、それを辞退する学生も見られました。国家より大学民族主義といってもいいのでしょうか。多少の冗談も含めていますが、実際、桜のジャージの試合より、早慶明の試合の方が観客も多かったですし、ラグビーというスポーツに国家観を持ち込むような感じもありませんでした。八村選手や大坂選手の活躍に対して、あえて国家を意識しなくてもいいのではないかとも思えます。

二人目の学生は、こども庁の設立に関する問題について考えてくれています。ここに示されている通り、子どものことを考えているということを示すためだけの設立に見えるというのは同意します。「現状が抱える問題の原因は、確かに現状の内にあることを我々は認める。だからと言って、現状にない新たな物が導入されれば原因が取り除かれると安易に考えてしまって良いのかどうか、深く議論が交わされるべきである」というのは、その通りだと思います。現状に問題があるとして、その解決のために、将来・未来に向かって新しいことを行うというのではなく、過去に立ち戻り、現在の問題の原因を探り、その解決に努めることこそが重要なのではないでしょうか。すでに見た重松鷹泰は、「社会科の使命」（**資料４・86ページ**）の中で、社会科の成立について考えることでその後の社会科について理解することを述べました。現在の政策は、常に新しいことを行い続けることこそが、社会の前進につながるといった、偏った見方に支配されているように思えます。社会科は、歴史も含めて総合的に捉えることで社会を見つめる目を養おうとしています。そうした観点からすれば、歴史的に現状理解を行い、未来に向かってより良い社会の形成につなげてほしいものです。

三人目の学生は、SNSの問題について関心を持ってくれました。この問題は、次の四人目の学生の問題と合わせて考えてみましょう。

さて、今週の出来事の中にテニスの大坂なおみ選手が全仏オープンテニスのさなか、試合後の記者会見を行わないと発言し、大きなニュースになりました。その後、自らがうつ病であることを告白し、大会を棄権することも明らかにしました。この問題で、一時はテニスの四大大会から大坂選手を締め出すこともありうるといった状況までニュースは駆け巡ったのですが、現在は、病気の回復を願うという論調に落ち着いています。一方で、SNS上では大坂選手の行動を非難する書き込みも見られます。実は、今回の大坂選手の発言は、SNS上で行われたものであり、ある意味で、確信犯的な感じもするものです。つまり、大坂選手がうつ病を発症していたとして、そのため記者会見を辞退したいということであれば、エントリー段階に文書として提出することは可能であったと考えられます。しかし、その場合、受け入れられたとしても病気を発症していることからの特例事項にとどまり、スポーツにおける記者会見の是非といった社会問題にすることはできません。敢えて記者会見をしないという判断を示すことで、社会的耳目を集めるということで、是非論まで議論を高められたともいえます。しかもＳＮＳ上で不特定多数に投げかけることで、テニスのファンや関係者にとどまらず、多くの人に関心を持ってもらえたともいえるのです。これは、大坂選手が個人的に発信したのか、チーム大坂の方針であったのかわかりません。しかし、トランプ前米国大統領がＳＮＳ上であらゆる事柄について発信し続けたことによって政治活動をしていたことはよく知られており、この手法が、意見表明として一つの流れを形成するのに有効であることを世に知らしめました。だからこそ、ＳＮＳについては適切な使用を心掛けないと、何かに巻き込まれてしまうことも十分想像できます。今後、社会科の中でも扱うべきテーマの一つといえるでしょう。

Theme2～一九七七年改訂中学校学習指導要領案に対する日教組による批判

次に、課題を見ていきましょう。

【課題Ⅱ】　配布資料を読んで、感じたことをまとめてください。

（一人目の学生）

今回の資料は今まで扱ってきた資料と比べて特に口語体というか、著者の心持や意見が文体から伝わってきたことに、すこし興味深かった。

内容に言及すると、これは私の勉強不足かもしれないが、文部省の推奨する、一人の教師が同時に三分野なり二分野なり教える「風通しの良い」教育は決して悪いモノではないと思った。確かに、文中で二人の著者がその欠点を指摘している通りである。教師の負担が大きいし、効率的とは言い難い。しかし、社会科を構成するそれぞれの分野は連携して教育していくべきだと思う。分野ごとに教員を分担させてもしっかり情報共有してうまく連携できれば良いが、一人が管理するより勝ることは多くないはずだ。『負担が大きいが、一人が教えて共通のテーマを視点の異なる各分野で学習を深める』か、『各分野でテーマが食い違うことがあるが、教員が子供たちに大きく接点を持って教育を施す』か、どれが正しいかは時代によって、教育のニーズが変わっていくことで変化していくだろう。

（二人目の学生）

配布資料を読んですぐに脳裏へ浮かんだのは、「総合的カリキュラム」に対して当時の文部省が抱く思考の偏狭さである。π型に固執する姿勢に、その偏狭さが色濃く表れている。

日教組といった団体とて、社会科を全体としての社会認識を育てる教科と位置づける文部省の方針に反対している訳ではない。純粋な理念の面では強く共感しているといっても差し支えないのである。しかしながら、両者はその実践にまで話が進むと、決定的に衝突する。「カベを取り払う」「風通しを良くする」ためのπ型にのみ活路が見出されると考える文部省に対して、ザブトン型が普及していた現場の事情を全く顧みない官僚への反発が配布資料には切々と語られていた。両者の間に、妥結点は全く見出されないであろう。

私自身は、π型教育そのものを問題視すること以上に、π型教育に**固執**する姿勢をこそ非難しなくてはならないと考える。想像を巡らせれば、同学年の内に地理と歴史を並行して学ぶ利点にも思い至れるはずである。歴史に於いて産業の発展を取り扱う時にも、工場の立地には地理的要因が深く関わっている。歴史の文脈では辿り切れないものを、同時に学んでいる地理の知見で支えるという構図は、上手く実現できればかなり好ましい結果をもたらしてくれるであろう。

ただし、現実がこのように好転する場合ばかりではない。配布資料にも書かれていたように、当時の中学校では学年担任制が優先されていたため、π型の実行はそもそも困難であった。また、現代のように並行しての学習が比較的やりやすい環境に身を置いていたとしても、教科間の連携を意識し過ぎるあまりに、肝心な知識収受が疎かになる恐れがある。勝田守一が主張した社会科の分化とは、こうした懸念に根差したものではなかったか。

注意しておきたいのは、科目間の連携が困難であるのはπ型教育ではないため、とはいえないという点である。並行して地理と歴史を教えた所で、創意工夫によって連携を模索しなければそれはただ並行しているだけになってしまう。そして上述のように、連携の模索は決して容易ならない課題である。並行とはいえそれぞれが地理・歴史と独立した教科となっているのは、やはり知識収受の円滑化を忘れていないからである。なるほどカリキュラムの構造も重要ではあるが、π型への収束で問題が全て打開されると決め切ってしまう文部省の判断は、まるで信頼を置けないとしか言いようがない。

「こうした改訂が全く現場の実体を無視して行われている」という指摘も、方法論への固執と合わせて批判されるべき要素である。文部省による方法論への固執は、ある意味で現実の軽視と一体化している。「教育内容を変えようというのだから、理念をすすめなければ変化はおこらないでしょう」とある官僚が語っていたが、これは理念という言葉を都合よく用いて、現実の軽視を誤魔化していると捉えられても仕方のない発言である。あたかも一度掲げられた理念は無謬性を備えていて、何らの間違いもないかのように考えられている。そのような完全な理論がないことを、我々は現実の様々な在り様から嫌というほど実感している。

　この実感は、決して理念や理想を頭ごなしに否定するものではない。望ましい姿を浮かべつつも、その望ましさに絶えず疑念を投げかけながら実践を工夫するというのが、私個人の思い描く一つの方針である。先に挙げた官僚の発言からは、理念の修正などという事態は微塵も想定しようがない。自らの非現実的な態度を棚に上げて、「旧来の分野別の学問体系に固執しているんじゃないですか」と反論を加える官僚には、もはや現実を現実として受容する能力が欠如していると言わざるを得ない。

　理論と実践との循環、柔軟性についての意識を著しく欠いた文部省の在り方は、現代にも脈々と受け継がれている部分があるのではないか。教育指導要領の改訂に関しての報道を見るにつけ、傷一つない理念からの教育などというありもしない空想に捕らわれてしまっている姿を思い浮かべずにはいられない。そうした意味でも、現実を現実としてしかと見つめる能力の育成が、社会科には今後も求められ続けるのだと強く感ずる。


（三人目の学生）

　一九七七年の新学習指導要領は生徒の立場に立って精選したとなっているが、本当にそうであるのかということに疑問を抱いた。現代においても、現場の声を大切にしようと心掛けてはいるが、実際は文部省の思い、あるいは現場の声はごくわずかであると思う。特に地方の現場の声というものは届かないのではないかと思うのである。そのようなことを考えると、一九七七年の新学習指導要領もどれだけ生徒の立場に立つことが出来ているのかということは考える必要があると思ったのだ。また、π型をやると風通しがよくなると文部省は思っているが、実際の教育現場では好まれていないということにも注目した。このように、文部省の画策が強く、現場と乖離してしまっているという状態が一九七七年時点で起こっていることがわかる。さらに、これは現状の教育でも生じていることは否定できない。今回の配布資料を参考に、どこが問題であるのかを理解し、現在の問題と照らし合わせていくことが必要であると思うのだ。

（四人目の学生）

一九七七年の学習指導要領改訂に対して、日教組の反応をまとめた文書であった。国は、π型という一・二学年での地理科・歴史科の並行学習の上に、三学年での公民科の学習が乗っかった「風通しのいい」科目横断的な学習観を推奨していた。一方の日教組は、π型は現場の声を聞けていない、形だけで理想的すぎる学習観だと反論した。π型でなく、担当学年に特定科目を教えるざぶとん型でも、科目横断的な学習観を構築できるというものであった。

個人的に思ったのは、日教組の意見はその通りであり、現場の声を全く反映していないことは、問題である。教育は教師の考えを反映して、その形を常に変えるものだからだ。ただ、日教組の意見や口調は全体的に「文科省への反抗」でとどまっており、日教組の考える具体的な社会科観は無国籍であると思えてしまった。日教組の社会科観は「抽象的理念の押し付けを教員にせず、具体的な現場の意見を吸い上げるべきだ」と、最後に述べているが、これを日本という国で実現することは難しいと思えてしまう。「国籍を持った社会科」であるべきならば、日本の当時の教育の姿に合わせた「リアルな社会科観」を描くべきではないだろうか。日教組の主張は一理あるが、国籍を持った明瞭な社会科のビジョンが見えず、いささか偏っている意見と思えてしまった。だからと言って、国のπ型教育も問題はあることは一目瞭然であり、どちらかに強く賛同しているという訳ではない。

問題解決過程で、主張は誰にもできるが、協力を無視してはいけない。協力が無視された議論の場は、リアルな解決策が生まれず、生産性が無に帰ってしまう。国も日教組も、一方的な主張をただするだけでなく、相互理解が必要なのだと思える。国は、現場の声を黙殺し、盲目的な前時代の系統学習への反抗を目的にするのではなく、現場に耳を傾けそれに沿った社会科観を提示するべきではないだろうか。また、日教組は、国の指導案を覆すことを目的にするのではなく、そのような指導案を最低限満たし、かいくぐった上で、各校なりの社会科の姿を模索することを推奨するべきではないだろうか。このような理想論ではないリアルで国籍を持った教科観を模索することが社会科の姿であるのだろう。

どうでしょうか。今回も四人の学生レポートを紹介しました。

さて、今回取り上げた文章は、一九七七、一九七八年版の学習指導要領改訂を前に、改定案に対する教員側の反応についての文章です。取り上げたのは日教組（日本教職員組合）と歴教協（歴史教育者協議会）のものですが、特に教員団体である日教組については、ある程度の理解が必要です。このあたりから、授業を進めましょう。

まずは、日教組と日本の教育の悲しい問題点について触れてみましょう。この文章から見てわかるように、日教組と文部省の対立というものがかつてありました。世間では、日教組をなぜか毛嫌いするような一部の風潮もあります。

日教組とは、正式名称を日本教職員組合というように労働組合の一つです。同時に教員団体でもあります。教員団体という立場は、専門職団体として必要不可欠のものです。一方、労働組合は、労働者の権利獲得と使用者側との労働交渉の窓口となるものです。役割の異なるものが一体化しているのが日教組ということになります。これは、専門職といっても教員はいずれかの学校へ就職しなければならず、独立開業する専門職ではありません。同時に就職することで労働者としての立場が生まれます。また、教員の大部分は地方公務員となるため、その立場はさらに複雑なものとなります。つまり、公務員の使用者とは国及び地方公共団体であり、そこでの行政方針は政権政党の方針により決まります。要するに、日教組の交渉相手は長年日本の政権を支配していた自民党であり、両者が対立する構図が生まれているのです。

文部省と日教組の和解と呼ばれたことが一九九〇年代にありました。この時は、細川政権から自社さきがけ政権という連立政権の時代であり、自民党との直接対立がなくなった時でした。こうしてみると時には政権交代が起こり、固定化された構図を変革させることも重要なのだと教えてくれます。なお、世間でも日教組に対して疑問を持ち始めたのは、一九七〇年代の官公労の労働問題の時からともいえます。この時、官公労は法を守って春闘を戦うという方針で、遵法闘争が行われました。教員は一時間目のみ教室に行かないという形のストでないストを行いました。同様のことは、国鉄でも行われ、ストをせず電車を運行するのですが、人の歩く速度ほどしか出さず、通勤通学にとてつもない時間がかかりました。このため社会から批判を浴びることとなり、日教組には、常々子どもの学習権を守るなどと言っているのにストまがいのことをしているとして、世間からの厳しい批判が起きていったのです。

【資料13】パイ型とザブトン型

	パイ（π）型		ザブトン型
中学３年	公民		公民
中学２年	地理	歴史	歴史
中学１年	地理	歴史	地理

※　それぞれ記号のパイ（π）と、座布団を敷いているように見えることからこう呼ばれている。

今回の資料は、教員団体として教育問題の専門家の立場から書かれたものですが、文面のはしばしに組合的な記述が含まれてしまうのは、日教組の悲しい部分であります。こうしたことを理解して、日教組について見ていくと、功罪相半ばするともとらえられ、決して批判ばかりすべき組織とはならないものです。

この文章で対象となっているのは、改訂で原則行うこととなったパイ型教育についてです。中学社会が地理的分野と歴史的分野と公民的分野というように、社会という教科の中で、三分野に分かれているという立場をとっているものの、実際は、独立した教科のようになっていることは周知の事実です。それでは、教科として三分野のまとまりをどのようにしていけばいいのでしょうか。それについては、社会科の履修方法によって理解することができます。

では、この資料で対立点となっているパイ型学習とザブトン型学習について考えてみましょう（**資料13**）。ここで取り上げた中学社会の履修方法については、基本的には二つあり、一つが、ザブトン型と呼ばれる地理、歴史、公民を各学年で一科目ずつ進めていく方法です。これは、前回見てもらった勝田案と同様のものであり、梅根悟は、小学校、中学校、高校の各学年で地理・歴史・公民を三べん繰り返すものだと批判しています。もう一つがパイ型と呼ばれるものです。こちらは、中学一、二年で地理と歴史を並行して学び、三年で公民を学ぶというものです。現在の学習指導要領では、歴史の時間数が多いため、中三に歴史の一部が残っています。いずれにせよ、両者とも中学三年で公民を履修することは定められているため、結果として、二つの方法となります。並行学習していくことは、地理と歴史に関していえば、それぞれを個別に認識していくのではなく、両者を合わせて社会認識科目としていくものだといえますが、実際どうでしょうか。そのように学べるでしょうか。

実は、早稲田大学教育学部では地理歴史専修という括りで専攻分野とされています。明治大学文学部でも史学地理学科という括りがあります。これらは歴史という縦の時間軸と地理という横の空間軸で全体をとらえようとしたものです。考古学では型式論といって遺物の型式変化で時期時代の変遷をとらえます。また、分布論といってその遺物の出土地の広がりをとらえます。両方を組み合わせることで、一つの文化圏生活圏を確定します。このように対象に対して研究していく時は、融合できますが、すでに系統的な専門性で記述されたものを統合できるでしょうか。

これは、教育の問題として考えれば、課題を設定して学習していくのなら、その課題解決のために地理的分野と歴史的分野の融合は可能となるでしょう。しかし、系統的に叙述された教科書学習はすでに記述で完結されているため、よほど関連性のある分野同士でないとつなげられないといえるでしょう。こうしたことが、文部省の教科調査官にも現場の教員にも欠落しているように見えます。つまり、ここでも実は問題解決学習なのか、系統学習なのかが重要であり、系統化された分野の履修方法の問題ではないとわかります。

ところで、中三で公民を履修する意義について確認しておく必要があります。なぜ三年生で公民を学ぶのかといえば、中三が義務教育の最終学年にあたり、この学年を最後に社会へ巣立つ教育を想定しているためです。今でこそ、高校への進学が当たり前のように考えられているという状況のため見えにくくなっていますが、かつての金の卵と呼ばれた中卒就職の時代では、即、社会人としてのふるまいができるような教育が必要でした。このため、公民の主要な学習課題に労働問題があり、労働者の権利を学び、使用者側から不当な労働を行わされたら労働基準監督署に相談に行くことも教えていました。ところが、現在のようにほぼすべてが進学する中で労働問題を教えても内容に実感することがないため、ただ、労働三法を中心とした知識習得に終わっています。かつての社会科は、現実の社会とこういったところでもつながりがあったといえます。一方、現在では、実際に役に立つ教育ではなく、単なる知識として労働法を学んでいるため、大学生になってもブラックバイトに掴まった時、泣き寝入りする学生が見られます。また、社会に出る時に、直前の学習として公民を学んでいないため、一般社会人も労働者の権利を意識しなくなっているように感じます。国民の大多数が労働者層であるとすれば、こうした教育が重要であり、このため学習指導要領にも、かつては労働問題を中心に据えられていたのですが、現在は大幅に省略され、かわって消費者の権利に置き換えられてきています。

さて、以上解説を終えて学生レポートを見ていくと、一人目の学生が、「文部省の推奨する、一人の教師が同時に三分野なり二分野なり教える『風通しの良い』教育は決して悪いモノではないと思った」というのは理解できます。どのように全体として認識を深めさせるかという工夫であることは理解できたでしょう。しかし、解説で述べた通り、教科書自体が系統化されているため、教師の力量にゆだねなくてはなりません。

二人目の学生が注目した「π型にのみ活路が見出されると考える文部省に対して、ザブトン型が普及していた現場の事情を全く顧みない官僚への反発が配布資料には切々と語られていた。両者の間に、妥結点は全く見出されないであろう」ということは、現在のわれわれも考えていかなくてはならない問題だといえます。実は、学習指導要領について考えていく時、この問題は避けて通れないものだといえます。本来、学習指導要領とは各学校における学習内容の基準とされるものです。それがいつの間にか、教育方法の指定まで行うようになっています。もちろん、内容を定めればその指導についても関わっていくことは理解できます。しかし、授業をどう創るかは、対象である児童生徒の状況によって異なることは当然であるし、地域社会の特質にあった教育法も構想することは大切だといえるでしょう。ところが、現行の学習指導要領に関しても、アクティブラーニングの導入ということを決めたら、すべての学校に対して、アクティブラーニング（主体的・対話的で深い学びの実現に向けた授業改善）の導入を義務付けた改訂となってしまいます。児童生徒の側の学習理解については、発達段階で異なるものであり、それぞれの学年に見合った指導法や、また、教科ごとの特質に合う教授法の構築が大切なのは言うに及びません。こうしたことを考えると、学習方法の指定というのは厄介な問題だといえるでしょう。

三人目の学生も文部省と現場の声について考えてくれています。今回の課題資料にも示されていた通り、この時の学習指導要領改訂は、一九六八年、一九六九年版の膨大な学習量の詰め込み学習から、過密解消、内容の精選という方向へ転換した画期的な改訂でした。このためそのことについては現場と文部省の意見の一致は見られていたのですが、別の面では、対立していたともいえます。教育問題に関しては、文部省と現場サイドの面からとらえられていますが、親や子ども、学術的立場からの声も取り込めるものであってほしいといえます。もっともそのためには、逆に、何もしないのが最善であるともいえるかもしれません。

四人目の学生は、「日教組の意見や口調は全体的に「文科省への反抗」でとどまっており、日教組の考える具体的な社会科観は無国籍であると思えてしまった」というのは、見立てとして正しいものといえるでしょう。すでに解説で述べた通り、日教組と文部省は対立軸として存在していました。このため、正しい意見であるにもかかわらず、組合的闘争的文言で批判するため正当な評価につながっていない面もあったように見えます。ただし、ここでの両者の社会科観はともにうわべだけのものに見えてしまいます。資料で文部省の考える社会科を総合的なものだと述べていますが、三分野を統合すれば総合的な学習になるとでもいうのでしょうか。また、日教組の側が言うザブトン型の学習を行って、どうやって歴史認識、地理認識から社会認識に至らせるのでしょうか。こうしたことからも、系統的な記載で作られた教科書を使っての学習では、総合的な社会認識に容易には到達できないことを理解しなくてはなりません。梅根悟が述べたように、系統学習はそれ自体否定しないものの、別に問題解決学習として社会科を置くことが重要だと考えられるのではないでしょうか。

それでは、後半の授業です。配布資料（**資料14**）を読んで、課題を行ってください。

【課題Ⅰ】　授業感想をまとめてください。

【課題Ⅱ】　配布資料を読んで、感じたことをまとめてください。

【資料14】1989年の学習指導要領の改訂経緯（吉村日出東「新学習指導要領と戦後教育の見直し論」『高校教育改革の過去・現在・未来』（筑波大学教育制度研究室1995年度研究報告）1996年3月、56～57頁）

2．社会科解体による戦前型教科構成

今回学習指導要領の改訂で最も大きな特色とされたのは、小学校低学年での生活科という新しい教科の新設と高校での独立教科としての地歴科の設置である。戦後、小学校で新しい教科が導入されたのは今回が初めてのことであった。また、高校では社会科という教科が廃されることになったので、教科教育の立場からは相当重要な問題として捉えられた。すなわち、これらは共に社会科という戦後生まれの教科を見直すという意味を持っていたからである。このような大きな問題を教育学者、教育実践者などからコンセンサスを得られないままに社会科の廃止を決定したため、一部からは社会科潰しの政策とまで言われたのであった。そこでここでは何故高校社会科が廃止され、地歴科と公民科の設置となったかについて見ていくことにする。

学習指導要領の作成は、文部省内に学習指導要領作成のための協力者会議を発足させ、そこで改訂作業が行なわれるのである。この改訂作業は通例、教課審の『中間のまとめ』が発表される前後から始まり、それまでの審議経過を受けた形で作業が進められる。今回の場合、『中間のまとめ』の段階ではまだ社会科解体への動きは見られていない。それが答申の段になって急に社会科廃止、地歴科・公民科設置に決定されたのは、相当奇異な感じがする。事実、このような形で決定したため、抗議の意味を込めて協力者会議のメンバーから朝倉隆太郎（上越教育大学長＝当時）などの辞任へと発展したのである。

ところで、高校社会科を地歴科及び公民科に分割決定する最終的な論議が、昭和62年10月27日の教課審・高校教育分科審議会第11回会合で行なわれている。ここでメンバーの一人である木村尚三郎は社会科解体・歴史の独立の立場から、「歴史教育では系統性・専門性が特に望まれると同時に、公民的資質（社会科の教育目標＝筆者注）を超えて諸外国のものの考え方を見る目を養う必要がある」と発言している[(1)]。木村のこの発言は高校社会科の廃止を決定づける論理的支柱になっていく。それは、『審議のまとめ』の「地歴の教科設定の趣旨とねらい」で「国際社会に主体的に生きる日本人として必要な資質を養うことが強く求められている」と言いほぼ木村の論旨に忠実な文言を作成していることからも明らかである。木村に代表される社会科廃止派はここで歴史学がもつ「系統性・専門性」を重視する立場から、それを教科として独立させる考えをもっていた。そして、それを実現させるための理由づけに、国際化という今日的課題を持ち出した。つまり、社会科の教育目標である「公民的資質」では、今日の国際化に対応し切れないとし、新しく「国際社会に生きる日本人として必要な資質」を作りだし、これを実施するためとして世界史の必修を盛り込んだのである。

このような流れから見て社会科解体での争点は、国際化に際しての「公民的資質」の取扱いであった。ところがここには重大な見落としがある。それは社会科の目標が「公民的資質」の養成にあることは事実なのだが、高校社会科の目標にこの言葉が用いられたのは、実は前回の改訂からである。すなわち昭和55年版で、はじめて高校社会科に「公民的資質」が用いられるようになった。それまでは単に「資質」とされていただけであり、このようにごく短期間に使われた用語が今回の学習指導要領改訂時に社会科解体の争点にされたのは、ある意味では極めて巧妙な手段であったと言える。つまり、そこには歴史の独立という前提があり、その理由づけとしてはなんでも良かったのであろう。結局後から、理由づけとして「公民的資質」と国際化の問題が持ち出されたのであった。

では何故そこまで歴史の独立が重要だったのであろうか。歴史の独立に就いての論議は、教課審の社会委員会によってなされ、昭和62年6月にはこれに就いて述べた『社会科の改善方針』（案）が出されている。そこでは「高等学校における歴史の扱いについて」で「歴史については、文学や宗教その他人間諸学を含む人文科学としての性格を有するので、社会科になじまないことや、また、生徒にこれからは歴史的な見方を学ばせることが一層望まれるので、歴史を独立の教科とすべきであるとの意見がある」と報告している。これは歴史の独立の必要性に就いてかなりまとまった意見として述べられている。しかしながら、この段階では逆の立場の意見も並列されており、そこでは「歴史を独立の教科にするべきではない」と述べている。すなわち「これに対しては、社会科は人文科学などを含む社会諸科学の成果に基づく総合的な教科であり、また、高校教育の目標に照らし、歴史は広い視野から学習させることが重要であることなどから、歴史を独立の教科にするべきではないとの意見がある」という。つまり、『社会科の改善方針』（案）の段階では、歴史の独立に就いてまとまった意見としてはいるが、教課審の社会委員会では、まだ社会科解体の考えはもっていなかったのである。

ところが中曽根首相（当時）が昭和62年の秋に自民党の文教関連議員や高石文部事務次官へ地歴教育の強化を要請してから事態は急変し、今回の大改訂につながった社会科解体、地歴科と公民科の設置という教課審の審議へと流れていったのである。では何故そこまで歴史の独立、すなわち地歴科と公民科の設置にこだわったのであろうか。それは中曽根内閣発足直後に首相自ら執筆した「逞しい文化と福祉の国を」によって理解することが出来る[(2)]。この雑誌寄稿文は、首相の政治方針を示したものであるが、ここではかなり多くの文面を取って教育に就いても述べている。それは「現在の日本の教育が、知育に偏して体育が不足し、徳育が無きに等しいことは多くの人々が指摘してきたにもかかわらず、いまだに解決していない。また最近の学生の日本語の学力低下や、日本の歴史、地理の知識は驚くばかりである。親が胸を痛めている、誰でもが知っている欠陥を是正できなくては、民族の将来にとって由々しいことである」というものである。

注（1）「高校社会科を「地歴科」「公民科」に分割」『内外教育』（昭和62年11月20日）10頁
（2）中曽根康弘「逞しい文化と福祉の国を」『正論』（昭和58年1月号）

第十回　高校社会科の解体（地歴・公民）（二〇二一年六月十二日）

それでは、社会科・公民科教育法Ⅰの第十回授業を始めます。

前回の授業から今回までのニュースを拾っていくと、本当に感染症とオリンピックの話題の多いことがわかります。現在の最も大きな関心事だということでしょう。水曜日の党首討論では、首相が自己の１９６４年東京オリンピック思い出話を続けて、顰蹙をかったことも報道されましたが、どうも情緒的にとらえようとしているように見受けられます。

Introduction ～政治家と専門家の関係性を考える

先週、政府の感染症対策分科会会長の尾身茂氏が、パンデミック下においてオリンピックを開催することにまで踏み込んだ発言をしたことに対して、丸川珠代五輪担当大臣が別の地平からの発言だといったり、田村憲久厚労大臣が自主研究と発言したりしたことも、こうした情緒的なものの見方に起因しているように感じます。つまり、物事について、論理的に思考して判断を下そうとするのではなく、自分の思い描いた姿に沿うか否かで感情的にとらえているというものです。

現代日本の政治状況を観察するとこうしたように合理的判断に基づいて政策決定しているというよ

り、自分の思い描く世界の実現を目指している様子が夙（つと）に感じられます。本来、政策決定とは、ある理念の実現や状況に対応するため、実現化できる政策を模索し、現実の中での最善策を選択することで、社会に安定をもたらせていくものだと考えられます。つまり、政治家がそれぞれ自分の価値観の中で思い描く世界と現実とは、必ずしも一致しないというのが当たり前のことだと思うのですが、最近の政治家は、自分の夢は実現できるものと思い込んでいるのではないでしょうか。

　加計学園の問題でも、愛媛県内に岡山理科大学の獣医学部を設置することが目的となり、大学政策としての最善策を選択したとは思えないものでした。つまり、四国における獣医師志望者は多くはなく、結果として、予定した四国圏内受験者は伸び悩んでいる現状があります。一方で、もし同時に名乗りを上げていた京都産業大学が京大との共同研究を実施する体制を推進していたら、パンデミックの中における公衆衛生などに貢献していたのかなどと想像をめぐらしてしまいます。

　実は、政治家が自分の思い描く世界を実現するために、専門家を使用しているように感じる場面が多く見られ、こうしたことが、専門家の発言の中で、自分の考えに沿わないものがあると、先の丸川大臣や田村大臣の発言へとつながるのだと理解できます。政治家にとっては、たとえ自分の考えと異なった意見だったとしても、専門家には、その考えに至る裏付けがあります。科学的合理的論理に基づいた意見に対して、別の地平の発言とか、自主的研究といって否定してしまう精神性には、恐ろしさを感じます。

　昨年、日本学術会議の新会員任命拒否問題が生じたこともこうしたことと無縁ではないでしょう。学者が学術的検討から提言した内容が、政治家の思い描くものと異なっていても、両者を比較し、その後の展開を予測して、合理的判断を行うのが政治家の役割ではないでしょうか。歴史的に見ても、かつての講和条約締結に際して、吉田茂の主張する単独講和論と、南原繁に代表される全面講和論の意見の対立を知ることができます。日本国憲法における平和精神の観点から見れば全面講和論となるのが穏当な判断ですが、現実世界の判断では異なるものとなることも十分理解できます。しかし、長期的に見た場合、単独講和と引き換えに日米安全保障条約を締結したことが、今日に至るまで、在日米軍基地を存在させているとも考えることができます。

多様な人々の生活を支えるためには、専門的知見を結集して、合理的判断を下すことが重要であり、自らの思い描く世界を国民に押し付けることが政策決定ではないでしょう。

Theme1 ～前回授業レポート

それでは、いつものように感想から見ていきましょう。

【課題Ⅰ】　授業感想をまとめてください。

（一人目の学生）

私は今回取り上げられた教員に関するニュースに一つ疑念を抱いた。それは教員の量が著しく減少するのではないかということだ。講義内にも出てきたように、現在は教員の質が重視されている。そのために、免許更新制（同じ資格職の医師や弁護士、保育士がないのに教員だけあるのは私も納得できないが）も出来た。しかし、この免許更新制というものによって、今度は質以前に、量の面で問題が出てくるのではないかと思うのだ。実際に現場で働いている訳ではないため確信を持って言って良いかはわからないが、教師の負担というものは既に大きい。それに加えて、さらに負担をかけるというのなら教員を目指す人が少なくなるのは目に見えるのだ。もちろん意図があるのはわかるが、ただ闇雲に改革していこうと見える部分もあるため、慎重な議論をする必要があるのではないだろうか。

（二人目の学生）

現行教員免許更新制について述べる。

確かに、教員免許に十年間の期限がありそれが失効してしまえば職も失ってしまう、というのは問題であり、それを管理する教員自身・職場の管理職の負担は大きいモノである。それ故に教職の人員不足が加速するのではないか、という懸念も十分理解できる。しかし、『教育』という特質を鑑みれば更新制になるのは仕方ないのではないかと思う。

私はよく『教育のニーズ』という言葉を使う。教育は社会を構成するための土台となるモノであり、その社会が日々変容していき時代とともにその有様を全く別モノにしていくように、教育もその変容に倣って変わりゆくモノである。そこで教育に必要となる要素が、『教育のニーズ』だ。多少の変化はあれど、先生が取り挙げた更新制を取っていない免許の職業には、そうした要素、『医療のニーズ』『法曹のニーズ』『保育のニーズ』は教育よりも変化が小さいのではなかろうか。

そうした面で考えてみると、十年という間隔で教員個人が持つ『教育のニーズ』を国家が修正し伝える形で更新制が導入されるのは間違いではないと思われる。しかし、更新制によって生じる問題点がなくなるわけではないので、その解決案を考えねばならない。

（三人目の学生）

大坂なおみ選手に於ける一連の事例を別の角度から見直せば、記者会見を拒否する段階に至るまでうつ病の公表はなされなかったという点に注目できるのではと思う。周囲の関係者によって早期発見ができていれば、このような事態を招く前に対処するという道筋も残されていたであろうが、実際はそうならなかったようである。自身が適応障害になった経験からも、当人からの公表はどうしても症状が目に見えて深刻になってからになりやすい。というのも、症状の途上に於いて当人が説明を行ったとしても、周りからの理解を得るのが非常に困難だからである。そして、当人自身が理解してもらう困難さを一人で抱えてしまうあまり、早期発見が遅れてしまう。

うつ病や適応障害といった心の病については、近頃は少しずつだが認識が深まりつつあるように感じる。その一方で、自己責任論を過剰な形で唱えて、当人が悪いと指弾するような意見も決して少なくない。そうした強い意見が所々に表出するような環境下では、上述したように当人の告白はしにくくなるばかりである。身体的な外傷とは異なって、内面の問題は当人が病状を伝え、周囲がそれを理解するという過程が極めて重要となる。他者がどういった苦しみに悩んでいるのかを想像できない人からの非難が、悪循環を生んでしまう恐れが間違いなく存在する。

アスリートであればメディアによって求められる姿を演じなければならないと責任感を感じる場面も多く、ありのままの姿との乖離からそうした振る舞いに辛さを覚えるだろうことは想像に難くない。事態を更に複雑にしてしまうのは、周囲が良いと思っていた対応が当人にとってはそうではない場合である。例えば、仕事が全く上手く行かないために精神的に追い詰められている人に対する周りの励ましが、却ってその人の自信を喪失させてしまう結果を招くことがある。

記者会見の是非についてはは容易に決することができない。スポーツを支えているスポンサーとの関係を大事にするという意味で、記者会見はおざなりになってはいけない。一方で、記者が心ない質問や過度に理想像を求める姿勢で選手を傷つけることがあってもならない。ただ、どちらの見解を取るか以前に、選手の内面がより発露しやすい環境作りが志向されるべきだと私は考える。記者会見をやるにしても、心の状態がどうであるかを確認するか否かでは、細部が異なっていくはずである。ＳＮＳの発達などもあって生きづらさが多岐化している現代だからこそ、心の病については単なる同情論で片付けられてはならない。

（四人目の学生）

日教組についてお話して下さり大変参考になりありがたかったです。歴史的沿革、組織として果たしてきた役割等についても理解せぬまま周囲の人間や世間一般の意見に流され悪い印象だけを抱いていたので、前回の課題では「まともな議論を文部省と繰り広げているではないか」と驚きました。とはいえ遵法闘争に対する批判は止む無しかと思いました。

今回の講義で他に知らず印象に残ったのは、公民が三年次に行われる理由でした。中学の時は何気なく受けていましたが、中卒就職時代においては今に比べて実用的といいますか公民という教科は有意義であったのだろうと思います。しかし現在においてはその意識は欠片もなく、ただ受験のために必要な知識にとどまっており、その積み重ねが欧米社会には見られないような戦前企業と変わらぬ労働環境のままにさせてしまっているのかなと思いました。

どうでしたか。

一人目の学生は、教員免許更新制について、教師の負担を考えてくれています。実は、これが免許更新制の見直しの中でも重要な課題なのですが、現在でも、見えない形での残業を続ける教師に、十年ごととはいえ、かなりの時間の講習を受けさせ、それに対応するための学校管理職の教員配置に係る業務など必要なのかという声があります。そもそも教員免許更新制とは、誰のためのものなのでしょうか。今働いている現職教員のためのものなのでしょうか。あるいは、ペーパー免許保持者のためのものなのでしょうか。現職教員であれば、初任者研修から始まって十年目研修まで教育委員会では多様な研修を行っていますし、教員による学習会・研究会もあり、日々向上する努力は続けられているのではないでしょうか。また、ペーパー免許保持者に対してなら、その人が採用試験を受験する際に、能力評価できるのではないでしょうか。この学生が指摘してくれている通り、負担感が増加することにより、教員離れにつながるのでは、制度の見直しもやむを得ないものといえましょう。

二人目の学生も教員免許更新制についてですが、逆の意見です。ここでは「『教育』という特質を鑑みれば更新制になるのは仕方ない」という意見です。それは、「社会が日々変容していき時代とともにその有様を全く別モノにしていくように、教育もその変容に倣って変わりゆくモノ」という見方をしています。教育に関しては、不易と流行という概念でとらえられることがよくあります。つまり、教育ではけっして変わらないもの、あるいは変えてはいけないものと、時代に即して変わっていくものとでとらえる考えです。この学生自身も、「教育は社会を構成するための土台」と述べてくれているように、土台となる基底部分が重要です。教育を行う時、人間形成の土台・基底部分をどう形成すればいいのでしょうか。道徳で示される徳目的なことでいえば、勤勉だとか規律だとか、信頼など、そうした価値形成は変化していくものなのでしょうか。実は、教育の基礎部分は時代の変化をそんなに受けないものなのではないでしょうか。逆に、新たに必要となるコンピューター操作やＳＮＳの使用に関することなどは、日々の業務の合間に行われる教育委員会の研修でも学べるものではないかと思えます。もちろん、この学生が指摘してくれているように、現状の更新制の問題点を明確にして、その解決策を考えていくことこそ重要なのは言を俟ちません。

三人目の学生は、テニスの大坂なおみ選手の記者会見問題についてです。この学生が指摘してくれている鬱（うつ）や適応障害については、専門外のため、軽々に論じることはできないのですが、記者会見という社会的行為に関して言えば、大坂選手なりの意図は読み取ることができるように感じます。この学生が言うスポンサーとの関係で会見をおざなりにできないということと記者からの心無い質問の問題も、ともに定型化された記者会見場での行為についてです。今回の大坂選手の発露はツイッターで行われたものであり、定例の記者会見は拒否したままです。つまり、最初に掲げた記者会見の在り方についての問題提起は継続し続けていることになります。一方で、この問題に端を発し、当分の間テニスツアーを休むということは現在進行中であり、直近の東京五輪への出場も不明です。ところで、大坂選手や錦織圭選手が五月にパンデミックの中でオリンピック開催がなされることに否定的な発言をしたことを覚えているでしょうか。メジャープロスポーツ選手からの否定的発言が散見されたことを踏まえる時、オリンピックに対して、公的な場で発言を求められることは、個人と国家の関係について判断を求めるようなものになり精神的苦痛となることも考えられます。今回の記者会見問題は、単に個人の病気の問題では片づけられないようにも思えます。

四人目の学生は、日教組と公民の授業に関心を持ってくれました。日教組のみならず日本人は、労働組合との距離感をつかむのが苦手です。実際は、社会の大半は労働者なのですが、自らの権利のために労働意識を高めていくことはしません。法律として労働者のための労働法規が整備されていて、そのための役所として厚生労働省があるにもかかわらず、労働運動は罪悪のように見てしまう人もいる様子です。こうしたことも長年の政治的スタンスが生み出したものといえるでしょう。江戸時代ではないのですから、お上のなさりように従うのではなく、自ら当事者意識をもって権利を主張することも必要ではないでしょうか。そうしたことを考えると、かつての中学三年生が、社会人になることを意識して、公民を学んだ姿は参考になると思います。今現在では、緊急事態宣言で苦労している人たちからも当事者として不満を示す運動がありません。労働組合自体が連帯して何かを行う元気も失われてしまっているのでしょうか。

Theme2～一九八九年改訂学習指導要領に関する論文

次に、今回の課題について見てみましょう。

【課題Ⅱ】　配布資料（資料14・196ページ）を読んで、感じたことをまとめてください。

さて、今回の課題は、皆さんに最もかかわりのある社会科テーマです。今回取り上げた資料では、一九八九年改訂の学習指導要領がどのような経緯で改訂されたのか、社会科から見てもらいました。この時、高校社会科が解体されて、今日の地理歴史科と公民科になったのですが、このことはとりもなおさず、教員免許も二つになったことを意味しています。つまり、この改革によって、社会科関係の学生のみが、中学社会と高校地歴、高校公民の三免許が必要とされるようになります。今でも国語なら、中学国語と高校国語の免許でよく、同じく英語も中学英語と高校英語でよいのですが、皆さんは三免許を必要とします。もちろん全部取得しなくてもよいのですが、就職のことを考えれば、例えば、高一で地理を教えて、高三で政経を教えられるような組み合わせのできる先生と、一方の免許科目群しか教えられない先生とでは、学校としても扱いが異なるのは仕方のないことです。そういった意味では、今日に至るまで、大学生の教職履修にとてつもない影響を与えることとなった問題でもあると認識してください。

（一人目の学生）
　まず今回の資料を読む中で、「教育学者、教育実践者などからコンセンサスを得られないままに社会科の廃止を決定した」という点に注目した。高校地歴科、高校地理の設置が悪かったのかということは、正確に判断することはできないが、文部省が一方的に進めたことに問題があると思うのだ。また、この動向は実際に現在も続いていると思う。他の授業の中で、教育改革が教育学者、現場で働いている教師の意向を無視してなされていると学んだ。資料で出てきたように文部省が独自に進めているのである。しかし、私は実際教育現場で働いている教員の意見を聞かなかったり、教育のスペシャリストたちの考えを参考にしたりしないのは上述したように明らかに問題であると思うのだ。教育問題というものは教育現場で起こっていることは言うまでもない。それなのに、そこから離れた文部省が決めつけるのではどうかと思う。国際化に対応していくという姿勢は大切であるが、もう少し議論をする必要はあっただろう。以上のように、私はこれからの教育改革が文部省だけではなく、教育学者、教育実践者が共に関わり施行されることを望んでいる。

（二人目の学生）

「国際社会に生きる日本人として必要な資質」という、極めて曖昧な目標を掲げることで社会科の解体を推し進める教課審・高校教育分科審議会の姿勢には不審が募ってくる。というのも、配布資料で記載されている所を見る限りでは、「公民的素質」だけで足りない理由やそもそも「公民的素質」が何であるのか、そして「国際社会に生きる日本人として必要な資質」が「公民的素質」以上に追求されねばならない道理について何一つ示されていないからである。

批判の文脈を辿ると、「公民的素質」は日本国家の内に留まるような思想として審議会では捉えられていたことが何となく判じる。そうでなければ、国際化を志向する中で「公民的素質」よりも重要な目標が頭をもたげるはずはない。ただし、「公民的素質」がそのような一国主義に陥る短絡的な思想として把握されてしまっていることは、それ自体問題含みであろう。配布資料の筆者が社会科の目標として意識している「公民的素質」は、確かに日本国民の在り方と関わるだが、それは日本国民の在り方だけに関わるものなのだろうか。日本国民でもあって、且つ世界の中の一市民という位置づけをも、「公民的素質」という概念は有しているのではないか。

特に問題視したくなるのは、歴史を独立させようとする意図のために「公民的素質」が格下げされているように思われる部分である。教課審の社会委員会では解体と存続についての議論が起こっていたにも関わらず、中曽根首相の要請によって事情が一変する背景からは、「公民的素質」に対する吟味の欠如がはっきりと浮かび上がる。解体を推し進める理由として学力の低下が挙げられていたが、専門分化が進んでこの問題に歯止めがかかったかどうかは疑わしい。少なくとも現状までの道のりを振り返る限り、はっきりとした効果は見えてこない。そうなると結果論ではあるが、社会科の解体は解体それ自体を目的にしてしまっていたと言えてしまうのである。「国際社会に生きる日本人として必要な資質」は、社会科解体の自己目的化を覆い隠すための看板程度の意味しか持ち合わせていなかったとも解釈できてしまう。

こうした経路を踏まえると、その内実が曖昧な概念を目標に掲げることの危険性について目を向けなくてはならないのだと考えさせられる。「国際社会に生きる日本人として必要な資質」を養おうと言われれば、誰でも首肯するに違いない。しかしながら、その資質が明らかにされないままに首肯するのであれば、それは「正しいことは正しい」と空虚な同語反復に身を任せているに等しくなってしまう。

たとえ抽象性を帯びてしまうとしても、理想を掲げることは大事にされねばならない。ただし理想が追い求めるべき地平として掲げられた以上、そこへの道のりを現実に即して描く義務が生じることもまた事実である。殊に行政に関してであれば、ロードマップをどれだけ精緻に描けるかどうかが、目標の設定と同じくらいに肝要となる。聞こえが良いお題目を披露するばかりで何も進展しない、それどころかお題目を裏切ってしまうようなことは最も避けられるべきである。「公民的素質」の道理なき格下げによって社会科解体が推進された有様を知ることで、劇場型の政治に散見される目標の誇大化・空洞化を改めて意識することができた。

（三人目の学生）

率直な感想としては、「続きが読みたい」です。途中で切れていたので、続きが気になりました。

また、社会科の解体についてですが、私自身が地歴科、公民科に分けられた教育課程の中で学んできたこともあり、解体されていたほうがいいのでは、と思います。ただ、この解体に至るまでの経緯に強引な側面が見られるのには問題があるなと感じました。

ただ、正直な思いとしては、この文章から読み取れる政府への批判に共感することはあまりできませんでした。国が何かを変えるのには、きっとかなりの労力が必要で、そうするには強引な手段を取らざるをえなかったのかなと感じました。


どうでしたか。

今回の課題として読んでもらった論文は、一九八九年改訂の学習指導要領に関するものです。この時、社会科解体という教科教育上の大きな出来事があったのですが、こうしたことも時間の経過とともに忘れ去られてしまいます。私が社会科教育の指導を受けた谷川彰英先生はこの出来事について、学校の教科とはその程度のものだと皮肉を述べておられたことがありましたが、教科の改廃はいとも簡単に起こってしまうものだと気づく出来事です。このように簡単な出来事と考えているためか定かではありませんが、社会科教育のテキスト類を見てもこの出来事について説明したものが見られません。そこで私が院生のころに書いた稚拙な文ですが、これを基に、そんなに簡単に改廃してしまってよかったのか考えてもらうのが目的です。

高校社会科が解体されて、今日の地理歴史科と公民科になったわけですが、このことは、先にも書いた通り、教員免許も二つになったことを意味しています。つまり、この時の改革で、社会科の免許の取得を目指す学生は、教員になるために、中学社会と高校地歴、高校公民の三免許が必要とされるようになりました。今でも国語の教員になろうとするなら、中学国語と高校国語の免許取得でよく、同じく数学についても、中学数学と高校数学でよいのですが、皆さんは三免許を必要とします。そういった意味では、今日に至るまで、大学生にとっては教職の履修上とてつもない影響を与えることとなった問題であると認識できると思います。

このように大きな影響をもたらす施策は、時間をかけて丁寧に進めなくてはならないはずですが、論文で時系列に見てもらった通り、急な社会科解体となりました。それは結果として政治の影響であることは間違いのないことですが、これについては、皆さんもよく知っている通り、臨時教育審議会を立ち上げた中曽根首相の存在の大きさだともいえます。臨教審は21世紀の教育を見越して多くの提言を行いました。教育の自由化として学区制の撤廃や株式会社設立の学校など、その後、実際行われた改革の原型が示されたといえます。内閣設置の臨教審と文部大臣の諮問機関である教育課程審議会は直接のつながりはなかったため、途中までは社会科解体の動きもなかったものが首相の発言後の旋回を見ると大きな力であったのだと思わずにいられません。

さて、社会科という教科を解体して、地歴と公民に分化してしまうことになったのですが、ではどうして、中学校の三分野のようにならなかったのか。なぜ、地歴と公民なのかという疑問があります。この解体案の出発点が、歴史教育の側の考えであるとするなら、無理に地理と合わせることなく、三分野でもよさそうにも見えます。そこで、この論文の中で取り上げている『社会科の改善方針（案）』の内容から教科について整理してみましょう。社会科という教科の枠の中に位置づけられる歴史や地理や、あるいは公民科に含まれている政治経済や現代社会といったものをどのように捉えるべきかという問題です。『社会科の改善方針（案）』では「歴史については、文学や宗教その他人間諸学を含む人文科学としての性格を有するもので、社会科になじまない」という観点を指摘しています。

学問の体系を整理してみると、近代科学は、人文科学、自然科学、社会科学の三分類で行われてきました。人文科学とは、ヒューマンすなわち人間とは何か、という人間存在の本質を研究する学問です。我々人類の存在について考えるものといってもよいでしょう。そこに位置づく専門分野は、人間の存在そのものを考える哲学、すなわち、それこそまさに考えるという行為によって第一存在を発見するような学問です。文学や美学も同様でしょう。また、今回のテーマで問題となっている歴史学は、人間の存在したことを跡付けるものです。人間が確かに存在してきたことが裏付けられるものですから、人文科学に位置づくといえましょう。自然科学は、人間を取り巻く環境的な位置づけについて現象を理解するものです。天文学がもっとも古くから存在したのは現象として理解しやすいからでしょう。社会科学は、人間というものが存在する時、それは集団社会としての営みの中に存在するものであり、その集団社会での行為と現象を理解しようとするものです。人が生きていくためにどういった活動をするのか、それを例えば自分たちの行為としての消費と生産の関係から見ていけば経済学になりますし、他者への迷惑行為を規制するために法律も考えていきます。こうして考えた時、歴史を学問体系の中に位置付ければ確かに人文科学となります。しかし、我々が歴史を学ぶのは、人間の存在として考えるような研究を行うためでしょうか。また、専門性とはいうものの学問的な観点で、授業で学ぶ歴史を見ているのでしょうか。例えば、大学に入って一、二年生の時に歴史学というような一般教育科目を学んだ時、高校の世界史や日本史と共通したものを学んでいると感じましたか。高校までは、歴史の出来事の話をただ年代順に跡付けていただけであり、大学の歴史の授業で取り上げられた資料と解釈についての理論的な内容とは別のものといった理解をしませんでしたか。つまり、ここでいう人文的なものというのは大学での学問的知見であり、教育で扱われるものとは別ものと考えられないでしょうか。もし、そうだとすると、教育で取り上げる歴史とはどういったものなのか、あるいは、社会科とは何かという問題が浮かびあがります。

つまりそれこそが、もう一つの観点である社会科とは総合的なものといった見方です。「社会科は人文科学なども含む社会諸科学の成果に基づく総合的な教科」としています。歴史に関しても「歴史は広い視野から学習させることが重要」として社会科に含まれるものととらえています。実は、歴史を見る目として総合的にとらえる観点は、人間の営みとは、あらゆる行為を含んでいるということから述べているものといえます。つまり、人文科学である歴史学も人間の本質を考えるという観点では確かに人文科学なのですが、その人間の行為自体は、集団的な存在でもあるため社会科学としての法律的観点からも経済的観点からもとらえる必要はあります。つまり、人の営みは、社会的な存在でもあるためです。だとすると木村尚三郎などが述べた歴史学の持つ系統的・専門的な部分とは、研究としての方法論的観点ともいえなくはないでしょうか。

このように考えると、教育としての科目の位置づけに、はたして学問的な系統性・専門性という論点が成立するのか疑問もあります。つまり、今回の社会科解体とそれに伴う地歴と公民の分割については、本当の目的は社会科からの歴史の独立であり、それを地歴というまとまりで独立させただけともいえるのです。逆に言えば、社会科の基礎をなした学問的分類の科目の中からその歴史と地理の二つを抜き出して残ったものが公民となったともいえるでしょう。そうでなければ、社会科学を中心としたはずの公民の中に、なぜ、人文科学の倫理が含まれるのか、という疑問が生じないわけはありません。この論点から言えば倫理は歴史学以上に人文科学的な学問といえるでしょう。つまり、学問の系統性・専門性の観点でとらえていけば矛盾を生じることとなります。社会科解体へとつながった議論は、こんなところでも中途半端なものであったといえます。

【資料15】NIE（Newspaper in Education）の概要

○NIE（Newspaper in Education）とは…
・学校などの教育現場で、新聞を教材として活用する活動。
・1930年代にアメリカで始まり、日本では1985年に新聞大会で提唱。
・社会性豊かな青少年の育成、活字文化と民主主義社会の発展を目的とする。
・世界新聞・ニュース発行者協会（WAN-IFRA）の調査によると、世界80か国以上で実施。
・2014年には、活動を長く牽引してきた12か国のメディア団体を認定し、日本新聞協会もこの一つに選ばれた。

そして、最も大きなことは、専門家でも議論の余地のあることを政治判断してしまうことの恐ろしさです。今回の場合、歴史の独立という問題を政治的に利用したようなものとなりました。しかし、歴史といっても歴史学と歴史教育には乖離があり、同一ではないものという、そうしたことすら理解しないで、一方的に改革が行われてきていることについて、今一度考えてみてください。

以上の説明で、三人の学生レポートに対するコメントにもなっているでしょうか。一人目の学生が指摘してくれている、教育の専門家の意見を聞かないというのはその通りで、それが朝倉隆太郎先生の学習指導要領作成のための協力者会議の辞任につながったのであり、また、谷川彰英先生の学校の教科とはそんなものという嘆きのようなものにつながるのです。二人目の学生の、目的のために目標に掲げられている文言を変えてしまうことへの懸念はその通りです。現在の東京五輪の目標がコロナにうち勝った証などといっていますが、では、復興五輪はどこに行ったのでしょうか。それと同じような社会科の解体という目的のための方便であったといえるでしょう。三人目の学生は、現状の学びの中で育ったことからそれについて問題性が認められないというのは、よくある姿です。しかし、ここでの課題は、社会科とは何かということであり、そのためには、その学習法がどうあることが適切なのか、これまでの勝田・梅根論争などもヒントとして考えてほしいものです。

それでは、後半の授業です。配布資料（**資料15**）を読んで次の課題を行ってください。今回から、社会科の個別論となります。今回は、中学で行われることの多い、ＮＩＥについてです。

【課題Ⅰ】　授業感想をまとめてください。

【課題Ⅱ】　配布資料を読んだ上で、これまで体験した新聞を使った社会科の授業を紹介してください。また、特に体験がなければ、新聞を使った社会科の授業を構想してみてください。

第十一回　ＮＩＥ（Newspaper in Education）（二〇二一年六月十九日）

それでは、社会科・公民科教育法Ⅰの第十一回授業を始めます。前回の授業で社会科編は終わりとなります。今回から個別課題としての公民科教育に関するものが中心です。もちろん、社会科と公民科、地理歴史科はそう単純に分化させられるものではないという理解なのですが、講義上このように進みます。

Introduction ～平井大臣の業者に対する発言

さて、今週のニュースからですが、今週も政治家の失言が続いています。今回取り上げるのは平井卓也デジタル改革大臣の発言です。この発言は、四月にオリンピック・パラリンピック関連のアプリ開発費用の削減に関して、業者を脅す発言がなされたというもので、六月十一日の朝日新聞によりスクープされたものであり、それに際して、実際の音声も公開され、言い逃れできないものとなっている事件です。これは、オリンピック・パラリンピックに関連して入国する外国人に対するアプリとして顔認証システムを導入するもので、当初予算が七十三億円で契約されていたものを三十八億円で再契約を結ばせる際、請け負ったＮＥＣ中心の共同事業体に対し、その再契約に応じさせる際に、ＮＥ

Ｃの遠藤会長を名指しした形で脅しておいた方がいいという発言が飛び出したものでした。そこでは、今後ＮＥＣとはデジタル庁は契約を結ばないとか、出入り禁止だとか、問題発言の連続のようなものでした。

これに対して、各メディアは一斉に反応し、週刊文春では、特定企業をデジタル庁の事業に参加させるよう指示したという記事も報じられています。

こうした利権に絡む大臣発言はもってのほかであり、今回の文春記事では、元会計検査院局長の言葉を引用して「平井氏の発言は、いわゆる官製談合防止法に違反する疑いがある」と報じています。

平井大臣に関するニュースは現在進行中のものであり、今後どういった方向へと進むのかわかりませんが、特定の業者に便宜を図るように見える施策が多すぎるように感じます。前回も触れた加計学園問題もそうですし、安倍元首相肝いりの国民配布マスクの件も不思議なものでした。かつての政治家は疑いをもたれないようにふるまうものとの理解があったように思います。企業経営者は経済閣僚にはならないだとか、細心の注意を払っていたものが、何時のころからか、そうした様子も見られず、逆に利害関係の認められる立場のものが、その道の専門家扱いされて、積極的に介入している様子がうかがえます。教育関係でも、塾経営者が教育の専門家としてふるまい、民間英語試験を大学入試に組み込もうとしたことは記憶に新しいところです。

社会科教育においては、生徒たちに対して、どういった教育を行うことが、将来の主権者として適切な政治判断ができるようになるのか、検討を続けることが必要でしょう。

Theme1 ～前回授業レポート

それでは、いつものように感想から見ていきましょう。

【課題Ⅰ】　授業感想をまとめてください。

（一人目の学生）

私はもともと教員になるつもりはなく、いつか教育に携われたら良いと思うくらいの想いと、教育への興味などから、教職課程を履修している。最近は教員になるわけではないのに、教員免許取得のための介護への参加、実力テストの合格、教育実習などがおこなわれ、免許を取得したとしても、免許更新が必要となるということを考えると、ここまでして教員免許取得する必要があるのかと考えてしまうことがある。教員に正面から成りたいと思う人もいれば、私のような人もいるため、共通した免許更新は違うのではないかと考える。ペーパーの人間のみが更新を行うのが良いと考える。あとは、教員免許がなぜ全国統一での試験ではないのかということに疑問を持った。

（二人目の学生）

オリンピック関連といえば、先日複数の省から「テレワーク・デイズ２０２１」なるモノが実施されると発表されたそうである。これはオリンピック・パラリンピックを安全かつ確実に開催するために七月十九日から九月五日までテレワークの集中的な実施に取り組む、というモノだ。個人的にこうした取り組みは目先の利益は産むが将来性に欠ける悪手だと感じているが、どうやら世論的にも考えは同じようである。オリンピック・パラリンピックやこの「テレワーク・デイズ２０２１」が成功するにしろ失敗に終わるにしろ、一学生である私にはどうすることもできない。しかし、社会科の教員として進路を取るのであれば、悪手の施策も有意義な教材になり得るのではないかと思う。この事例であれば公民の授業にて、『もし自分が施策の決定権を持つ立場にあるチームの一人だとして、具体的にどのような案が出せるのか。実際に行われた施策とその結果を鑑みて班で議論してみよう』といった具合にである。私が高校に通っていた頃には、選挙権が十八歳からになるのを機に疑似選挙をしたり、トランプかクリントンのどちらがどのような要素を根拠に現代アメリカにとってリーダーにふさわしいかの議論をしたりしていたので、コロナ以後の子供たちに対して『コロナに対する国の施策とその結果』を教材に利用するのは社会科の総合的な学習として意義あるモノになるはずである。

（三人目の学生）

労働運動の話題から、自分は日本での市民運動に意識が向かった。個人的な印象だが、日本の市民運動は海外のものと比べると、ある種の鋭さに欠けている印象がある。少し前に遡れば、ＳＥＡＬＤｓによる抗議活動がよく取り沙汰されていたが、これがどれだけの訴求力を樹立するに至ったかについては、どうしても疑いの目を向けざるを得ない。

政治の在り方を真摯に考え、不正だと思われる事柄にははっきりと「否」を突き付ける姿勢には、間違いなく価値がある。「否」という声を出せなくなってしまえば、現状をただ引き受けるだけの無力で悲惨な事態が待ち受けているばかりであろう。ただし、「否」を突き付けて不正を批判する価値は、洗練された実践的手段によって守られねばならない。周囲へ問いかける以上、抗議がパフォーマンス的になるのは致し方ない所がある。一種のパフォーマンスである点を否定的に見るつもりはない。問題なのは、パフォーマンスの内容である。

自分の記憶を辿っても、ＳＥＡＬＤｓの運動には取り立てて語るべき特徴はなかった。若者の参加が多く取り上げられていた割に、実際の参加者を見ると年配の人が多かったところからも、運動そのものの新鮮さはおよそなかった。正しさを主張しているのだから、表現を凝る必要がないと考える人もいるだろうが、それではパフォーマンスの持つ他者に訴えかけるという意味を軽んじる結果になってしまう。多くの人の目を開かせるような洗練された手段を模索せぬまま、周囲は感受性が鈍っていると言い切ってしまうのは、一種の責任放棄ではないだろうか。感受性の鈍っている部分が全くないとは言い切れないが、それは運動失敗の弁解に用いて良い事柄ではない。その感受性をも刺激するために、運動はなされるべきはずだと自分は考える。

海外の市民的不服従に視点を移すと、その独特な運動形態に驚かされる。例えば女性に対する暴力が深刻な社会問題となっているメキシコでは、ピンク色のラメが一つの役割を演じていた。特に、国内に於いて著名な天使像にラメを吹きかけることで世論に問いかけたことは印象的であった。一部のメディアは記念的な建造物を汚すのはいかがなものかと苦言を呈したが、運動の参加者は像よりも女性たちが傷つけられている現状に目を開くよう促すため、あえてラメを吹きかけたのである。特筆すべき点は他にもあるが、それらは共通して訴求を支える効果を申し分なく発揮している。

運動それ自体の重要性は、確かに認められるべきである。そして、何が正しくて何が不正なのかを慎重に考え、「正論」を心の内で練り上げるのも、欠かしてはならない行程といえる。しかしながら、人々をそこへ巻き込んでいく積極的な実践に対する関心が乏しい現状については、十分に反省が加えられるべきだと思わずにはいられない。同じ内容を伝達するにも、工夫されている表現の方に人々は惹きつけられるはずである。ただひたすらに「正論」を唱えるだけでなく、いいい刺激的な「正論」も表現することで、市民運動はその真価をますます発揮していけるであろう。

（四人目の学生）

冒頭の「政治家が国民に合理的な根拠に基づかず情緒的に理想を押し付けている」という記述はまさしくそうであるなと思った一方で、情けない話シュンペーターのエリート民主主義論が大好きなので、そんなまともではない政治家達＝エリート達のいかなる政治運営も次の選挙まで受け入れようという心構えで普段政治を捉えています。どうせ今は投機的リーダーシップを図るようなポピュリストの政治家しかいないのだから、上に立ったのならば理想を押し付けてでも自分の信念を貫いてやりたい事をやってしまえと選挙時以外はいかなる政党も行政運営も応援してしまいます。批判精神に欠け国民として相応しくない心持かもしれませんがどうしても行政と国民の乖離を感じてしまうとそのような思考に落ち着いてしまいます。とりあえず野次馬的に時々の政治に賛同するのは感情的で典型的な大衆の動向に当てはまるのかもしれませんが、選挙の時は次の運営者を選択するため最大限に批判精神を発揮するので民主主義から全体主義への移行は防げるのだと自分の中で納得することにしています。選挙が来た時にはもう遅い状況になってしまうかもしれませんが、仮にそんな日が訪れても選んだのは自分だからと責任を受け止めることができるような気がします。

どうでしたか。

一人目の学生は、教員免許に関する思いを書いてくれています。教員免許の取得に際してハードルを高めようという動きは過去からあります。以前は、短大の女子学生にとって茶道、華道の免許と同じ、花嫁修業の免許のように言われた時代もありました。こうした誰でも取れる教員免許に対して、実習生を受け入れる学校の側から、手間のかかる学生の受け入れに難色を示すようにもなり、実習派遣についての条件を付与するように大学も変わっていった様子もあります。とはいえ、大学生にとって、将来の選択肢の一つとして、教職を視野に置くことは悪いことではなく、絶対に教員になるので実習させてくださいというのも行き過ぎた感じがします。私の教え子の中には、大学体育会で活躍し、その後、実業団を経て教職を目指し、指導者となった人もいます。また、リーマンショックの後、家業がたちいかなくなり、年齢的にもおもう転職をかなえられそうもなく、とりあえず学生時代に取得した教員免許で生計を立てようとした人もいます。このように新卒で教員にならなくても、後に思わぬ形で教職を目指すことになるとも限りません。何時教職につくかは人それぞれであり、いずれにしても免許を持っていなければ話にならず、学生時代に取得しておくことは望ましいといえます。強い動機ではないことに後ろめたさを感じることは理解できますが、選択肢の一つと考えているのなら十分だと思います。知り合いの校長先生は、実習生がたとえ教職につかなくとも、実習中に、大学生が真剣に活動してくれると、生徒も教員も刺激を受け、学校に良い影響を与えてくれるといわれます。

こうした好意的な声もあることを知っていてほしいと思います。

ところで、教員免許は教育委員会で発給されていますが、その条件は、教育職員免許法やその関連法規で決められた履修により得られるものであり、全国で統一されたものです。元々教授資格とは、大学学位のことであり、そうしたことから言えば、大学で決められた単位を履修できていれば、免許の発給はどこでも構わないといえるでしょう。

二人目の学生は、国の政策は社会科の教材となるのではないかと考えてくれました。確かにこうした施策を教材に取り上げれば、良い授業となると思います。すでに現在では十八歳で選挙権が与えられており、高校在学中に選挙に行くことも考えられます。こうしたことから、この学生も体験した模擬選挙のような授業が組まれており、政策に対する批判の目と適切な選挙行動ができるように求められているといえます。社会科におけるリアリズムは、ますます重要だといえるでしょう。

三人目の学生は、市民運動について関心を寄せてくれています。そこでは、ＳＥＡＬＤｓに関して、その参加者が主体となるはずの大学生ではなく、年配の方が多かったことに課題を見出そうとしています。実は、運動の参加者とは、本人の意思によって参加するものと動員されて参加するものがあります。かつての大学では、学生自治会の執行部が、サークルのボックス使用を認める代わりに各サークルから数人のデモ参加を求めるようなものもありました。こうしたものでは、最低限の人数しか集まらず、市民運動として広がりません。一方、自らの意思で参加する人は、労働者としての立場から参加するだとか、親として子どもを守りたいからだとか、ある種の立場として行動に駆り立てられているものがあります。こうした参加者は当事者意識があるため、積極的な活動へとつながります。

ところで、当事者意識ということであれば、二年前に、大学入試に関して新テスト反対運動が高まりました。これは、小石川中等教育学校の生徒と筑波大附属駒場高校の生徒がきっかけとなり、全国的に広がったとされています。英語の民間業者試験を大学入試に加えるだとか、国語の記述試験をベネッセのアルバイトに採点させるだとか、高校生の一生に関わる入試を安易な改革によって変更されることへの怒りは相当のものであったと推察できます。この出来事を政治的問題として、文科大臣と業者の癒着のような問題として取り上げられても大きな政治問題とはならなかったでしょうが、高校生にとって一生を左右する問題となった時、運動は大きな力となることがわかります。つまりは、当事者の怒りであり、こうした問題として理解されれば、燎原の火として広がることが想像できます。この学生が言うように、市民運動の実践に対して関心が乏しいということはよくわかります。だが、そのために、何か運動に関して積極的活動をするということではなく、あらゆる社会問題に対して当事者意識を持てるような教育を行うことこそが、社会の改革と進歩につながるのだと思います。

四人目の学生は、前回の政治家に対する批判的視線に対して考えてくれています。日本の政治に対して、シュンペーターのエリートによる政治があてはまるのか、よく考えてみる必要があります。戦前の内務省では知事を牧民官と称し、民に対して、由らしむべし知らしむべからず、という態度であったわけですが、彼らはある意味、真のエリートでした。同じ内務省出身の中曽根康弘は、戦後の政治の中でかなりのエリート政治を行い、同時に、旧制高校的な教養人としてのふるまいもありました。一方で、現在の政治家は、世襲的な立場から政治を志し、エリートといえる存在ではないのではないかとも思います。また、エリート政治とは、官僚組織による運営が欠かせないものであり、それが内務省であり、中曽根と後藤田正晴による政治だったとも感じられます。現在は、内閣人事局による官僚統制で、官僚が真の力を発揮できる状況になく、結果として、民衆によって政治的判断を行わなければ、自身にとって取り返しのつかない状況がもたらされるような気もします。

Theme2～ＮＩＥ（Newspaper in Education）

次に、課題について見てみましょう。

【課題Ⅱ】　配布資料（資料15・214ページ）を読んだ上で、これまで体験した新聞を使った社会科の授業を紹介してください。また、特に体験がなければ、新聞を使った社会科の授業を構想してみてください。

（一人目の学生）
私が新聞を使った社会科の授業では一つは夏休みの宿題であった、新聞を読んで内容を要約し、感想を記述して、それを新聞にするという課題であった。当時は中学生であったので、色鉛筆などを用いてカラフルな新聞を作成した記憶がある。
もう一つは、各授業で一人ずつ新聞の気になるニュースの内容を要約し、感想を含めてみんなに発表をするというものであった。これにより、時事ニュースに触れてもらおうという意図があったことが考えられる。

（二人目の学生）
私は政治経済の授業（「経済入門」という科目名でした）で、経済に関する概念の説明にほぼ毎回日本経済新聞の記事を引用したプリントが配られていた。例えば、トランプ大統領の貿易政策を通して、関税の概念やGATT・WTO体制、国際貿易に関する授業を展開していた。今思えば、やっている内容は高度で大学で経済学を学び始めてからも同じような講義を受けたので、大学レベルの内容であったが、実際の新聞記事を引用することは理論に現実味を足してくれるので、分かりやすかった。

（三人目の学生）

今までに体験した新聞を用いた学習として、二つの例を挙げたい。まず、一つ目は、小学校中学年から高学年にかけて、行っていた新聞作成である。中学年時は個人作業での新聞作成であり、高学年時は共同作業であった。

中学年時では、社会科見学や林間学校などの学校行事ごとの感想をまとめる形態であった。何を書くかという枠組みやデザインなどは生徒個人に任され、自由な作業ができた。

高学年時には、引き続き学校行事についての感想をまとめる新聞作成に加えて、授業内で扱った学習分野をまとめる作業として、新聞作成が行われた。例えば、鎌倉時代について学習した後、鎌倉時代について自由に新聞でまとめてよい授業があり、私は執権や侍所、政所などの政治機関をまとめた記憶がある。

二つ目は、中学校二年時での朝刊を読む授業である。授業の導入として、授業で扱った分野に関する新聞記事を読み、理解を深める構成であったと記憶している。例えば、経済の仕組みで貿易赤字と貿易黒字について学習したときは、実際に貿易赤字になっている記事を読んだ気がする。（こちらも、記憶が曖昧です。）

以上二つが、私が体験した新聞を用いた授業（ＮＩＥ）である。

（四人目の学生）

ＮＩＥは経験がないので授業構想について述べる。

結論から言うと、授業でＮＩＥを行うのであれば用いるメディアは新聞だけと指定しない方が良いと私は考えている。現在、情報を得るためのメディアとして新聞は一般的なモノではない。新聞は今や、ＳＮＳやネットニュースなどといった数多くあるニュースをもたらしてくれるモノの一つなのである。そこで大事になるのは、『新聞を読んでニュースをまとめる』のではなく、『一つのニュースに対して複数のメディアを比較し、それらがどのような性質（製作者・新聞社の社会的思想など）なのかを鑑みて、そのニュースの本質を見出す』ことである。授業では、教員は子供たちにより多くの選択肢や情報を提供し、学習の手助けに徹するべきである。決して、教員から『正解のメディア』を提示してはならない。『メディアを精査する正しい方法・手順』を提示するべきだ。

社会科として行うのであれば、今まで学習した内容に則したニュースを扱えるようにするのが良いだろう。

（五人目の学生）

新聞を使った社会科の授業を受けた経験はないので、授業の構想について書く。

一つの案として思い浮かぶのは、複数の紙面を比較することによる多角的な視点の学習である。メディアの対比それ自体は珍しい発想でもないが、新聞の場合には各発行元の個性が際立ちやすいように思われるため、対比も一層効果を上げられるのではないか。限られた紙面、活字・写真という手段からどのように一日を報じるのかを子細に見比べることで、情報を咀嚼する力の向上が見込めよう。

比較を行う上では、やはり各社の朝刊一面を取り上げるのが適切であろう。ここで注目すべき二つの点は、主となっている事象の差異と、同じ事象に於ける扱いの差異である。

主となっている事象の差異は、一面を一目見ればはっきりと分かる。ある新聞社は直近の汚職事件を大々的に扱っている一方、他の新聞社が海外の緊迫した世界情勢に紙幅の多くを割いているといった事例は、枚挙に暇がない。それぞれのメディアが画一的な報道を行うことはほとんどないと学生たちも理解しているが、メディア間の個性については中々目が届きにくい。各社が一面で取り上げている事柄を比較することで、どの新聞社がどういった事象に強い関心を持っているのか、それとなく推測していくことが可能となる。新聞社の個性が掴めれば、報道を読みぬく力に磨きがかかる。要するに、ただ新聞に書かれていることを辿るだけでなく、個性と照らし合わせながら情報を客観的に摂取する余地が生まれるのである。

同じ事象に於ける扱いの差異は、一面記事だけに留まらない広い視点から分析される。同じ汚職事件を報道するといっても、現段階で判明している情報をただ記述するだけの新聞社から、諸々の関係者への取材や社説での検討なども加えた集中的な取扱いを行う新聞社もいるはずである。ここでも各新聞社の問題意識に差があることは分かるものの、それ以上に強調しておきたいのは情報の統合である。単一のメディアだけに頼っているのでは、そのメディアが詳しく取り上げない事柄については十分な理解が得られない。特に、問題意識の差が開きつつある現代に於いては、自分の興味関心との連動でメディアを選ぶあまり、結果として重要となる事柄を全く見落としてしまう可能性も低くない。だからこそ、メディアを横断しながら情報を自己の内に統合していく力が求められるのである。

具体的な課題としては、ある事柄を教師側から指定して、それについて様々な新聞がどう報じているのかを参照しつつ、学生たちが自分なりの「一面記事」を作る、といったものが提案できる。一つの新聞では鮮明にならない細部も、幾つかの新聞をめくっていくことで理解が促せる所もあろう。そして、最終的に作られたそれぞれの「一面記事」の間にも、新聞と同じように差異が現れる。この差異を学生同士で確認し、それぞれが記事をまとめ上げる過程で何を中心に据えたかが議論できれば、情報リテラシーの基礎を養うことに資すると私は考える。究極的な真理を求めるのではなく、各々が事態をどう見ているのかを深く学ぶ契機として、教材としての新聞の使用は意義深い。

どうでしょうか。

現在の学校教育では、新聞を利用する教育が、かつてより低調になってきています。前回に配布したＮＩＥのホームページで見られる沿革によれば、日本では一九八〇年代後半にＮＩＥ運動が始まり、一九九〇年代後半には推進協力校などと活動を活発化させています。二〇〇〇年前後に協力校であった中学校の社会科教育にかかわったことがありますが、そこでは、生徒に家庭の購読新聞の中で気になった記事を切り取らせ、スクラップ帳に張り付けて、その横に感想を書かせることを行っていました。ところが、現在では、家庭での新聞購読数が激減してきており、こうした授業すら行えない状況になりつつあります。状況的には厳しい環境にありますが、それでも社会科教育において新聞の活用は行う必要があると思います。

まず、学生レポートでどのようなことをしていたか確認しましょう。

一人目の学生は、夏休みの課題と普段の授業で新聞を使った経験があると報告してくれました。前者の場合は、新聞に掲載されていた記事を要約して、それに感想を付けたし、一つの新聞に仕上げるというものです。後者のものは、授業の中で生徒一人ひとりが自分の気になった記事を要約して感想を付与し、みんなの前で発表するというものです。このような授業は、先に解説したＮＩＥ活動での定番のものであり、ニュースに興味・関心を持たせ、社会問題についての理解を深め、自ら意見できるまで問題意識を持たせようとするものです。

二人目の学生は、慶應義塾高校かそのほか大学付属のような高校出身でしょうか。高校の政治経済の学習範囲で、日本経済新聞の記事の切り抜きを使い、経済学の概念について学習したというものです。ここに見られるのは、相当高度な知識と理解力を要求される授業です。しかし、授業では、経済学の概念を、新聞記事を使って説明しようとしていることから、現実に基づいて理解を深めさせようとしているのがわかります。以前、社会科の無国籍的問題を講義した時、中学校の教科書記述と現実との乖離について説明しました。そうしたことでいえば、単なる政治経済の教科書を使用する授業ではなく、事実に基づいて考える学習であり、深い学びとなっていたのではないかと思います。

三人目の学生は、小学校と中学校での経験を述べてくれました。小学校で行われたものは、児童による新聞づくりについてです。この授業では、新聞というものが、人に何かを伝達する場合とても理解しやすく、まとまりのある媒体だということを学んでいます。中学校では、社会科の授業の導入に際して、授業テーマに関係する新聞記事を読むことで、興味・関心を引き、学習内容を深めようとしたものといえます。

四人目の学生は、ＮＩＥ教育の経験がないとのことであり、それに関して、「授業でＮＩＥを行うのであれば用いるメディアは新聞だけと指定しない方が良いと私は考えている」というのですが、これはいただけません。ＮＩＥとは、Newspaper in Education のことであり、新聞を利用することが前提です。もちろん、この学生のいうことは理解でき、今日のメディアは新聞だけではなく、ソーシャルメディアなど多様なものであり、その活用に関しても考えることが必要だというものです。もちろんその通りなのですが、ソーシャルメディアに関しては、フェイクニュースも含めて、メディアリテラシーを学ぶことから始めなくてはなりません。つまり、それ自体がメディア教育として学習することになります。一方、社会科で現代の社会を学習するのには、記事自体の信頼性は担保されたうえで、その記事の内容について考えていくことが求められます。今日の新聞に関しては、批判もありますが、メディア自体の信頼性では、他に比べて圧倒的に高いものがあります。そうしたことからＮＩＥは重要だといえます。

五人目の学生も、ＮＩＥ教育の経験がないとのことであり、そこで新聞各紙の読み比べということを考えてくれました。そこでは、新聞朝刊の第一面の比較を想定しています。こうした比較は、社会における関心事を知ることにおいて重要です。重大事件が起きた場合でなければ、確かに、各紙の独自取材が認められます。一方、新聞社の姿勢も反映されます。日本経済新聞のような経済紙では、当然、経済記事がトップ記事となるわけであり、新聞によって記事が異なることから、どういった姿勢で取材しているのか知ることもできます。姿勢ということでは、政府寄りの記事か否かということも学べます。この場合、政治政党色ということではなく、それによって、国権的なのか、民衆視点で書かれているのか、視線の立場が知ることができ、社会を見る目を学べます。

さて、では、新聞を利用する教育とはどのようなものなのでしょうか。ここで紹介した学生の経験したものはある種定番のものといえます。

一つは、新聞そのものの情報を活用するものです。これは、現在何が起きているのか社会に目を向けるものです。そのために、生徒が関心を持った記事を発表したり、先生がトピックスとして解説したりするという授業があります。これは、新聞の情報で社会を見るというものです。現在においてメディアリテラシーの必要性が語られることが多くあります。特にインターネット社会となり、情報の信頼性そのものや偏向報道などについて理解することが求められるようになりました。社会人としてあらゆる情報を集める時には、自らにメディアリテラシーが身についていないと予期せぬ結果に見舞われることがあるでしょう。では、中等教育段階においてはどういった教育が求められるでしょうか。メディアリテラシーは情報などの授業に譲り、社会科では、現実の多様な出来事を知ることに意義があります。この場合、最も信頼性のあるメディアが新聞だといえるでしょう。新聞記事の信頼性は、長い業界の発展の中で確立されています。例えば、情報を集めるために情報源は秘匿にするとか、一つの情報について確信を得るために、複数から同じ情報を得るといういわゆる裏どりをするなどがあります。また、巨大な組織であることの利点として、他分野の記者との連携や地方の情報と中央の突合せなども行えます。組織の小さい場合は、通信社の配信記事の再録にならざるを得ません。こうしたことから新聞社の名を冠して責任を明確にした記事には信頼が置けるといえます。これを前提として、学校では新聞情報を活用できるのです。

新聞記事の情報を活用する場合、生徒や先生が最近こんなことがあったという最新情報を知るという使い方もありますが、あるテーマについて考える補助教材の役割も考えられます。例えば、社会科で裁判制度について学習する時、新聞で報道された裁判記事を事例として使えます。裁判にも多様なものがありますから、それに適合する新聞記事を利用できれば、授業の理解は深まります。こうしたテーマに関する新聞記事の活用は、新聞検索で行えます。もっとも有名なのが読売新聞のヨミダスでしょうか。ヨミダスでは、明治以来のすべての検索が可能となっています。また、これだけ過去までのデータ化がされていれば、現代社会の問題だけでなく、近現代史としての活用も可能となります。新聞のデータ化は、文字情報のみならずマイクロフィルムと同形で当時の新聞をコピーできるものもあります。そうしたものを利用すれば、臨場感ある歴史の授業も可能となるでしょう。

先に推進協力校の事例としてスクラップについて述べましたが、記事をスクラップ帳に貼る作業は、一貫してものをとらえることに役立ちます。中学生が、初めは好きなものを集めていたのが、いつの間にか、関係のある記事を集め始めたりします。これは、中学生なりに、自分の社会的関心事が芽生え始めたものといえます。必ずしもすべての生徒はそうならないのですが、好きに集めさせていくというのも長い目で見た時、教育的な成果につながることもあります。

今日、新聞の購読者数が減少傾向にあることを先に述べました。これは、インターネットの普及によって、情報源を携帯するスマホの記事で終わらせる人が増加したことにあります。さらに追い打ちをかけたのが、リーマンショックなどの経済不況時に家庭支出を抑えるため新聞購読を取り止める家庭が増加してきたことです。こうしたことから新聞離れが加速し、それに伴い学校でもＮＩＥの活動は減少しています。しかし、新聞ほど簡単に情報を集められるものは現状では存在しないのであり、これを活用した授業は重要だといえます。こうしたことから、生徒に家庭学習として気になった記事をスクラップさせるのではなく、班でのグループ学習として、班でいくつかの新聞を持ってこさせてみんなで記事を選ばせる方法もあります。そうすれば、非購読家庭の生徒もともに学べます。また、異なる新聞社の記事を比較することにもなり、新聞の特徴も若干つかめます。

では、後半の授業です。今回の授業の感想をまとめてください。

【課題】 授業感想をまとめてください。

なお、今回はいつものような、課題を用意していません。今学期は、非対面授業としましたので、試験は行わず、それに代わるレポートによって成績評価をします。成績は、毎回の課題によって平常点がありますので、それにプラスして、試験代替レポートを提出してくだされば問題ありません。

【試験代替レポート】

〈非公表〉

第十二回　学習指導案とは
（二〇二一年六月二十六日）

それでは、社会科・公民科教育法Ⅰの第十二回授業を始めます。

今回は、久々のリアルタイムで行うＺｏｏｍ授業を予定しています。これは、前回から個別論に進んだことに伴い、授業作成について講義するためです。慶應の教科教育法はよく構成されていて、Ⅱで実践的な内容、Ⅰで基礎・理論的な内容となっています。そうしたことから言えば、模擬授業も含めてⅡでしっかり学べるのですが、Ⅰでも基本的なことについて理解してもらうため、今回は、授業というものについて講義で理解を深めてもらいます。

Introduction ～続く五輪をめぐる騒動と、権威にすがる姿勢

さて、いつもの冒頭ニュースですが、今週も先週に続き、丸川珠代五輪担当大臣の失言が続きました。今回は、六月二十一日の東京オリンピック五者協議の後、組織委員会が競技会場内で酒類の販売について検討していることが報道され、それに対する批判が上がる中、翌日の会見で、大臣から「ステークホルダーの存在がどうしてもある」という発言が飛び出したものだから、大きなハレーションを引き起こしました。ステークホルダーという語については、この場合、大会協賛のスポンサーを表

すものとされているようであり、スポンサーであるアサヒビールが矢面に立たされたことから、組織委員会は、酒類販売中止を発表し、スポンサーもそれを支持する表明がなされました。まさにオリンピック関連では、ドタバタ続きという様相を見せ、一方で、二十日をもって東京都その他の緊急事態宣言は解除されたものの解除後のこの一週間は、前週に比べて、感染者数の増加傾向にあり、本講義資料を作成している二十五日には、東京都で三日連続の感染者数五〇〇人超えとなり、今後の感染状況が懸念されるものとなっています。

こうした中にあって、六月二十四日に、宮内庁における西村泰彦長官の定例会見で、天皇陛下が新型コロナウイルス感染症拡大の中でオリンピックが開催されることにご心配されているという発言が報道されています。こうした形で、天皇陛下のオリンピックに対する考えが伝わることが異例なだけに、状況の深刻さを感じさせられます。ここでは、五輪の中止が望ましいなどという政治的判断に関わるものではなく、感染者増加の中での開催の懸念が示されたものであり、国民の反対の意見や開催後のさらなる感染拡大が懸念される中、そうしたことへのお言葉だといえそうです。

さて、こうした一連のニュースを見ていくと、日本の政治状況はかなり深刻なものとなっているのだと感じます。実は、日本社会は政治的に行き詰まるとその打開を自ら行うことができなくなるように思います。つまり、天皇という権威にすがったり、外圧に頼ったり、そうした外からの影響によって、行き詰まりを打開していくという姿を歴史的に見てきました。今回のパンデミックと五輪開催という相反する状況を、もはや解決できなくなり、外圧に期待してもそれも風とならず、いよいよ天皇のご発言というものに忖度する形で、状況変化を求めているようにも思います。どういった方向へ行くのか、注目していきたいものです。

Theme1 ～前回授業レポート

それでは、いつものように感想から見ていきましょう。

【課題】　授業感想をまとめてください。

（一人目の学生）

四人目の学生（221ページ）＝私に対する先生からのコメント（224ページ）を拝見し、シュンペーターの考えを今現在理想とするのは改めて流石に無理があるなと思いました。そもそも著書が四〇年代に出版されているのを鑑みると、自覚しておりましたがそっくりそのままその考えを今でも信奉するのはナンセンスかもしれません。それでも政治理論について初めてかっこいいと思った思想なので自分の中でもう一度よく吟味し直してみようと思います。

NIE運動については、一人目の学生の例（225ページ）に共感するとともに二人目の取り組みに驚きました。新聞を用いて、社会科（政治経済）と関連させながらそこまで深く学ぶ機会が与えられるのかとその実例に感心しました。羨ましく思いました。

先生がご教示の中で「ヨミダス」について仰ってくださり、ああ確かに用いたと懐かしい気持ちになると共に、実際に授業で活用してみたいと意欲が湧きました。明治以来のデータがあるのならば、大正デモクラシーの大正時代を学ぶ際にはうってつけの資料となるのではないかと思いました。

（二人目の学生）

様々なＮＩＥを用いた授業事例を知れて興味深かったです。特に、複数の新聞を比較して各社の特徴や傾向を分析する授業は構想として面白いなと思いました。どのようなＮＩＥの取り組みでも、新聞記事をきっかけに現実の問題、特に国内の問題を知り「国籍を持った社会科」を展開できるといいのでしょう。また、新聞記事によって批判的精神を養うきっかけを生徒に与えられるという点でも、ＮＩＥは積極的に取り組みたい試みです。

また、歴史学習に関して、読売新聞のヨミダスを用いて、近現代史の授業を構築してみたいです。私の意見ですが、近現代史はリアルでなく絵空事のように、過去の事実の伝記だけで終了してしまうことは多いと思います。しかし、実際の新聞記事を用いることで「性格を持った記者が、当時の政治をどのように捉えて、どのような言葉遣い・口調・思想で政治的事実を批評したのか」という当時のメディア（民衆）による時代観を生徒は知ることができます。このように、公民的に近現代史を学習することで、現代の価値観でなく、「当時の価値観」で歴史を分析し理解できます。ＮＩＥの歴史学習によって、真に近現代史への理解が深まるといえるのでしょう。

（三人目の学生）

私は他の方が書いた感想から考えたことを述べたい。最も関心を抱いた点は、社会科におけるリアリズムというものだ。私自身高校までの授業を振り返ると、社会に出たあと活かすことができる実践的な内容よりも、ただ歴史といった知識重視の授業であった。もちろん、歴史を知ることで現在に至った経緯を知ることができるし、同じ過ちを犯さないといったことにもつながる。歴史を現在に活かすことができると思うのだ。さらに、その過程で生徒の考える力や思考力といったものは育成される。しかし、一方で現在に焦点を当て、最新のニュースであったり、模擬選挙であったりを学ぶことも大切であると思った。このような内容の授業はそのまま活かすことができるのだ。また、このような授業を展開していく際に、他の方が経験していたというＮＩＥ活動を取り入れるということは有効なのではないか。新聞に掲載された記事を要約して、それに感想をつける、さらにはクラスメイトの前で発表する。このような活動をすれば、生徒の関心を引き付け、尚且つ現在の社会問題について理解を深めることができると思うのだ。感想を書かせることで自分ではどのように感じているのか気づかせることができる。ニュースを読んだり見たりしたとしても、中々自分の考えをまとめる機会は少ない。ＮＩＥ活動はそういった機会も提供するのだ。以上のように、私は今回の講義を受け、歴史といった過去だけではなく、新聞を活用するなどして、現在起きている社会情勢についても学ぶ必要があると思ったのである。

（四人目の学生）

新聞というメディアの持つ意味について、改めて考える機会となった。特に意識されたのは、ネットメディアとの対比に於ける視点の広範性である。

前回のレジュメに於いて、ＳＮＳやネットニュースの重要性を説いていた学生の方がいらっしゃったが、ここに警戒されるべき要素が潜んでいるように感じられる。情報の即時性や動画・音声を駆使した生々しさに関して、これらの媒体は新聞を遥かに凌駕している。今後の発展を考えても、新たなメディアに瞑目している訳にはいかないという主張それ自体は、受け容れるに十分な価値を持っている。

ただしその主張の背後で、利便性の持つ弊害が全く見過ごされているように思われてならない。前述した警戒されるべき要素とは、個人の関心に合わせた分野の情報・報道を多く表示するSNSやネットニュースの技術である。自分が見たいと思っている情報が摂取しやすくなる点だけを眺めれば、これほど使い勝手の良いメディアはない。いちいち自分の関心に合わせて記事を探すような手間は省けてしまうため、効率性は段違いであろう。

しかし、こうした技術によって関心のない分野への目を完全に閉ざしてしまう危険性が高まるのもまた事実であろう。やや短絡的な言い方をするのであれば、見たいものだけを見る生活も、そう珍しいことではなくなっているのではないか。特定のニュースについて知っておかねばならないと人を強制することはできないものの、人々の集合体である社会を生きる上で押さえておくべき報道はあると断言できる。そのような報道へ疎くなってしまい、個人的な関心の幅でしか世界を見られなくなってしまった時に、どれだけの事象を黙殺してしまうのだろうか。黙殺は危害を積極的に加えていないだけで、それに対して何らの関心も持たない、すなわち接点を持たないという観点からすれば、無言の暴力へと容易に転化する。現代に於いて、このような無言の暴力は深刻な問題として語られるべきではないだろうか。

そうした問題を踏まえると、新聞には多角的な視点への種が残存していると気付くことができる。隅から隅まで読み通すのは現実的ではないものの、軽く読み流すだけでも多くの領域へ足を踏み入れることが可能となる。目に触れる可能性があるだけでも重要である。新聞で何となく見たことがある単語から、興味関心が発するという経験が自分には何度もある。記事を読んでいる時にはそこまで意識されなかった事柄が、その後の日常で強く感じられるという場合も一度や二度ではない。

どうでしたか。今回は四人の学生レポートを紹介しました。

一人目の学生は、前回のシュンペーターの政治に関心を寄せてくれた学生です。日本の政治については、かなりいびつなものもあり、官僚主導によるエリート政治と大衆支持の下に政党政治を目指したものとの混在のような姿であり、安定的政治基盤に支えられたものとはなっていないように思います。戦前においても、冒頭に記した通り、政治的に息詰まると、自ら政権交代を行うことができず、天皇の御裁可によって首班指名されるような、どこか依存体質の感じる運営が認められます。さすがに、現代においては、良識ある国民の手によって信頼に足る政治家と政党にゆだねたいと感じます。

二人目の学生と一人目の学生は、読売新聞のヨミダスを使って、近現代史の授業を構築したいと考えてくれました。現代の社会問題について、政治や経済といった公民的分野として学習する際も、歴史的視点で理解することは重要です。選挙制度という学習でも、普通選挙制度の導入に際して、帝都の大学生が日比谷などで演説や運動をしていた様子を、当時の新聞記事によって知ることができれば、自らの問題として選挙権の拡大を求めていたことがわかります。現在の学生たちとは違った熱情のようなものも感じることができるし、こうしたものがあって、制度が確立してきたというものも感じられます。その後の選挙制度の姿について、補足的に記事を集めると、政治意識の変化もつかめると思います。

三人目の学生は、歴史を一つの対比として、新聞を使った授業というものを考えてくれました。ここでいう歴史については、これまで見てきた知識獲得の学習の代表としてのものといえるでしょう。一方で、模擬選挙などのリアリズムのある授業というものに対して重要性を認めていることは、まさに社会に出てから活用できる学習という意味です。これについては、学習というものについて、知識そのものを獲得していく「実質陶冶」というものと活用法を学習していく「形式陶冶」という概念のあることを、教育原理などで学んでいると思います。つまり、どちらの学習も大切であり、どちらも欠けることなく授業構想をしていくべきなのだといえます。

四人目の学生は、ネットニュースと新聞との違いについて、関心のある分野のみの情報に触れるのか、多様な分野への視野を広げるものなのかという観点で比較してくれました。この視点は重要です。新聞は総合面から、政治、経済、国際、社会と続き、その間に、特集や教育・福祉など、あるいは地域版などが含まれ、多様な情報に触れることが可能です。また、すべてを読み込むことが時間的に難しくとも、記事自体が、見出し、リード、本文記事から構成され、結論から説明へと記述されているため、必要なところまでを読むことでも十分情報をつかめます。この学生が指摘してくれているように、個人的な関心を超えた領域を知ることの意義は計り知れないものがあると思います。

Theme2 ～授業の設計図（学習指導案）

今回は、教科教育法として必ず習得してもらうテーマである「学習指導案」の書き方についてです。学習指導案とは、学校教育現場において、実際に授業を行っていくための授業の設計図というべきものです。小学校なら四十五分、中学校や高校なら五十分の授業が行われますが、こうした授業を行う時、何も構想せずに教室に行って、ただ話をして来ても授業として内容の伴ったものとはなりません。先生方の中には、その場その場で話をしているようにしか見えない授業もあったと思いますが、そうした授業を行っていた先生も、五十分の授業で何を取り上げ、どういったことを生徒に考えさせるかは、授業前に考えておられるものです。

では、すべての先生が毎回学習指導案を作成しておられるのかといえば、現実にはそうではありません。一つの授業案を作成するには、それ相応の時間を要するものであり、毎日、数科目の授業案を作成するとなれば、時間は全く足りなくなります。今日の学校教育現場がブラック産業化しているというのは、先生方の仕事量が多すぎて、定時に帰宅できない状況を物語っているのですが、こうしたことは、学習指導案を作成する時間も削減されることにつながり、結果として子どもたちの受ける授業の質にもしわ寄せがきているといえます。学校の先生に過度の要求をしていくことは、そのことによって子どもの受ける授業の質が低下することに、そろそろ社会全体が気づかなければならないと思います。

今回、この授業で学習指導案作りを行ってもらうことの意義は、教科教育の上で、必要不可欠なテーマであることはもちろんですが、実際に先生の行う授業とは、なかなか大変なものであると知ってもらえることも、学校に対する意識も変わるきっかけになるのではないかとも思います。

○授業とは

皆さんはこれまで小学校から高校を卒業するまで、相当の数の授業を受けてこられたはずです。授業を受けた数を考えれば、いっぱしの評論家にでもなれるのではないかと思うのですが、実際はどうでしょうか。

さて、授業とは、何のために行うのでしょうか。知識の習得のためでしょうか。受験に合格するためでしょうか。実は、学校で授業を行うのは、単なる知識の習得などではありません。知識を獲得して用語を覚えれば受験に合格できるものですから、それ自体が、とても良い学びのように感じますが、そうしたことなら、自宅で本を読んでも得られるものです。今日、新型コロナウイルスの影響で学校が閉鎖されている間でも、リモートで授業を行えばいいと、簡単に論評するものがメディアを通じてありましたが、これなども、学習を知識の習得としか理解していないものです。予備校がいち早くリモート授業を開発していて、全国の高校生が、テレビで有名な予備校講師の授業をスマホで受けていましたが、これができるのも受験知識の習得だからです。では、教室で学ぶ授業とはどんなものなのでしょうか。

皆さんは教育原理などの講義も受けてこられたと思いますが、そこで学んだペスタロッチーやヘルバルトなどの教育学こそが授業の本質です。ペスタロッチーは単なる知識の習得を否定して、見掛け倒しの言葉の知識をはいでいくことを主張します。彼は、その当時の優れた教科書を用いても子どもたちが理解していないことをとらえました。それは子どもの経験の範囲を超えた概念の羅列であり、理解できない理由と考えたのです。そこで、ペスタロッチーは、直観から認識への教育を提唱します。直観すなわち直接に本質的に見るということから認識に至らせます。つまり、学習の過程として言えば、直観するという行為から、次にそれを概念として理解していくことを明確化したといえます。ペスタロッチーは近代教育の礎を築いた人物であり、その影響は世界の教育に与えました。

ペスタロッチーの影響を受けた人物にヘルバルトがいます。ヘルバルトは教育学を近代学問として確立させた人物とされています。ヘルバルトの考えた教育学とはどういったものでしょうか。それは、教育の目的を「品性の陶冶」にあるとしていますが、この影響は、現在の日本の教育基本法でも人格の完成という言葉を使っていることから同一だといえましょう。ヘルバルトは教育の方法として、教授、訓練、管理を示しましたが、教授すなわちどのように授業をするのか、ということは本講義と直接かかわってきます。

ヘルバルトは、教授をただ一方的に教え込んだりするのではなく、子どもに興味を持たせることが教師の教育的活動だとしています。つまり、子どもは生活の中で物事に興味を持っているのであり、学校の役割はその興味をさらに進めていくことだととらえます。そのための方法として提唱したのが、専心と致思という概念です。専心とは、物事に没頭することであり、致思とは、専心によって得たことを統一することだとします。これを学習の過程として言えば、対象について明瞭に見ていく、それらについて連合していく、連合されたものを秩序化して系統とする、それを方法とする四段階の学習段階を示しました。

ヘルバルトの死後にはヘルバルト学派と呼ばれる人々によってさらに教育学は発展し、日本では明治大正期に、ラインの五段階説が広く普及していくこととなります。

ラインの五段階教授法は、予備、提示、比較、総括、応用とされるもので、授業を行う場合、最初に予備的知識を与え、授業で対象とする問題を提示して、それらを比較し、内容を総括します。そしてさらに応用として発展的に理解を深めるというのが授業の定型とされていきます。

こうした教授法の段階を比較すると、

ペスタロッチー　直観↓概念

ヘルバルト　明瞭↓連合↓系統↓方法

ライン　予備↓提示↓比較↓総括↓応用

となります。

日時
クラス
単元
単元目標
授業計画
本時の目標
教材
教材観
評価

時間	学習の内容	生徒の学習活動	指導上の留意点	備考
導入　5分				
展開　40分				
まとめ　5分				

○学習指導案とは

では、現在の学習指導案はどういったものなのでしょうか。先ほども述べましたが、近代日本は、ヘルバルト学派のラインのものを一つの定型として授業案としていました。当時は教案と呼んでいました。現在の代表的なものは、導入、展開、まとめという形です。

上の箱に書かれた項目は、その授業の前提条件というべきものです。どのクラスで何の単元を指導するのかというようなものです。一つの単元は、学習を進める上でだいたい五十分授業で四、五時間は最低必要でしょうから、授業計画として、各授業のテーマを書き、本時は何時間目になるか示します。そして、本時の目標やそこで使う教材や教材の特色などを明記します。

こうした前提条件を示したのち、本時の実際の授業の進め方として、展開の表を作成します。まさに五十分の授業の設計図です。このため、授業の内容はもとより、生徒の活動についても、何を行うか細かく記載します。指導上の留意点として、特に理解を助けるために必要なことなど記載しておきます。「備考」では、使用する教材や教科書のページなど必要に応じて記載します。つまり、設計図なので、細かく記載しておけば授業を行う時に困らなくなります。

先ほどのラインの教授法の段階でいえば、「予備」に当たるのが現在の「導入」です。「総括」が「まとめ」です。「展開」は、授業の内容に応じて自由に行うようにします。

以上の理解のもとで学習指導案を作成する時、意識してほしいのが、ペスタロッチーやヘルバルトは、単なる知識の習得をさせるような授業は考えていないことです。現在の、あるいは皆さんが受けてきた授業でも、暗記学習のようなものもあったかもしれませんが、そうした授業では、子どもにとって知りたいことを知るような、ものを認識していくような授業にはならないことは意識してください。

社会科・公民科教育法Ⅰのみならず、教科の教育法は、最終的には授業を創れるようになることが求められています。慶應義塾大学の教科教育法は、Ⅰは理論的な内容、Ⅱは実践的な内容となっていて、皆さんもⅡで実際に模擬授業など行ったことがあるかもしれません。昨年度は、非対面授業のため、実際に模擬授業ができなかったかもしれませんが、教育実習では、実際に授業を行い、研究授業日には、校長先生をはじめとして多くの先生方の前で授業を行います。そのことを考えれば、この講義は、Ⅰではありますが、学習指導案の書き方もよく考えてほしいものです。

では、今回の課題として、学習指導案を作成してもらいます。

時間的にそれほどの余裕があるわけではないので、完成度の高いものを作成する必要はありません。今回の授業で学んだことを基にして、実際に創ってみるということです。

【課題Ⅰ】　授業感想をまとめてください。

【課題Ⅱ】　学習指導案を作成してください。学習指導案の内容は、社会科（地歴、公民）であればなんでも構いません。テーマも個別的なもの、例えば白鳳文化といったものでも構いません。

第十三回　学習指導案の作成①

（二〇二一年七月三日）

それでは、社会科・公民科教育法Ⅰの第十三回授業を始めます。

さて、前回、前々回と政治家の失言について見てきましたが、今週も引き続き、丸川珠代五輪担当大臣から問題となる発言がありました。六月二十九日の閣議後の質問で、約七万人にのぼる五輪関係のボランティアに対して二回のワクチン接種が終えられないことについて問われた際に、一回目の接種で一次的な免疫を付けてもらうと発言したというものです。これに対して、科学的根拠がないなどと批判が上がったことが報道されていますが、そもそもオリンピックにボランティアでの協力・参加を申し込まれた方に対して、ワクチン接種による安全が確保できない状況が異常であり、主催する方々に対して不信感が増幅していきます。折しも今週の東京都の感染者数は、水曜日に七一四人、木曜日に六七三人、講義資料作成の金曜日には六六〇人となっています。先週に比べて拡大傾向にあり、講義資料を通じて、記録にとどめておいてほしいものです。

Introduction～八街市での小学生を巻き込む交通事故

感染症とオリンピックの話はこれくらいにして、今週は、別の問題を考えてみましょう。六月二十八日、千葉県八街市で下校中の小学生の列にトラックが突っ込むという交通事故が起きました。この事故は小学生五人が死傷するという痛ましいもので、しかも、事故を起こしたトラックの運転手が飲酒運転であったということから、やり場のない憤りがこみ上げてくるものであります。飲酒運転で事故を起こした運転手に怒りをぶつけることは簡単なことであり、当然のことであるのですが、交通事故というものは、社会的な問題であり、個人的な問題として矮小化すべきものではありません。実は、私自身が今から十年前に、歩行中、操作を誤ったオートバイに後ろからはねられた経験があります。そのまま救急車で運ばれ入院し、骨折した足に金属を埋め込む手術を受けました。その後、金属の取り外しも含めると一年以上通院することとなり、相当の被害を被ったといえます。ところが、それに対する治療費と謝罪も含めたいわゆる慰謝料と呼ばれるものは、ほんのわずかなものでした。それは、交通事故というものが一般的なものであり、誰もが被害者になり、また、加害者にもなりうることから、交通事故保険の基準がかなり低い金額で設定されているためです。つまり、交通事故とは、特別なものではなく、一般社会生活上、普通に起きうることとして理解しておくべきものといえるのです。

今回の交通事故をそうしたものとしてとらえると、飲酒運転していたという特殊な状況に目を奪われるのではなく、なぜ、その場所で交通事故が起きたのかを考えていく必要があります。今回の事故に関するいくつかの報道を拾ってみると、以前から事故現場の道路が危険であると認識されていたようです。事故道路は、中央線がなく幅約七メートルの直線道路で、ガードレールも路側帯もないものであったといいます。また、二〇〇八年から四年間にわたってガードレールの設置の要望が被害児童の通う小学校ＰＴＡを通じて行われていたといいます。また、五年前の二〇一六年十一月にも、今回の事故現場から二・七キロ離れた国道で登校中の児童の列にトラックが突っ込み、四人がけがをしたという事故もあったようです。もし、小学生の登下校に関する安全対策を、市政における第一の施策においていたなら、こうした事故も防げたのかもしれません。考えれば考えるだけ、今回の事故が痛ましく思えてきます。

Theme1 ～前回授業レポート

それでは、いつものように感想から見ていきましょう。

【課題Ⅰ】　授業感想をまとめてください。

（一人目の学生）
オリンピックにまつわる報道については、その内容を真摯に受け取ることが日に日にできなくなりつつある。開催という言葉から現実感が少しも漂わない中で、準備が進められている状況、または対応の不手際が度々明るみに出ているため、この事柄について自ら進んで考えていくことすら困難になっているのではないかという感を禁じ得ない。
開催に対しての危惧が募りに募っているにも関わらず、肝心の判断が曖昧になってしまっている現状が、自分に対して大きく作用していると思われる。配布資料の記述にもあるように、「政治的に行詰るとその打開を自ら行うことができなくなる」という性質は、決して政府の内部に留まってはおらず、人々の精神面にも悪影響を及ぼしているのではないか。自分自身にも思い当たる節はあるが、同世代の政治への関心は著しく低くなってしまっていることが、その証左ではないだろうか。

「若い有権者が、政治への関心に乏しいことから事態を悪化させている」と一部の識者が主張するのを何度か目にし、耳にしたことがある。一面的にはそうした事情もあると見做すことができるであろう。しかしだからと言って、この発言を全面的に首肯する訳にはいかない。この発言は関心にのみ焦点を絞ってしまっているが故に、投票率が向上すれば問題は解消していくという楽観を生みかねない。また、そもそも関心が乏しくなった背景に関する洞察が欠けているため、単に責任を若年層に委ねるだけに終わってしまう可能性も否定し得ないのである。

特に、前者の関心については慎重に検討されねばならない。人々の関心が政治に向いていたといえる直近の事例としては、小泉純一郎内閣が第一に挙げられる。力強い言葉で自らの信念を語り、目標として掲げる政策がどれだけ必要かを熱烈に訴えるその姿勢に、国民は有る種の誠実さを感じ取ったであろう。どれだけ反対されようとも自らの政策を果たそうとする一徹さも相俟って、支持率の高さは群を抜いていた。

ただし、小泉政権下での政策がどれだけ功を奏したかについては、疑問の余地が多い。郵政民営化について、その是非をここで事細かく論じる紙幅は到底ないものの、賛否両論である点は揺るぎない。あれだけ必要性が叫ばれていたにも関わらず、民営化によって生じた様々な問題に鑑みれば、人々がただ政治に関心を持つのではその中身・実質を深く吟味するには至らないのだといえるのではないか。アメリカの思想家であるソローも語っていたが、有権者が行使できるのは投票に限定されない。市民運動への参加を強く促すつもりはないものの、社会の出来事を自分事として引き受け、積極的に思考し実践していける力が、今後は一層求められていくであろう。

自分たちの政治に対する希薄な関心が国の体制に由来している部分があるとはいえ、希薄なまままで良い訳ではない。他の方の感想にもあったが、社会と真摯に向き合っていくためには、強いリアリティが必要である。社会そのものは途方もない大きさの産物で、私個人はその中のごくごく小さな一人にしか過ぎない。また、社会についての知識はどうしても理論偏重になりやすく、生気を伴いにくい。しかし、社会がそうした小さな個人の集合によって成立しているという紛れもない事実、知識は実践との繋がりによってこそ真の知識になるという自覚が前面に押し出されていくことで、閉塞的な空気は少しずつ打開していけるのではないか。自分の関心だけでなく、他者の関心をも触発していけるよう、積極的に議論できる姿勢を常に養っていきたいという思いを新たにした。

（二人目の学生）

現代日本における天皇という立場というのは、とても不思議なモノである。今回の一件で重要なのは、『天皇陛下が意見を言った』のではなく、『あくまで天皇陛下は発言していないが、長官が想いを察した』という形で発表されたところだ。天皇が公の場で政治的な言動をするのは許されていない、ということは中学生・中学受験を控えた小学生でも知っている現代日本の前提の一つである。従って、長官が拝察したという天皇の意思というのは政治的に何の意味も持たないモノであり、そうした前提に則り菅総理も黙殺する姿勢を示していたのは当たり前であるといえる。しかし規則的にはそうであっても『認められていない天皇の意見表明を間接的に長官が行った』という事実の重大さがこの一件をニュースに押し上げた理由である。これは『天皇』という他国の国王などとは違った日本特有の要素が、歴史にどのような役割を担ってきたかに起因し、中高生が理解するには日本国憲法などの公民科と明治時代からの近代史を扱う地歴科の学習が不可欠である。

このニュースは五十分の授業として扱えるテーマとして十分な教材となり得るだろう。

（三人目の学生）

オンライン授業に参加して、その時話題にもなっておりましたが、先生がペスタロッチの説明をする際スケッチブックに図を描いてくださった時その場にはいないとはいえ同じ時間を共有するのはやはり楽しいものだなと感じました。興味深かったお話は何も今日のオンライン形式による手法は、昔も手紙のやり取りで教えを乞いていたのだから今に始まったことではないという内容でした。確かにその通りだと納得しましたが、心情的にはやっぱり対面の方が面白いです。コロナ禍以前にはその様なことは考えもせず大学の講義なんか先生が好きなことについて好きなだけ喋っているだけで、退屈でかったるいからいらないと正直思っていましたが教授、受講生と同じ時間と空間を共有し、集中力が途切れたときには窓から雀やメジロ、オナガの囀(さえず)りに耳を傾けていたあの瞬間は面白みに溢れていたとコロナのお陰で気づきました。この知見をもたらしてくれた点、今自分は貴重な体験をしているのかもしれないと思うと感染症に対する恨みの感情よりも自分は報われているという思いが増してきます。

授業内容に関してはラインの五段階教授法を、他の授業で模擬授業を行なった際自分は無意識に取り入れていたのだなと思いました。おそらく小中高と授業を受けてきて、自然と授業の流れを認識していたためではないかと思いました。

（四人目の学生）

指導案の「導入」・「展開」・「まとめ」が実際の教育学者の教育のモデルを参考にしており、驚きました。初めて、指導案について学習したのは去年のことでしたが、初めて学習したにしては、素直に受け止められた記憶があります。自分が今まで受けてきた授業も同様の形式であったように、それだけ、日本の教育に根付いている教育モデルなのだなと感じました。少し気になった点は、この「導入↓展開↓まとめ」の教育モデルは他国でも適用されているのかという点です。世界的な学者のモデルを参考にしているならば、他国でも同様に適用されていそうな気はしていますが、どうなのでしょうか。

どうでしょうか。今回は、四人の学生レポートを紹介しました。

一人目の学生は、オリンピック報道から政治について考えてくれています。現在のように、自宅にいる時間が多くなり、社会の出来事について、じっくり考えてみると、おかしなことについても意識することができます。今回の冒頭でも書きましたが、大臣の失言のようなものは、忙しい日々の中では、またおかしな大臣がいたのか、という程度で済ましていたかもしれません。少なくともいつ大臣は更迭されるのか、といった進退問題として考えることはあっても、失言内容を吟味することは、あまり関心がなかったのではないでしょうか。ところが、現在は、じっくりと考える時間もあるし、また、災害というべき感染症に対して、どんな態度で政治家は臨んでいるのか見極めたくなってもいます。こうしたことを考えれば、若者も決して政治に無関心だとは思えないです。これまではそうでも、今は違う、ということでしょう。この学生は、政治について関心のあった事例として、小泉内閣をあげてくれましたが、劇場型と称された小泉政治は、確かに人気がありました。実は、その前の小渕政権から森政権への移行が密室政治と呼ばれるものであっただけに、国民に呼びかける手法が支持を得たのだといえます。同じように、民主党政権の誕生の前も、自民党政治の凋落ぶりに辟易した国民の人気を得たものでした。一方で、その民主党は、辺野古基地移転の失敗にはじまり、東日本大震災対応という難題のため政策が進まず、停滞感に襲われました。こうしたことから、政治参加は、自分たちに語り掛けられているという意識が支持につながり、政治への関心を高めていくものだといえます。逆に、安倍政権のように、自民党の得票率が三割程度でも、小選挙区を制すれば、国民との乖離があっても、長期政権となり得ることを示す事例となりました。政治についても、前に市民運動で述べたように、当事者意識で行動しないと満足な結果は得られないのだと思います。

二人目の学生は、日本における天皇制について考えてくれています。そもそも天皇制とは、近代国家になってからの制度であり、大日本帝国憲法下における天皇主権の天皇と日本国憲法下における象徴としての天皇を対比して、法的枠組みの中でその存在を考えることから、厄介な存在となってしまっているといえます。イギリスの王室などは、権利の章典以前からの存在として、歴史的な見方がなされています。一方、日本の天皇については、歴史的な存在としては、すでに葬り去られた感があります。あくまで、法的枠組みでとらえようとするため、法制定以前からの歴史的存在意義が薄れ、結果として、王政でありながら天皇を無視することも、政治家が行えてしまうともいえます。この学生の言う通り、この問題を授業として行うなら、公民でも歴史でも扱えるなかなか面白いテーマであるといえます。

三人目の学生は、オンライン授業の在り方について、考えてくれました。この学生の言う通り、対面授業に勝るものはないでしょう。それこそギリシアの哲人たちが問答する形態は、想像しても魅力に満ちています。一方で、現在の日本の授業は、教員からの一方的な講義に終始する様子も認められ、それならば、学生とのやり取りがなければ成立しない、本授業のようなものもありなのかとも思ったりします。この辺りは、皆さんに最終回までに聞いておこうかとも思うのですが、どういった授業形態が学びやすいのか、考えてみてください。

四人目の学生は、学習指導案の作成における授業展開に興味を持ってくれました。前回講義した通り、ヘルバルト学派の教育法というものが世界に広がりました。日本では、明治後半から大正期にピークを迎えながら長く硬直化した五段階教授法が行われます。こうした教授法に対して、自由度を大きくしようとしたのが現在の形態といえます。授業の目的は何か、ということを考えると、如何に興味をもって対象について考えを巡らせられるかということが重要です。教育法自体は、戦後アメリカを中心に多様に展開されており、いろいろなものがあります。ただし一般には指導案に相当するものとして、形式的なテンプレート（Lesson Plan Template）を使っているようです。各国いろいろありますので、調べてみてください。

Theme2 ～学習指導案の作成

それでは、次に、今回提出してくれた学習指導案を掲載します。

今回の課題は次の通りです。

【課題】　授業感想をまとめてください。

<u>課題Ⅱ</u>
日時：2021年７月３日
クラス：A組
単元：高校倫理
単元目標：

様々な哲学者・思想家の議論を手摺として、各生徒がそれぞれに善悪について深く考える機会を十分に作る。そして、授業で紹介する事例や周囲との議論を通じて、各々が自分なりの結論を導き出し、最終的にその結論を「私の考え」として立派に担う力を養う。

授業計画：

初回の授業は導入として用いる。まず、倫理という言葉から何を連想するか、生徒たちに挙げてもらう。挙げられた事柄と関連させつつ、今までの哲学史に於いて倫理がどういった位置づけを与えられてきたか、そして倫理について考える動機とは何かを説明する。その後、道徳的にジレンマの生じる事例を紹介し、生徒たちの間で自由に議論をさせる（多種多様な見解が出ることを想定）。人によって様々な意見があることから、倫理の本質は考えることそれ自体にある点を強調する。

以降の回は基本的に、一授業につき一人の哲学者・思想家を扱う。簡単に生涯を説明しつつ、彼らが倫理に関して何を考え、何を主張したのかに力点を置いて授業を行う。彼らの編み出した思想・理論の利点は勿論のこと、現代の視点から見て明らかな限界についても丹念に解説していく。主に西洋哲学の中で重んじられてきた哲学者（プラトン・アリストテレス・ホッブズ・ヒューム・カント etc.）を取り上げるが、仏教といった東洋思想も合間に挟みつつ、なるべく多角的な視点を汲み取ってもらえるよう工夫する。

最終回では、今までの授業を踏まえた上で各生徒に発表を行ってもらう。発表の中身としては、授業で取り上げられた哲学者・思想家の中で特に気になった一人を挙げてもらい、その人物の思想について自分なりに考察した過程を報告するものを考えている。具体的には「この哲学者のこの思想は、こうした分野に於いてはかなり有効である」といった報告を期待する。報告後の質疑応答を含め、各生徒が自分なりの結論を立てられているかどうかを確かめる。

本時の目標：

ドイツの哲学者イマニュエル・カントについて扱う。カントと言えば一般的に義務論と呼ばれる理論で知られているが、この義務論がどういった基準で物事の善悪を判断しているか、分かりやすい実例などを交えて解説していく。カントにとっての義務が非常に強い意味合いを持つもので、義務の中に完全義務・不完全義務の二種類があること、また義務の関わる対象として自分・他者という区分が存在することの解説を中心に、授業を進めていきたい。

特に、義務として守るべき事柄が、誰にとっても普遍的に妥当するような内容であるという主張は、倫理学に馴染みのない生徒にとって極めて難解であるため、なるべく丁寧に説明するよう心がけ、カント倫理学の中核を理解してもらうよう努める。
教材（本時で用いるもの）：
I・カント『道徳形而上学の基礎づけ』宇都宮芳明訳、以文社、2004年
加藤尚武『現代倫理学入門』講談社学術文庫、1997年
小松光彦、樽井正義、谷寿美編『倫理学案内――理論と課題』慶應義塾大学出版会、2006年
いずれも、授業で用いる箇所を事前にコピーし、資料として配布する。
教材観：
和訳であっても、哲学者が実際にどう語っているのかを知ることは、決して無駄ではない。入門書と照らし合わせながらになるにしても、原文の意図を汲み取ることの重要性から、『道徳形而上学の基礎づけ』を取り上げたい。
無論、哲学書は和訳であろうと難しい。ましてやカントはその叙述が複雑極まりないことで特に知られている。そのため、訳書だけで授業を行うのは到底不可能であるため、カントが何を言わんとしているのかを簡潔にまとめてある入門書を二冊用意した。『現代倫理学入門』は嘘に対するカントの厳格な姿勢（つまり、嘘は義務違反になるという判断）と、それに対して投げかけられる反論が分かりやすく記述されているため、積極的に用いる。『倫理学案内――理論と課題』では、義務論としてのカント倫理学が概括されているので、個別の事例は『現代倫理学入門』に、大まかな理論の説明には『倫理学案内――理論と課題』と使い分けていきたい。
評価：
最終回での発表および期末試験の成績によって判断する。発表と試験に於いて評価する点は、主張されている内容よりもその主張が展開されている論理の整合性である。一見すると首肯できないような立場を表明していたとしても、その立場が様々な要因によって是認されるべきであると確かな根拠づけから論証されていれば、積極的に評価したい。ただ、主張の背後にある論理がどれだけ整っていたとしても、内容に問題があると判断される場合（過度に暴力的・排斥的である場合を想定する。この判断は慎重に行う）には、高い評価を差し控える。その旨については、採点の際に答案用紙へ書き添えるようにする。また、平素の授業（初回が望ましいか）でも過度に暴力的・排斥的な主張については、どういった点で避けられるべきかを話しておきたい。

時間	学習の内容	生徒の学習活動	指導上の留意点	備考
導入（5分）	カントの人物像、どういった経歴を持った哲学者なのかを簡単に紹介する。	特殊な経歴から、カントという哲学者に対する興味関心を抱いてもらう。	生徒たちが関心を持ちそうな人物像だが、あくまで主軸なのはその思想であるため、時間をかけ過ぎないように心がける。	

展開 (40分)	カントの主張する倫理学がどういったものか、義務論であるという点に着目して解説していく。その際、カントにとっての義務が何であるのか、また義務の種類、義務の課される目的について重点的に扱う。 そして、義務論の持つ利点と欠点をそれぞれ、実例と合わせて説明を行う。	例外を一切許さない義務論の厳しさ、その厳しさ故に保たれる秩序の善さと、そもそも厳しさを保てるかが疑わしいという欠点を理解する。また、幾つか提示する事例について議論してもらい、日常生活にも義務論が活きている所を感じ取ってもらう。	カントの用語法はかなり特殊で、思想自体も中々に難解であるため、生徒たちの状況に応じてゆっくりと進める。適宜、分からない用語や観点がないかを尋ねるようにする。	全体の進行はパワーポイントで行い、細かい要点については教材のコピーを利用する。
まとめ (5分)	義務論の基本的特徴とは何か、そして義務論の持つ強みとその限界について総括する。	コメントペーパーを課せるならば、義務論について受けた印象について書いてもらい、自分の中で理解をまとめてもらう。	コメントペーパーについては、単なる感情的な評価ではなく、なるべく理論の実用性といった方向で書くように促す。	

第十四回　学習指導案の作成②（二〇二一年七月十日）

それでは、社会科・公民科教育法Ⅰの第十四回授業を始めます。

Introduction ～熱海での土砂災害をめぐる細野議員の発言

さて、ここのところ丸川大臣の失言を取り上げてきましたが、今回は、別の政治家の発言から考えてみましょう。今回取り上げるのは静岡選出の細野豪志衆議院議員です。

前回の授業から本講義までのニュースで心を痛めたものは、七月三日（土）に静岡県熱海市で発生した土砂災害です。梅雨末期特有の豪雨の後に、熱海市伊豆山地区で突発的に発生した土石流は、逢初川を海までおよそ二キロにわたって流れ出て、周辺の家屋も巻き込み、今週木曜日時点で九人の死亡と二二人の安否不明となっています。ここ数年毎年のように梅雨末期の豪雨とそれに伴う災害が報道されてきましたが、今回は、土石流が家屋を飲み込む映像も映されていたこともあり、相当インパクトのあるものとなりました。

ところで、この災害の翌日、細野議員のツイッター内容が各紙で取り上げられました。それは、土石流崩落地と近接する尾根にあるメガソーラーとの関連について言及し、調査を求めていくというものです。この報道とともに示された周辺からの航空写真に写るメガソーラーの存在は、あたかも関係があるように感じ取れるものとなっていました。

ところが、その後、七日には静岡県の副知事による記者会見が行われ、崩落は、現地で行われた盛り土が原因であるとの指摘がなされました。これは、建設残土を盛り土として処理する届け出がなされ、工事が行われていたものが、その届け出量よりも大量に持ち込まれ、それが崩落原因になったというものです。しかも、建設残土だけではなく産業廃棄物も含まれていた可能性が指摘され、過去に、県から指導が行われたことも明らかになりました。

時間とともに、今回の土砂災害が建設残土の盛り土が原因であることが明らかになり、すでにかなり以前から、その地域で懸念が示されていたことも明らかになってきています。そうした事実関係が明らかになるにつれ、災害発生直後に細野議員が発したツイッターは何であったのかと疑問を感じます。実は、細野議員は、民主党時代に原発担当大臣として、福島原発の事故処理にあたっていた立場であり、一方で、その後、核燃料サイクルを維持することに言及し、また、政党を移り自民党入りを視野に入れて、現在（編注：二〇二一年七月当時）は二階派の客員会員という立場でもあり、今回のメガソーラーが災害の原因の可能性として言及するなどは、なにかエネルギー政策に関わる布石を打つ意図があったのかと勘繰りたくなるものです。

政治家の発言は、国会内においては、その発言を問題とされず、自由な論議ができることは当然です。しかし、災害などのように、国民が日々ニュースを見ながらその動向を注視している中で、裏付けのない自身の思いをつづるような発言は、厳に慎んでほしいものです。

Theme ～前回授業レポート

それでは、いつものように感想から見ていきましょう。

【課題】　授業感想をまとめてください。

（一人目の学生）
トラックの交通事故は本当に痛ましい事件でした。飲酒運転で正確な判断が出来なくなっていたことも問題でしたが、道路の整備も即急な課題であると思えます。道路に関して言えば、個人的には、ここ五年くらいを振り返ると急速に道路や信号の整備が進んだなと思いました。これはオリンピックの開催に合わせた計画だったのでしょうが、国道の抜け道だった近所の交差点がちゃんと歩車分離式の信号になったり、狭い対面通行の道路が一方通行になったり、夕暮れ時に太陽光で見えにくかった信号が見やすいタイプに取り換えられたりと、小さな町レベルでも様々な変化があったなと思い出しました。このような近年の道路整備は東京に限定された話だと思われますが、オリンピックの功罪のちょっとした「功」なのかもしれません。

（二人目の学生）
高校倫理の授業計画について述べる。私は高校で倫理を履修していない（公民で哲学の一部を習ったが教科としてしっかりと学んでいない）ので、仮に自分が教員としてその授業を受け持つとしたらどのように高校生に奇怪な哲学を教えるか考えさせられた。

哲学者の展開する考察は、大学生でも理解に苦しめられる難解なモノだ。それを高校生が理解するのも、彼ら彼女らに分かるように説明するのも難しい。であるならば、教員・生徒と哲学者との共通項から授業を展開させ哲学を理解する足掛かりを形成する必要がある。要するに、哲学そのものを理解する授業ではなく、『哲学者を理解することで、彼らが生きてきた世界に想いを馳せて間接的にその考えに共感を示して見出された哲学を考える』授業にするべきだ。

授業内容としては『導入』の内容を五十分・百分に拡大し、歴史的人物として十分学ばせた後に哲学を『功績』として内容をかいつまんで教える。そして学習の集大成として哲学書を読ませる。この構成を四・五時限で展開すれば、高校生にも分かりやすい哲学の授業が展開できるのではないであろうか。


（三人目の学生）

倫理の授業というのは、地歴公民の全分野の中でも授業担当が難しい分野だと個人的には思う。私の周りでも「教育実習の科目が倫理だった…」と嘆く人を見たことがある。学習指導案の説明を聞いていて、私自身も「倫理を教えるって難しいな」と感じたのだが、その理由は出てくる用語が最も抽象的なものと、個人的には感じられるからだ。例えば、〝新期造山帯〟や〝恒常風〟について、確かに所見ではいかつい印象があるかもしれないが、意味を知れば字もそれに対応しているので、割とすっと入ってくる言葉ではないだろうか。地理や日本史・世界史、政治経済はこういった例が多いように感じる。一方、〝ピュシス〟や〝アパシー〟などの言葉は意味を聞いたところで「？？？」という印象を持たれがちだ。少なくとも私の高校ではそうであった。そこで、私が倫理の授業を担当するならばある意味開き直った授業を展開すると思う。これはつまり「倫理は原則、意味分からないことが出てくる科目だ！」と認めてしまうということだ。倫理用語を地理や歴史と同じ感覚で伝えたら、生徒は意味が分からず、そのまま寝る。そこで、倫理の授業は非常に砕けた雰囲気の中で実践しようというわけだ。例としては寸劇の実践などであろうか。探してみれば現代の実生活の中に倫理用語を見つけることは出来る。そういった場面について生徒を指名し、実際に再現してもらい、「これがアパシーです」という風に見せてみる。すると、生徒も完全に無関心になってしまうことが減っていくのではないだろうか。私が今このレポート上で五年前に教わった倫理用語を、ネットで調べることなく挙げることが出来たのも、当時、学校生活の中で授業中に寝ている生徒がいると「先生、○○君が授業にアパシーです」などと使うことがあったおかげである。このような私の実体験から倫理の教え方をここでは提案させてもらった。

補足であるが、倫理を専門的に学んでおり、深い部分についても授業中に言及して生徒の関心を引くことのできる教員ならばそちらの方が良いであろう。私の提案した授業スタイルは非常に緩いものだからだ。

（四人目の学生）

自分の専門分野を授業という形に構成することの困難さを、痛切に感じた。講義中の指摘にもあったように、専門性を維持したい心持が先行してしまうと、肝心の理論に関する説明が分かりづらくなってしまう可能性が生じるという点を特に意識させられた。

高校で使われている倫理の教科書を発表の後に見てみたが、まさに要点として押さえるべき内容が取捨選択の末に載っているという印象であった。無論、何が要点であるかは教科書によって様々であろうが、全ての思想を一つ一つ微細に展開していないことでは共通している。紙幅に限界がある以上、ある哲学者の思想に於いて取り上げるべき内容と断念する内容との線引きが必ず為されているはずで、その線引きが極めて重要である。

今回の発表はあらゆる要素が初めてでとかく不慣れではあったが、中でも前述した線引きについてはかなり悩まされた。カント倫理学を専門として取り扱っているために、思想のことごとくが重要であるように見えて――実際、重要ではあるのだが――授業のための論点整理がまるで捗らなかった。教えたい内容はどれかという観点で絞ると膠着してしまうため、あまり言い方は良くないかもしれないが、何を教えないかという逆の立場から授業を設計していくのも一つの手ではないかと感じる。

また、具体例や分かりやすい図解の積極的な導入については、難解な思想を説明する上で不可欠であるとの思いを新たにした。概説書の記述はそれだけでもかなり飲み込みやすく書かれているものの、思想をより深く消化してもらうためには「語り直し」を押し進める他はない。日々の学びの中で自分が体験していることだが、哲学や倫理学の理論について、原典や論文の文章をただ読んでいるだけでは輪郭がはっきりしてこないが、文章を一旦離れて具体例に引きつけて検討を加えると、言わんとしていることが見えてくる時が度々ある。重要な思想・理論についてはただ同じ文句を再三再四繰り返すのではなく、様々な変形によって何度も「語り直」すことで、少しでも学生たちの理解可能性を広く保っていくのが良いように思われる。

後、単なる私感だが、全く不慣れな事柄に取り組んだ後に、様々な意見を投げてもらって多くの知見を得る機会が最近では乏しかったため、学びに伴うある種の快感を味わえて良かった。とにかく多くの失敗――やたら多ければ良いという訳でもないが――を重ねていき、それを外部からの指摘等を基に修正していく学習の在り方が自分の性には合っているので、拙い発表であったが貴重な学びとなって非常に嬉しく思う。

どうでしょうか。今回は、四人の学生レポートを紹介しました。

一人目の学生は、前回のニュースで触れた交通事故から、道路整備について考えてくれました。現在、東京では道路の整備が進んだという感想から、オリンピックに効果があったのではないかと述べてくれています。東京五輪関係で、整備が進んだのは事実でしょう。もともと東京都の都市整備に関わる事業が、オリンピック関連で行われているものがあります。選手村周辺までの道路整備などはその典型でしょう。私が教育学に進む以前、考古学を専門としていたころ、長野県の高速道路整備の事前発掘に参加していたことがあります。その当時は、まだ長野五輪の決定以前でしたが、五輪誘致のために整備は進行し、長野市内の小山は、建設用土砂採掘のためにその姿を一変したほどです。こうしたことを考えると、オリンピック関連で事業が進むことを歓迎していいのか考えてみる必要があります。本当に必要なものなのか、また、必要なものだとして、なぜ五輪関連でしか予算化できないのか、予算の配分は何を基準に行っているのか、いろいろ課題がありそうです。

二人目の学生は、前回授業で行った学習指導案についての学生発表を基にして、高校倫理の授業の在り方について考えてくれました。この学生の意見は、高校生に哲学の内容を指導することの困難さを考えて、哲学者に対する関心から、その哲学の内容へ進めることを提言してくれました。前回の授業内で、哲学史の面白さについて話しましたが、それからいろいろ考えてくれたのでしょう。前回話したカントとヘルバルトがともにケーニヒスベルク大学の哲学講座の正教授であったことは、本当に面白い話だと思うし、こうしたことをきっかけに哲学だとか教育学に対しても関心を持てると思います（注：「前回の授業」とはＺｏｏｍで行ったもの。本授業では一部Ｚｏｏｍ授業も行った）。

三人目の学生は、自己の体験を踏まえて、高校倫理の授業をどのように行えるか、想像してくれました。この学生が事例として挙げてくれた、アパシーの使い方は、私が高校生の時にも行っていた記憶があり、ある意味で定番なのでしょう。しかし、こうしたことは、確かに記憶に残るし、授業自体が楽しかった印象があります。倫理の授業は、他の社会科関係の授業と異なり、暗記を主体にして授業は行うことができず、いかに考えさせるかということが重要となります。私が大学受験生であった共通一次時代には、倫理科目は、暗記内容がわずかなため楽勝科目として選択されていました。また、そのため、政治経済と同時選択できなくするなどして、受験の選択科目を維持していたのです。つまり、ただ用語の暗記に徹すると総数も少なく、受験に有利であり、授業も単調に陥ることになるため、実際には、哲学的深みに進むか、楽しく考えるかという方向性が一般的に行われているといえましょう。

四人目の学生は、学習指導案の発表を行ってくれた学生です。この学生が述べてくれたことは重要なことであり、自分の専門としてきたことをどう教えるかというのは、悩まされる問題です。かつて千葉県出身のある学生が、高校時代の日本史で中間試験まで、考古学の話だけだったというのを聞いたことがあります。要するに土器の型式変化だとか、ほとんどその教師の趣味の世界を聞かされていたというものです。では、それで不満であったのかといえば、それはそれで面白かったらしく、印象に残る先生だったと答えてくれていました。つまり、授業では、その分野のおもしろさを伝えることも大切であり、多少、逸脱があっても生徒は許容してくれるものだと思います。つまり、その授業を通じて、何を学ばせようとしているか、学ばせる意図が明確なら授業は成功するとも考えられます。

この後、Ｚｏｏｍ参加で行う予定の、Ｈさんの学習指導案を掲載します。

また、今回の授業の課題は、以下の通りです。

【課題】　授業感想をまとめてください。

高等学校　第２学年　社会科（地理歴史的分野）学習指導案

指導教諭 吉村 日出東 先生　印

教育実習生 慶應義塾大学 文学部 人文学科
H　印

日時　令和３年７月３日（土曜日）第２校時10：50〜11：50（60分）

対象校・学級

場所

１．単元（題材）名 「室町幕府の成立：建武の新政と南北朝の動乱」

２．使用教材 ⑴教科書 『詳説日本史Ｂ』（山川出版社、2012年）
⑵資料集 『山川詳説日本史図録』（山川出版社、2008年）
『日本史用語集Ａ・Ｂ共用』（山川出版社、2014年）
『詳説日本史史料集』（山川出版社、1994年）

３．本単元（題材）設定の理由

⑴ 単元（題材）観〔教材観〕

南北朝の動乱による権力主体の変遷、後醍醐天皇による統治を学ぶ過程で、ヘッドシップ、リーダーシップに求められること等日常生活とも密接に関連させながら、時代を通観し社会的情勢を判断できる思考力を養うことが目的の一つである。

⑵ 教材の系統観

『日本史探究』に位置づけられる内容であるが、教科書においては理解優先のためか省略されている過程があることに留意しておく必要性がある。資料集には記載されている内容をいかに上手く時代の流れに組み込み説明することが出来るかが重要であると認識している。

⑶ 学級・生徒観

縄文〜鎌倉時代までの歴史を理解している。基本的な知識の習得はできているが因果関係を見出すこと、史料を読み解く能力は備わっていない。

⑷ 指導観

まずは自由な発想を出発点としながら、実際の歴史内容を理解することが第一の目標である。その際現在の社会形態や生徒が抱える価値観、日常における体験などを根拠に思考することが出来ればより理想的である。その後の具体的内容を指導する際には、やや受動的な姿勢を生徒に強いてしまうことになるが、時代の流れを把握させ、他時代また今後すぐに学習する室町幕府における体制と比較できるようしっかりとその概略を認識させることが本単元の目標である。

4．本単元（題材）で育成する資質・能力〔単元の目標〕

⑴　各時代と比較等しながら歴史的知識を主体的に説明できるほど身に着ける。【知識及び技能】

⑵　日常生活における自らの経験、或いはすでに身に着けている知見を活かしながら当時の情勢を判断しそれについて深く考える。【思考力、判断力、表現力等】

⑶　積極的に授業に参加し、教科書等適宜参照するなどして理解を深めようとする。【学びに向かう力、人間性等】

5．本単元（題材）の評価基準

知識・技能	思考・判断・表現	主体的に学習に取り組む態度
各時代と比較等しながら歴史的知識を主体的に説明できるほど身に着けることができる。	日常生活における自らの経験、或いはすでに身に着けている知見を活かしながら当時の情勢を判断しそれについて深く考えることができる。	学習内容に関心を持ち自ら史料を参照し、より知識を習得しようとすると共に、その後の変遷についても主体的に追究しようとしている。

6．本単元（題材）の指導計画　配当時間

⑴　室町幕府の成立：鎌倉時代のまとめ／鎌倉幕府の滅亡（1時間）

⑵　室町幕府の成立：建武の新政／南北朝の動乱（本時：1時間）

⑶　室町幕府の成立：守護大名と国人一揆／室町幕府の成立（1時間）

⑷　室町幕府の成立：東アジアの交易／琉球と蝦夷が島（1時間）

7．本時の主題「建武の新政／南北朝の動乱」

8．本時の目標

⑴　各時代と比較等しながら南北朝時代の知識を主体的に説明できるほど身に着けることができる。【知識及び技能】

⑵　日常生活における自らの経験、或いはすでに身に着けている知見を活かしながら南北朝期における情勢を判断しそれについて深く考えることができる。【思考力、判断力、表現力等】

⑶　積極的に授業に参加し、教科書等適宜参照するなどして理解を深めようとしている。【学びに向かう力、人間性等】

9．事前準備・使用教材・配布資料

〔事前準備〕

(1)　プリント２枚

10．本時の展開〔指導過程〕

	学習内容	指導内容	生徒の学習活動	指導上の留意点
導入 5分	1．前回の復習	1．鎌倉幕府滅亡の簡単な要約	1．挙手を促し、プリント空欄の答えを回答する。	「評価基準」 積極的に挙手し前回の授業で学んだ内容を適切に答えることができる。
展開 45分	1．問題提起 2．具体的な政治の展開① 3．具体的な政治の展開②	1．後醍醐天皇の思慮 2．建武の新政とは 3．崩壊後の南北朝の動乱	1．後醍醐天皇の立場になり考えを深めることで建武の新政崩壊の原因を探究する。 2．上の探究を活かしその政策内容を吟味する。 3．崩壊過程を学ぶ中で歴史における因果関係を見出す。他時代との比較を行う。	「評価基準」 A．問いかけに対し日常生活における経験、過去に習った知識、その他教科等具体的な知見に基づきながら答えることができる。 B．問いかけに対し論理如何は問わず根拠を持ち答えることができる。 C．問いかけに対し答えることができる。
まとめ 10分	1．まとめ	1．本時で学習した人物、用語を自分で2行程度にまとめる。（残りは宿題）	教科書、資料集を使用しながら体系的知識を自らがまとめることによって身に着ける。	「評価基準」 A．教科書等を参考にしながら自身の創意を活かしまとめられる。 B．教科書等を参考にしながら正確に用語を説明することができる。 C．文章で本時の内容をまとめることができる。

11．本時の評価基準

(1)　各時代と比較等しながら南北朝時代の知識を主体的に説明できるほど身に着けることができたか。【知識・技能】

(2)　日常生活における自らの経験、或いはすでに身に着けている知見を活かしながら南北朝期における情勢を判断しそれについて深く考えることができたか。【思考・判断・表現】

(3)　積極的に授業に参加し、教科書等適宜参照するなどして理解を深めようとしていたか。【主体的に学習に取り組む態度】

◎室町幕府の成立～建武の新政・南北朝の動乱～

1．前回の復習（鎌倉幕府の滅亡）

鎌倉幕府への信頼が失われていく中で、**大覚寺統**から即位した①（　　　　　）は討幕を試みた。ところが１度目は計画が漏れて失敗し②（1324：　　　　　）２度目は挙兵を企てるも③（1331：　　　　　）失敗に終わり1332年①（　　　　　）は隠岐に流された。

しかし①（　　　　　）の皇子である④（　　　　　）や**楠木正成**らが蜂起した結果、それに呼応して**六波羅探題**を⑤（　　　　　）が攻め落とし、1333年鎌倉幕府は滅亡した。

2．建武の新政

その後、**後醍醐天皇**は京都に帰還。

③（1331：　　　　　）の際、**持明院統**から即位した**光厳天皇**を廃し新しい政治を行う。

鎌倉幕府滅亡後の後醍醐天皇による政治＝建武の新政

Q．もしも自分が後醍醐天皇ならばどのような政治の仕組みを整え、どのような政治を行うか。

特徴：**公家と武家を同時に率いる政体**

復習　　参考

飛鳥時代（大化の改新）…公地公民制：中央集権体制を図る。

奈良時代…律令に基づく統治：法規範に則り刑罰や行政の形態を決める。

平安時代…摂関政治：貴族（藤原氏）中心の政治

記録荘園券契所の設置による土地整理

院政：上皇による政治

鎌倉時代…守護・地頭の設置

十三人の合議制：源頼家の専制を抑えるため

評定衆・引付の設置

後醍醐天皇が行った政策は？

・朱子学（宋学）の**大義名分**の影響を受ける。

・**延喜・天暦の治**を理想とする。

➡**天皇への権限集中を図る**

① 院政の停止（1321）

② 摂政・関白の廃止

③ **綸旨**（天皇の意を蔵人が出す文書）が絶対万能

【建武政府の職制】

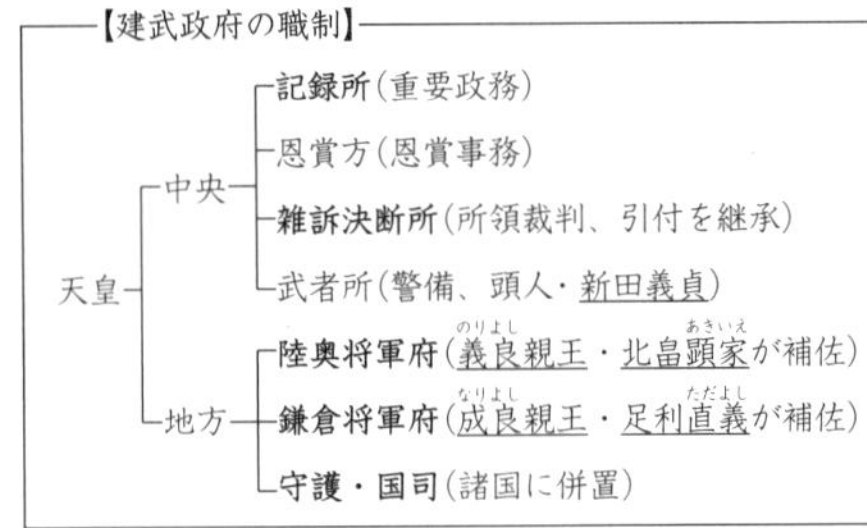

復習　**延喜・天暦の治とは？**

公家優遇・武家冷遇の政策

① **大内裏造営計画**

・費用確保のため**乾坤通宝**の鋳造

・地頭への課税

② **恩賞方**による不公正な恩賞

③ **綸旨**による所領安堵制度

・貴族・寺社所領の回復が前提

・御成敗式目第八条（**知行年紀法**）：

「現在の持ち主が、その土地の事実的支配を20カ年以上継続している場合、その土地の所有権は変更

できない」を無視

④　内部対立：**足利尊氏**と**護良親王**の不和

➡武士の不満増大

僅か３年たらずで建武の新政は崩壊することに

cf.「建武年間記」**二条河原落書**

３．南北朝の動乱

崩壊のきっかけ：**中先代の乱（1335）**

北条時行（高時の子）が鎌倉を占拠。

➡**足利直義**敗走。

➡**足利尊氏**が幕府の許可を得ずに支援に赴く。

➡中先代の乱鎮定後、そのまま反旗を翻す。

ちなみに…1334年、足利尊氏によって鎌倉に幽閉されていた護良親王はこの混乱に乗じて1335年足利直義によって殺害された。

箱根**竹ノ下の戦い**で**新田義貞**を破る。

1336年、入京➡**北畠顕家**に敗れ九州に敗走

摂津**湊川の戦い**で**楠木正成**を破る➡再入京

持明院統の**光明天皇**（**光厳天皇**の弟）を擁立し、

建武式目（幕府の基本方針17ヵ条）を制定。

➡後醍醐天皇は吉野に逃れ、**南朝**（大覚寺統）と

北朝（持明院統）が対立し**南北朝の動乱**が始まる。

◎北朝と南朝の歴史

1338年

北　足利尊氏が**征夷大将軍**に就任

・尊氏（所領拡大をすすめる急進派）

・直義（法秩序を重んじる保守派）

による二頭政治

南　北畠顕家、新田義貞が敗死

北畠親房が中心となって抗戦を続ける。

親房は常陸国、小田城で『**神皇正統記**』を記す。

1339年

南　後醍醐天皇が死去➡**後村上天皇**が即位

1350年～1352年

北　急進派（尊氏・**高師直**）vs 保守派（直義）

観応の擾乱　両派が一時的に南朝と和睦するなどして動乱が長引く。

1361年

南　**懐良親王**が**征西将軍**となり九州を占拠

1371年

北　**今川了俊（貞世）**が九州探題に就任し懐良親王を破る

以後動乱は落ち着く。

4．まとめ

今日学習した人物、用語を、教科書、資料集を参考にしながら2行程度で説明してみよう。

例. 源頼朝	1185年後白河法皇に守護、地頭の設置を認めさせ武家支配のきっかけをつくった。1192年征夷大将軍就任。

第十五回　まとめ（二〇二一年七月十七日）

それでは、社会科・公民科教育法Ⅰの最終回の授業を始めます。
今回は、すでに授業自体を前回のＺｏｏｍで終えていますので、前回の感想を見ていきましょう。

Introduction ～小山田圭吾問題、ロゴパクリ問題から考えるスポーツの原点

さて、いつもの時事についてですが、今週はＭＬＢの大谷翔平選手一色でした。オールスターで勝利投手になるのを見ても、本当に幸運をつかんだ人生なのでしょう。これに対して日テレ出身の徳光アナが、大谷ばかりでなく、伝統の巨人阪神戦を取り上げてといったことには苦笑してしまいました。どう見ても、話題性は大谷選手になってしまうし、伝統といっても一九三六年から始まった日本のプロ野球より大リーグのオールスターの方が古いわけであり、伝統の野球戦なら早慶戦があり、それより古い一高三高（東大京大）戦もあるでしょう。ま、冗談ですが、そうした言葉が出てしまうほど、大谷選手がすごいということです。

あまり社会批判につながらないものなので、何かないかと探していたところ、昨日になってオリンピック・パラリンピックの開会式曲作曲者として選出された小山田圭吾氏が過去に障害者に対して酷

いいじめを行っていたことが報じられ、そのような人物でいいのかとネットを中心に問題となっていると大きく取り上げられています。いろいろネット検索してみると、そのいじめというものが、児童相談所に送致されるレベルのものであり、ちょっとこの時期になってどう判断するのか気になるものです。今回の五輪関連では、国際コンペで選ばれた国立競技場の設計が見直されることになり、その後、五輪エンブレムに関しては、博報堂出身の佐野研二郎氏のデザインのパクリ事件が発覚し、開会式の作曲にまでケチがついては、五輪のみならずスポーツや国際イベントの黒歴史として記憶されることになりそうです。エンブレムでいえば、五輪招致の際の女子大学生がデザインした桜のデザインが美しく、それをそのまま採用すればいいのにと思っていたのですが、現在の商業デザインでは、一つのデザインを多様な形で発展利用できるものが主流だとかで、現在のものになったといいます。美しさより商業化できるかが問われているようであり、これは、他の選出基準でも行われていたと想像できます。

スポーツのもつ、純粋にその力強さや技術力に感動し、生の人間の美しさにくぎ付けとなるような姿に立ち返りたいと感じています。そうした意味では、大谷選手は魅力的だといえるでしょう。

Theme～前回授業レポート

それでは、いつものように授業感想を見てみましょう。

【課題】　授業感想をまとめてください。

（一人目の学生）

実際に学習指導案、及びプリントを作成して好評を幾つか頂けたことに大変嬉しく思いましたが、同時に想定した授業が生徒にとって本当に楽しい授業で学びを主体的に深める契機となり得るのか悩ましく思いました。①歴史＝物語という認識に基づく時代の比較、因果関係の見出し②日常性の導入③生徒を学びの入り口に立たせる為楽しい授業を作ることを意識して授業を想定しましたが、③については抽象的でまだ自分の中で思慮を深めることができていないと猛省しました。それこそ教師の力量が試される部分であり、語りの技術や熱意といった計測が難しいものが必要になるのかなと考えもしましたが、何だかもうよく分かりません。実際に教壇に立って答えを見つけたいと思います。

ミクロな視点も必要だというご指摘（注：前回発表の際、学生からさまざまな感想・意見があった。）を頂き、確かにその通りであると感じました。しかし授業に一貫性を持たせるという意図を実現させたいので実際に指導する際には結局自分は採用しないかもしれません。それに高度なレベルの思考であり、意識が高く優秀な子には相応しいのかもしれませんが、学びたての子、勉強がついていけない子に＋αの余計な情報を与えると混乱してしまう恐れがあるのでこちら側から言及はしたくないかなと思いました。素晴らしい観点であるだけに、自分自身でその視点に気づかせる、すなわち自発性を養成したいなと思いました。二条河原落書の史料閲覧程度に留めたいです。

（二人目の学生）

私が専門とする日本史分野を扱うということで、Ｈさんの発表を興味深く聞きました。指導案中でも指摘されているように、教科書というものは説明不足な部分がしばしば見受けられます。そういった点に関して、どこまで深掘りするのかということに私自身も注意しなければならないと感じました。

また、授業のまとめにおいて生徒各自に扱った人物の要約を作成させるという活動に関して、授業内で指摘されていたように生徒のレベルによるという課題はありますが、非常に有効な取り組みであると思いました。要約という行為は、知識の定着を図るうえでとても良いと考えます。

一方で、自身の日常生活における経験等を活かして後醍醐天皇の立場に立って考えるという活動は、少々無理があると感じます。個人的な意見ではありますが、歴史上の人物の気持ちになってみるということ自体が無茶な行為ではないでしょうか。むしろ、そうした行為に至る背景を理解することこそが歴史の授業であると考えます。


（三人目の学生）

今回もＨさんの学習指導案について述べる。私が高校のころに受けていた日本史は教員の専門分野である『江戸時代の政治史』のみで一年間行われていたが、特別なところが内容と記述メインなテスト傾向なだけで、授業展開は世間一般的な座学中心のモノであった。なので、Ｈさんのプリントにあったような取り組み（もし自分が○○ならどうするのか、など）は新鮮だった。そうした展開であれば、学習目標の達成や基準による生徒たちの評価もしやすいのではなかろうか。

とくにまとめの活動は、テストの出題に関係するとほのめかせば、生徒が主体的に学習してくれるかもしれない。

(四人目の学生)

授業冒頭の政治家の話がとても興味深かったです。私はこれまで政治に対してあまり関心がありませんでしたが、その「無関心さ」こそが政治の質を悪くしてしまっているのではないかと思うようになりました。政治家になるのはそれほど難しくはないという話も大変面白かったです。先生の話を聞いて、政治家になるという道も悪くはないなと思いました(本当になるかはまた別の話ですが)。

(注：前回授業は冒頭に政治と政治家の話をしたことから、学生たちも印象に残ったらしく、感想を述べてくれた。)

今回Hさんに授業計画を発表してもらいましたが、Hさんからはかなり多くのことを学びました。まず面白いと思ったのは、生徒に歴史人物になりきってもらって「もし自分ならどうするか」というのを考えさせるという試みです。ただ教師に言われるがまま授業を聞いているのではなく、生徒の活動を授業に盛り込むことで主体的な学びを実現することができると思います。

その後になぜその歴史人物が失敗してしまったのか反面教師的に教えるというのも興味深かったです。私も高校一年生の時、当時の担任だった先生に「合格体験記」ならぬ「不合格体験記」を読まされていました。あくまで個人的な感想ですが、前者よりも後者の方が読んでて面白かったですし、ためになったと思います。成功体験よりも失敗体験の方が自分のことのように身近に感じられる気がするのです。生徒たちの授業態度や雰囲気を見て、このような実践を取り入れるのも良いんじゃないかと思いました。

授業の結びの部分で、今回の授業で取り上げた歴史人物を二行程度で説明させるという試みもとても良いと思いました。頭では理解したつもりでも、いざ自分の言葉でまとめてみると意外と難しかったりします。生徒自身の頭で考えさせ、記述してもらうというところからも、Hさんの生徒の主体性を重視する姿勢を感じました。

今回のHさんの発表は私にとって非常に有意義なものでした。Zoomでも述べたように、今回紹介してもらった実践は、私の今後の授業計画に積極的に活かしていきたいと思います。

（五人目の学生）

今回のZoomは私の住んでいる市の五十周年記念の企画のステークホルダーミーティングのため出席することが出来ませんでした。すみません。

ステークホルダーミーティングは、市内の若い世代を集めて、市の活性化のアイディアを実現させようという企画で、市の方からお声をかけていただいたため、そちらに出席させていただきました。

最後の授業にこのようなことになってしまいすみませんでした。

半期の間ありがとうございました。個人的な想いに授業でお答えいただき、嬉しかったです。

教師になるつもりはないですが、教職課程は修了しようと思います。

（六人目の学生）

今回もまずは、冒頭のニュースについて考えたことを述べていきます。私自身静岡県出身であるため、このニュースを知ったときは非常に悲しくなりました。最初は自然災害がもたらしたものであることから、仕方がないと言ったらそれまでですが、不運であったと言うしかありませんでした。しかし、原因について追及していくにつれ、「盛り土」であったことが明らかになったことで、もしかしたら防ぐことのできた事故であったと思うようになりました。今回は静岡県という一部の地域で起こったことですが、この問題は日本全体の社会的問題として意識していくべきであると思います。産業廃棄物が含まれてもいましたが、これは静岡県だけではないと思うのです。日本全体を変えていくには相当の労力や費用が必要となってくると思いますが、今回の出来事をきっかけとし、どこかで再発が起きないことを願うばかりです。また、Hさんの学習指導案は参考になることが多かったです。特に、生徒の主体的な取り組みを促す、いわゆるアクティブラーニングを行っていこうという授業であることが非常に伝わってきました。アクティブラーニングを行うには先生の力量が必要であることは言うまでもありません。そのためにも、ある程度学習指導案の時点でどのような授業を展開していくのか考え、実行していくことが大切であると思いました。最後にはなりますが、春学期間ありがとうございました。

（七人目の学生）

伊豆山の土砂崩れは、かなり衝撃的な出来事でした。しかも、発生数日後に天災でなく人災の可能性がかなり高まり、現状ではほぼ間違いないという状況です。YouTubeに時事通信映像センターが投稿した「海上保安庁による伊豆山港の調査」という動画が上がっています。動画の内容は、船着き場でプロパンガスのボンベを使って捜索をしている場面を、隊員の頭につけたアクションカメラから見るというものです。船着き場にまで土砂が到達して、そこに家の木材の切れ端や家庭で使われていたであろうプラスチックの籠などが散らばっており、被害の状況を生々しく知ると同時に、人災によって貴重な税金が使われていることに何とも言えない気分になりました。

公民科の授業では、時事問題を扱う際に、YouTubeの数分程度の動画を使うことも面白いかと思いました。勿論、国や報道各社など信頼できるアカウントの動画に限りますが、インパクトもあり生徒の興味を引き付ける観点からは有効ではないでしょうか。

（八人目の学生）

四人目の学生さん（265ページ）が、教科書をチェックしてみたところ、要点がしっかりまとまっているという話をしてくれている。彼の言いたいことの本質からは若干ずれるが、ここから私は教科書への意識を忘れてはいけないと感じた。近年、教科書をしっかり使った授業が減ってきているように感じる。「教育法Ⅱ」の方で模擬授業をしていても、全員がプリントを使って授業をしていた。これは、どこの学校でもプリントを使った授業が主流になってきているということであろう。しかし、教科書というのは非常によく出来ているのである。それだけで理解するには参考書に劣るかもしれないが、その科目のエッセンスや図表の充実度で見たら、参考書を上回る出来の教科書もたくさんある。これを無視してしまうのはあまりに勿体無い。非常に工夫がされた授業プリントを一生懸命に作って、それをもとに授業するというのは非常に素晴らしいことでそこに疑いの余地はないが、もう少し教科書を上手く活用して、そして生徒も教科書を上手く使えるようになるような授業があってもよいのではないかと思う。

（九人目の学生）

自分の専門について授業を行うことについてだが、私自身も自分の専門を模擬授業で扱ったことがありその難しさを感じた。自分の専門について授業をしようとすると、生徒にどこまで教えればいいのかが分からなくなってしまう。教科書の内容を教えればいいというのは当たり前だが、ただ教科書をなぞるだけでは面白くなく、私自身の経験としても教科書にプラスαとして何か教えてくださる先生が多かったように思う。そしてそのような先生の授業の方が楽しかったため、私も授業を作る時に何かプラスαで話そうと考えていた。しかし、指導案を作っている過程で、「これは中学二年生には難しい？」「どこまで話していい？」と分からなくなってしまい、授業をしながら「ゼミでの報告みたいだな…」と反省した経験がある。このようなことを改善するためにも、最大限自分の授業を客観視してレベル設定を行うこと、授業を行っている最中にも常に生徒の様子を気にかけ、生徒がぽかんとしていないか、ついてこれているのかというのを把握する必要があると実感した。自分の専門分野というのは上手く授業をつくることが出来れば大きな強みになると思うので、先ほど述べたような点を心掛けながら授業作りというのを行ってみたいと思う。

どうでしょうか。

一人目の学生は、前回の発表者であったHさんからのものです。参加者から講評をもらった時に、好評価であればうれしいものです。これは、誰もがそうであり、だからこそ、教師は否定的に生徒を見るのではなく、その存在自体を認めることから教育を行ってほしいものです。もちろん、一つ一つの課題に対しては分析的に話を進め、それに対して意見するのは当然です。さて、Hさんは、自分としては、「③生徒を学びの入り口に立たせる為楽しい授業を作ること」を意識したが、できていないと自己分析しています。この部分は、ペスタロッチーの話の中で、いかに興味を持たせて授業をするかが大切だということを理解してのものだと思います。授業に参加する生徒に興味を持たせ、面白かったとか達成感を持てるような授業にすることは目指してほしいことですが、もっとも難しい部分でもあります。実は、今回のような大学での指導案作成では、そこまで深めることができなくて当然です。それは、対象とする生徒自体が存在しないためです。学習指導案を作成する際、その項目に「生徒観」があるのは、対象者に対して望ましい授業を構想するためのものです。生徒観の記載事項は多様であり、授業態度だとか、学力だとかを記入するのは、授業に集中して学習し学ぶ意欲のある生徒に行うものと、集中力に欠け、基礎的知識の乏しい生徒に行うのでは、同じ学年の生徒といえども、同一の授業は成立しません。こうしたことから、授業でイラストを取り入れたり、途中でCM時間のごとく一休みして、授業を進行するなど工夫が必要な学校・クラスも存在します。そこでは、教科の教育だけではなく、生徒指導の面も求められてくるといえます。教科としての内容分析や教科指導法自体の開発と異なる因子としては、こうした面は排除した方がより内容分析が行えることもあり、だから、そうした研究の場である国立大学附属学校は、一定以上の水準の生徒を対象として、研究しているのです。一方で、多様な生徒に広げていくため、国立学校で研究開発されたモデル的なものを、各教育委員会の推進校で行いながら、「生徒観」として、学力の劣る場合には、こうした工夫をしたという形で実践的なものに仕上げられるといえましょう。

二人目の学生は、日本史専攻の立場として、模擬授業で行う日本史授業を考えてくれました。特に、Hさんが工夫した後醍醐天皇の気持ちを考える、という面に対して批判的な態度を示し、歴史とは、その現象の背景を学ぶことだと指摘してくれています。この指摘は正しいのですが、Hさんの考える授業も否定されるものではありません。歴史とは、ある時代的制約の中で偶然かつ必然的に取りうる行為によって起きた出来事の積み重ねであり、そう考えれば、ある出来事の時代背景を理解することの意義がわかります。では、個人的判断を無視してもいいのかといえば、その人物特有の行動もあるはずであり、例えば、法然の阿弥陀念仏を絶対他力にまで深化するのは、愚禿親鸞と自己規定した親鸞以外ないといえます。そこにはどんな意識があったのか、精神性を考えてみたいものもあります。また、その時、という判断を考えるために、歴史から学ぶということはよく行われ、軍事史・戦史などでは、なぜその判断をしたのか、研究し学ばれています。教育における歴史では、歴史から学ぶということに重点がおかれているため、自分ならどうしたか、という観点はあってよいものです。

三人目の学生は、自分の受けた日本史と比較し、Hさんの授業に対して評価してくれています。有名大学の付属高校などでは、大学の講義と見間違うような授業が見られることがあります。先生自身も自分を研究者と自己規定して、授業を行っておられる例を見かけます。それは、その学校と先生方の考えであり、否定すべきものではないのですが、この学生は、大学生としての立場から見て、内容は他の高校に見られない特別のものであった。試験も大学同様の記述式であり他の高校に見られない特別のものであった。しかし、授業の展開を見れば、座学中心で、単なる講義にすぎなかったと冷徹な目を向けてくれています。そして、それと比べた時、Hさんの授業は生徒の主体的な活動になるのではと述べてくれています。そもそも高校で行う授業とはどんなものなのでしょうか。学校教育段階で考えれば、大学は、その発生と役割から見て、小・中・高校とは別のものです。大学とは近代国家成立以前から研究と教育を目的としたギルドとして成立したものです。一方、高校以下の学校は近代国家の教育の枠組みの中で成立した教育機関です。つまり、国家の示した教育目標を掲げて目的を達成させるものとなっています。これが日本では教育基本法や学校教育法に示された目的ということになります。社会科の目的は、教育基本法の教育の目的と重なるものであり、平和で民主的な国家社会の形成者の育成であり、このため、学術研究とは異なる視点があることは、すでに学んできた通りです。そうした点を踏まえると、自分ならどう判断するか、といった観点の学びがあることは、主体的に生きる社会の形成者を育成するうえでは必須の学習テーマだといえそうです。

四人目の学生は、Hさんの授業をかなり好意的に捉えていて、自分自身が授業を行う際には取り入れてみたいとまで言ってくれました。ところで、この学生は、前回の授業での政治家話にも興味を持ってくれたようです。現在の若者について政治離れが言われていますが、皆さんには、積極的に関心を持ってもらいたいです。前回Ｚｏｏｍで話しました議会事務局に勤めている友人とは、コロナ禍でなければ、年二回程度酒を酌み交わしながらいろいろ議論したりして楽しむ仲です。実は、その彼と会う際にはもう一人、経営コンサルタントをしている友人も参加します。そこでは、議会事務局の友人は身近で見ている保守政治家を辛辣に批判し、現在の利権政治については即刻退場を求める立場でいます。一方、経営コンサルタントは、安倍政権以来の、お仲間向けの政策を大いに歓迎しています。それは業界向けの補助金政策が示されるたびに、その補助金獲得のためにどうするか、そうした相談事によって、コンサルタントの仕事が増えるのだそうです。それを大学教員の私はにやにやしながら見ているのですが、政治によって人の暮らしが変化してしまう事実は見逃せません。有利に働く人とそうでない人が存在する事実をどうとらえるか問われてきます。個人的な面では、自分の業界が有利になればうれしいことですが、国民全体から見れば、不公平などあってはならないことです。議会事務局という立場では、一人ひとりの国民市民の権利のために働いているという自負もあり、利権政治に対して嫌悪感を持っているようです。教育という立場も同様です。教育は基本的人権の一つとして位置づけられるものであり、平等、公平性が求められます。加計学園の獣医学部創設に際して、前川文科事務次官が抵抗していたことは、教育の公平性と特区制度による特別扱いというものが対立するものだからです。こうしたことを考えても、教育に関心を持つ者は、政治にも関心を寄せてほしいですし、できることなら、公平性について深く意識してもらいたいものがあります。現在の二世議員花盛りということが、平等、公正な世の中になるのか、見つめていきたいものです。

五人目の学生は、前回のＺｏｏｍ授業に出席できなかったことを詫びてくれています。大学の授業は、自由であるべきであり、それは、履修の態度についても同様です。限られた学生生活の中でより深い学びにつながるものがあればそちらを優先してもいいのは当然です。本来は大学のみならず、学校でももっと自由に学んでもいいのではと思うのですが、教師は、国家保安部の職員のように規律を求めるところがあり、そのため、欠席や逸脱はとても悪いことのように感じてしまうことがあるのですが、逸脱は、自分自身を見つめることにもなり、成長につながります。日常と祝祭によって活力が生まれるように、自分の生活の中で、平常時の中に特別が入ることは、活力を生み出すものだと思います。この学生にとって、先週はとても充実した一日であったのだと推察します。ところで、教職課程は、職に就くか否かは関係なく、最後まで続けてください。たかが教員免許という程度の扱いかもしれませんが、それでも国家基準に基づく資格であり、教授することのできる資格です。

ここまでで、いつもなら終わりですが、今回は感想のみなので、レポート数も追加して考えてみましょう。

六人目の学生は、前回冒頭の時事問題から、現代日本の社会における盛り土と産業廃棄物について考えてくれました。日本社会は、不動産、建設業界主導のスクラップ&ビルドによる都市再開発が積極的に行われます。このため、数十年もたてば、街並みが一変してしまう状況も見られます。都市文化や伝統文化、街並みという観点でいえば憂慮するものがあるのですが、産業としていえば巨額が動くため、止められないものとなっています。こうした再開発で出た廃土や産業廃棄物の行方を見ていくと、海外への輸出と国内での廃棄場所確保が課題として考えなくてはならない問題です。国内不法投棄は過去から見られるものであり、発覚すると法的にも原状回復が求められます。今回のような、すでに十年以上前から問題として発覚していたものなら、行政指導の不手際も考えられるでしょう。

七人目の学生も冒頭の土砂災害について考えてくれました。そんな中で、今回の災害についてのユーチューブ動画に関心を持ち、こうしたものが社会科公民の授業で使用できないかと提言してくれた時事問題だいます。社会科で動画を使用することは、大変効果があるものです。今回提言してくれた時事問題だけでなく、普段知ることのできない産業についてその世界を知ることに役立ちます。よく使用されるものとして、皆さんも小学生時代に見たNHK、Eテレの教育番組なら思い出せるでしょう。都市生活で知ることのできない田植えまでの流れや自動車産業についての動画は、産業の内容の理解を助けます。今回提言してくれた、今起きていることをネットにつなげて見ていくことは、臨場感もあり、学びを深めることにつながるといえます。

八人目の学生は、授業における教科書の重要性を再確認してくれています。授業で使用する教材の代表が教科書であり、教科書によって、学ぶ内容をまとまった形で理解することができます。それは、学習指導要領で示された内容を単元ごとにまとめその理解を助けるものとなっています。そこには、文字のみならず図表なども加えられ、学習指導要領に示された内容とその取扱いに準拠して、過不足なく掲載されています。そういう意味で、新任の教師でも教科書さえあれば、教えることは可能です。しかし、教科書に書かれたことを教えるのが目的なのか、教科書を使って、教えるべき内容を教えていくのかで、授業自体が違ってきます。

九人目の学生は、八人目の学生が考えてくれたことを補足するような記述です。学校の授業で何をどのように教えればいいのか、なかなか悩むところです。今回、自分の専門について考えることを勧めたのは、そうしたところを考える時にヒントとなるからです。自信のない分野を教えようとすれば、教科書頼みとなり、教科書の内容を教えようとしてしまいます。一方、自分の得意な分野だと、人に伝えたいと思う面白いところがあるはずです。それをどのようにすればいいのか、いろいろ工夫することで、教えたい内容を、教科書を使ったり、自作のプリントで教えたり、図説や図鑑を使用したりいろいろ工夫できると思います。こうしたことは、どのような教材を使えば理解が深まるのかということを考えているともいえ、教材研究とか教材開発とかいう行為となっています。もちろん、ユーチューブを使うのもよいわけであり、そうした工夫によって、授業に興味を持たせることにつながるといえるでしょう。

さて、これで今学期の講義は終わりです。

すでに話した通り、今学期は、授業形態決定の段階で、緊急事態宣言が予想されたため、非対面授業としました。このため、教室での授業を期待していた学生の中には、もう一つ面白みに欠けたと感じる人もいたかもしれません。しかし、逆に非対面授業でもそれなりに学べると感じてくれた人もいると思います。昨年から今年度までは、歴史上まれな時代に突入しているのであり、その中で、学びについてもいろいろ考えてくれたらと思います。

春学期の授業を履修してくださり、ありがとうございました。

終　章

コロナ禍における大学の授業とは

序章で述べた通り、コロナ禍において授業を行うためは、多くの条件整備をしていくことが必要であった。二〇二〇年度の当初は、全くの手探り状態の中で、新学期の開始を遅らせたり、オンライン授業を行うために担当教員に対して説明したり、オンラインシステムの構築と整備など、教員と事務方が一体となって、学生に対して新年度ガイダンスを開く前に、大学ではどういった形で授業を行えるか検討しつつ、しっかりとした計画を立てていた。

こうした準備の下でも実際に授業を始めてみると、予定通りに進まない面も出てくることになった。例えば、オンライン授業の進め方についても、同時双方向性を保障するZｏｏｍを利用した授業では、画像が途中で静止してしまったり、通信が遮断してしまうことも発生した。そもそも大学側では、通信環境の向上のための対応も試みられてきていたが、実際にオンライン授業を行う教員も学生も自宅という環境の中では、思った通りの授業を行うことは難しいものであった。

そうした授業に対して、教員も学生も誰もが戸惑いながら対応しようとしていた。この章では、そうした授業について、それぞれの立場でどのように受け止めていたのか、特徴的な事例から考えてみよう。

明星大学生による授業料返還訴訟

二〇二一年六月十七日、東京地方裁判所立川支部に当時明星大学経営学部の二年生が、コロナ禍での大学の対応によって、本来受けられるはずの授業が受けられなかったとして、授業料の返還等を求めて提訴した。その日の日本経済新聞電子版（同日付）によれば、

「明星大（東京都日野市）経営学部二年生の学生が十七日、新型コロナウイルス感染防止で対面授業がなくなり、施設も利用できなかったなどとして、同大を設置する明星学苑に百四十五万円の損害賠償を求める訴訟を東京地裁立川支部に起こした。（略）学生側は「大学教育は学生同士や学生と教員間の対面交流が重要な要素」と主張。年度後期以降は文部科学省が対面授業の実施を求めており、大学側の対応は同省の要請にも反するとしている。支払った授業料の半額程度に相当する五十五万円の損害が生じたほか、精神的損害が少なくとも九十万円に上るとした。」

とある。

この裁判は、コロナ禍において大学の対面授業がなくなったことでの賠償請求訴訟としては初めてのものであり、このため提訴前に訴訟を担当した弁護士が記者会見を開くなどして注目を集めたものとなっていた。その後、同年八月に第一回口頭弁論が行われ、大学側から当然の措置であったとの答弁がなされて全面的に争う形となっていた。

裁判の判決は、二〇二二年十月十九日に行われ、大学側の勝訴となった。この問題を学生にも考えてもらおうと、後日授業でも取り上げたが、その際の新聞記事の中より判決日の時事通信社の時事メディカル配信から見てみよう。

「西森政一裁判長は「オンライン授業のみを行ったことが著しく不合理とは言えない」として男性の請求を棄却した。（略）
西森裁判長は、オンライン授業について「新型コロナが流行する中、休校を避けて授業するための合理的な選択だった」と指摘。文部科学省が対面授業再開の検討を求める通知を出した後もオンライン授業を続けたことについては「学生数や学生の行動様式などに照らし納得できる」とした。」

この裁判は、コロナ禍においてオンライン授業しか受けられなかったとして、在学する（判決時は退学後）明星大学に対して授業料返還を求めた裁判で判決が示されることになった意味で画期的といえる。

序章で見た通り、新型コロナウイルス感染症の拡大とは、ある意味天災というべきものであり、全国の大学はその機能を停止させることのないようにあらゆる対策を講じていた。また、都内の大学は文科省の通達にとどまらず、東京オリンピックを控えて東京都からもオンライン授業をすることが求められていた。そうした中でのオンライン授業に対して、本来の授業は「対面交流が重要な要素」として提訴したことは、それだけ対面授業に対する期待が高かったともいえる。原告学生がいわゆるコロナ期入学の学生であり、それ以前の大学生活を体験していなかったことは、大学の授業に多様な形態があり、学び方もいろいろな形で行われるという見方ができなかったことも大きいように思われる。新入生に対して、大学とはどのようなところなのか、そして、どういった学修形態があり、四年間の課程の中でどのように学んでいくのか、大学はしっかりとガイダンスで伝えていくことが求められているといえるだろう。今回の事例を考えてみても、裁判の判決自体は合理的で納得できるものであるものの、大学側は、新入生に対してもっと寄り添っていくことができなかったのか考えてしまうことがある。

この判決が示されたことについて、二〇二二年度秋学期の慶應大学生の意見について見てみよう。

これは二〇二二年十一月に行った「社会科・公民科教育法Ⅰ」の授業内において当該新聞記事を取り上げた際に、学生が書いてくれたリアクションペーパーのコメントである。

学生たちの反応は、ここに取り上げたものと同様に、元明星大学生に共感を示すと同時に、大学側には、もっとしっかりと説明をしてほしいというものが多かった。また本件については、全国の大学生が同様の立場にあり、裁判としては無理筋ではないかというものも多かった。こうしたことから見ても、元明星大学生を取り巻く大人たちは、裁判を起こす前に、学生生活の継続に至るよう寄り添ってあげられなかったのかと感じてしまうところがある。一生で一回限りの四年間であることを思えば、災禍にあっても学びの実感を得られるように大学は最善を尽くす必要があろう。

明星大生の提訴に関して、同じ大学生という立場から、気持ちはとても理解できると感じた。期待はずれの大学生活で、一部の学部が対面で授業を行っている様子を見たりすれば、不満が生まれてくるのも無理はない。しかし、この訴えは大学側の実情が見えてないことの反映でもある。責任ある機関として、コロナ対策に細心の注意を払わねばならないのは当然である。大学側が、教育機関としての責務をできる限り果そうとする姿勢を見せ、図書館等の施設の利用も認めている以上、従っておくべきだというのが私の考えである。ただ、大学側も、もう少し学生に対する説明をきちんと行っていくべきだと感じる。例えば施設維持費が施設利用料となる（維持していくだけでこれだけかかる）等、特に金銭に関する内情はしっかりと公表することで、誤解が減るのではないかと考える。

私自身も二〇二〇年四月に大学に入学し、一年半ほどオンライン講義のみを受講していたため男子学生の訴えには共感できる部分もある。しかしオンラインで講義が行われることについては「仕方がない」と感じていたし、大学側もベストな対応を模索していることがわかったため大きな不満はなかった。他大学とはいえ、明星大学もおそらく似た状況にあったであろうことを推測すれば、また大学側の主張もきちんと筋が通ったものであることを踏まえれば、判決は妥当であると考える。ただ、裁判所側がどちらかといえば大学側に同情的であった可能性も存在するのではないかと感じる。学生の訴えを受け入れれば平等性の観点から他の学生にも同様の対応をしなければならないかもしれないし、明星大学がそのような対応をしたとなれば他大学も同様の対応を検討する必要が生じる可能性が高い。裁判所は中立性を保つべきではあるし、今回そうでなかったとまでは思わないが、社会混乱に陥ることを防ぐため（「前例」をつくらないため）にこのような判決となった可能性もゼロではないと考える。

上智大学非常勤講師による大学訴訟

学生にとって大きな出来事であったコロナ禍という状況は教員にとっても同様であった。

二〇二二年五月三十一日、上智大学非常勤講師が東京労働局中央労働基準監督署に対して、所属する大学による賃金不払いがあるとして労働基準法違反で刑事告発することがあった。この問題もコロナ禍における授業に関する出来事であるので、五月三十日の読売新聞オンラインの記事から見てみよう。

「上智大学（東京都千代田区）を運営する学校法人「上智学院」（同）が非常勤講師を務める六十代女性に賃金を支払わなかったとして、中央労働基準監督署から労働基準法に基づく是正勧告を受けていたことがわかった。首都圏大学非常勤講師組合（横浜市）によると、大学側は勧告の受け取りを拒否し、現在も賃金は支払われていないという。」

というものである。これは有名大学が労働基準監督署からの是正勧告の受け取りを拒否するという異常な事件であり、興味をひくものである。記事では、さらに続けてこのように述べられている。

「組合によると、講師は上智大学で日本語を教え、授業時間に応じて給与を得ている。新型コロナウイルス感染拡大でオンライン授業が実施されるにあたり、講師は二〇一九年～二一年、オンライン用教材の作成などに計百五時間従事。講師側は教材作成などを授業時間外の労働として賃金約七十五万円の支払いを求めたが、大学側は授業時間に含まれるとして拒否していた。」

さて、この記事ではオンライン用教材の作成が授業時間に含まれるのか、時間外労働なのか双方の見解が異なっている。一般的な大学非常勤講師の給与には、担当講義時間の活動だけでなく、授業準備に関わる活動や授業評価としての行うレポート確認や採点なども含まれている。つまり、教材として使用するプリントなどの作成については、別途支払いは生じないものといえよう。一方で、今回の事案では、コロナ禍におけるオンライン授業で使用する教材作成ということであり、別記事ではこの教材は日本語教員共通で使用するものであったということでもあり、通常とは異なるものといえそうである。

コロナ禍において新たに行われた授業準備はかなりの時間を要するものである。本書で取り上げた筆者の授業も毎回講義プリントを作成し、大学のｗｅｂシステムにアップして学生の授業とするのは、通常の教室に赴いて講義するものと比べれば数倍の時間を要するものである。こうした労力をどのように労働評価するのか難しい問題がある。例えば、専任の教員であれば、授業時間以外の労働に関しても、いわゆる教育と研究に関する活動や大学の委員会や入試も含めて大学業務全体で給与とされており、通常業務より多くなったとしても、緊急のこととして受け入れられるものである。ところが非常勤講師は担当授業に関する業務で支払いを受けているとすると、今回の日本語講師の方のように、日本語教員全員が使用する教材を作成したことに対して、別途評価してほしいという思いも理解できる。特に、語学系科目は、学生の能力に合わせてクラス分けを行ったり、テキストのすり合わせをするなど担当教員間で話し合いを行う必要のある科目である。大学専任教員の場合、学部長や学科長など管理的立場の者から教材作成についても業務として所属教員に割り振ることも可能であるが、そうした業務の場合に非常勤講師に依頼することはほぼないといえよう。上智大学のケースについていえば、授業担当者の皆が使用する教材に関しては、専任教員によって教材作成されればよかったのであろうが、今回の場合、その授業科目自体がすべて非常勤講師で賄われていたのであろう。大学法人の給与規定にこのような手当の費目がなければ、事務職員は規定通りにしか支払いを行わないであろうし、教材に関してなら学部の教学問題であり、学部で何とかしてほしいといった程度の認識であったのではないだろうか。それが提訴にまで至ったというのは、この授業科目について、ほとんど非常勤講師に丸投げであったのであろう。マネジメントする側が、教材作成業務に関して、学部の年度予算の中に、教材作成費など項目を立てて予算に組み込んでいれば、非常勤講師に支払うことも可能であったであろうし、このようにこじれることもなかったのではないだろうか。コロナ禍の授業に関しては、学生のみならず、教員に対しても疲弊させることとなっていたといえよう。

学生たちの見たコロナ禍での授業

前節では、コロナ禍の中で疲弊していく学生と教師について見てきたが、実際に学生たちはどのような思いでオンライン授業に参加していたのであろうか。

ここでは、対面授業に戻った二〇二二年度秋学期の学生たちに聞いた、対面と非対面授業の違いについてどのように感じていたのか紹介してみよう。

> 私はオンデマンド授業は好きである。対面の一過性の講義ではどうしても途中聞き逃してしまったり、どこか詰まって考え込んでしまい、話が入ってこなかったり、周囲の環境に左右されることがあるため、何度でも繰り返し聞けるほうが、知識の習得に関しては安心感がある。ただ、学校教育の目的は知識の習得にある訳ではないと大学三年間を通じて思うことが増えた。知識のアウトプット、コミュニケーションの取り方、必ずしも納得できない相手との意見交換など、インプット以外の要素は、一人では習得不可能であって、これを実践するために学校はあるのだと思う。そして、これはリアルタイムのオンラインミーティングでは、現代の技術では補完できないと感じる。

この学生はオンデマンドの授業による繰り返し学習に共感を示している。それは知識習得において十分威力を持つものであることを認めている。実はこれこそが、いち早くオンライン授業を取り入れたのが予備校であることとの説明にもなる。聞き逃してしまったところを再度聞き直すというのは、コロナ禍の授業におけるオンライン授業を肯定する学生の共通した理解である。特に勤勉な学生はこうした聞き洩らさない受講を行っている様子が見られる。

一方で、「インプット以外の要素」については、学校という場における授業を肯定的にとらえている。コミュニケーションや意見交換においてはリアルタイムのオンラインミーティングでも補完できないと述べてくれた。

ところで、次のような意見もあった。

> …オンラインになって圧倒的に良い面が一つあった。それは、生徒間で立案ワーク等で話し合いをするとき、同じ議事録画面を見ながら取組めることである。〝同じ画面を見ている〟という共通項が、この話し合いの場面で行かされるとは思わなかった。…

この学生は、Ｚｏｏｍの機能である共有画面を見ながら説明していくことによって、活動参加者間の学びが深まったことを述べてくれている。元々Ｚｏｏｍが企画説明のツールとして発展していたことを考えてみても、授業内での説明場面において有効であるのは当然のことであるが、そうした機能の有効性は評価していくべきものといえる。ただし、これは説明という一方向性においてであり、同時に多人数からの意見の集約においては教室内と同じとは言えないだろう。

> 対面授業にもオンライン授業にもそれぞれメリット・デメリットはあると思いますが、教員・

生徒間また生徒同士の関係を作りやすいのは圧倒的に対面授業であると感じます。それは単に物理的に距離が近づくからというだけでなく、やはり同じ教室で同じ時間を共有することによってうまれる何かがあるからではないかと思います。

また、私は現在オンライン家庭教師のようなアルバイトをしているのですが（一年の夏から始めたので三年目になります）いくら生徒と仲良くなることができても、一枚壁を挟んでいるような感覚はやはりあります。その原因が授業形態にあるのか、自分の力量にあるのか、生徒の心理状態にあるのかはっきりとわかりませんが、「もしも対面で出会っていたら、もう少しうまく悩みを聞けたのではないか」と思う瞬間も確かにありました。

だからこそ、大学において対面授業が始まったことには（通学の大変さを超える）喜びを感じます。この授業に限らず、オンライン授業では、この内容は聞けなかったのではないか、というお話をされる先生もいらっしゃり、その多くが非常に貴重な内容であると感じるので、卒業まで（コロナの状況が悪化することなく）対面授業を受け続けられると良いなと思っています。

この学生が言うように「同じ教室で同じ時間を共有」するということは確かに意義あることだと感じられる。前章で見てもらった筆者のコロナ禍での社会科授業は、オンラインで講義資料を配布し、それに対するコメントレポートによって行ったものだった。それは江戸時代に国学者と門人が手紙でやり取りするような形で、授業が行えるだろうと発想したものであった。これを今見るとその時なりの時間共有が見て取れるものの、同時空間でのやり取りとは異なる関係性だともとらえられる。この辺りは、授業において考えておくべき課題かもしれない。また、この学生自身が家庭教師としてオンライン授業を行った体験を述べてくれているが、その中で「一枚壁を挟んでいる」という表現はうまく言い表している。確かにZｏｏｍなどで授業を行っていると、この講義をしっかり聞いてくれているという実感はあるものの、その中でジョークを言ったり、砕けた表現で説明しても、それに対する反応が見られず、どこかよそよそしい壁を感じてしまうことがある。こうしたことは、同じ空間の中でしか伝わらないものがあると言えよう。

大学二年生に上がる時に新型コロナウイルスが流行し、オンライン・対面両方の授業形態をこの四年間を通して経験してきました。その経験をふまえた個人的な所感は、「自分の専門であればあるほど、対面のほうが良い」ということです。大学二年生は文学部であれば専攻が決まり、より専門的な学習に入っていく時期です。私は古代史を専門にしたいという思いが、その頃既にあったのですが、オンライン授業だと単調かつ一方的な様式にならざるを得ず、背景も含めた基礎知識があまり身につかなかったように思います。また、教職の授業も（私は四年生から取ったのであまりオンラインを経験していないのですが）よりよい授業をつくるための意見交換がとても重要であると受講して実感したので、オンラインではあまり意味をなさないのではないかと思います。逆に、結果的に専門とはしなかった語学の授業や教養科目はオンラインの方が手間が省け、かつ必要な知識は効率よくしっかりと身につけることができたので、オンラインで良かったと思う側面もあります。ただ、私は最初からやりたいことが決まっていたのですが、決まっていない人も多数いるかと思うので、そういう人は教養科目の対面授業を通して、細かいところから自分のやりたいことを見つけるきっかけをつくっていくべきではないかと思います。

この学生は大学四年生であり、まだパンデミックのない大学生活を一年間経験している。このため大学の授業についての理解も深く、オンライン授業の課題を「単調かつ一方的な様式」ととらえている。実は、教師にとって授業を行う際に気になることは、その講義に対して参加する学生がどのような反応を示すかというところにある。講義内容が難しく、事例に関する知識がない場合は補足説明を加えたり、また、あまり関心がない様子が見られたら違った事例に置き換えたりもする。そして、そのような授業は専門科目で多く見られるものであり、このことを経験的に知っている学生にとっては、対面授業での講義を求めているのだといえる。一方、語学や教養科目は講義自体が、一方通行にならざるを得ない面もあり、この学生の言う通り、結果的に効率よく学べたということもあるのだろう。大学が専門分野の教育と研究の場であるとするのなら、「単調かつ一方的な様式」と見立てられるオンライン授業とは相性が良くないのかもしれない。

コロナ禍における非対面授業とは何だったのか

これまで見てきた通り、新型コロナウイルス感染の拡大というパンデミックの中で、大学教育に関しても多大な影響を受けることになった。本章で取り上げた明星大学生の授業料返還訴訟において争点となった、大学は対面授業を行うべきなのか、という問題では一審段階では、オンライン授業のみでも、パンデミックの中ではその感染を広がらせないために採ったやむを得ない措置であると認められている。しかし、逆に言えば、通常の社会環境の中では対面授業を行うべきものであるととらえることもできる。

オンライン授業といえば、すでに放送大学においてビデオ撮影した授業が行われているのだが、このような形態は、キャンパスに学生を受け入れる大学としては認められないということであろう。また、非対面授業と間違えられることのあった通信教育も、当然ながら通学制の大学の正規の授業としては許されないものである。もちろんこのことは、大学における全授業に占めるオンライン授業で取得した単位数の上限が設定されていることから、明確に定義づけできるものである。また逆の立場で考えても、実は、通信教育課程においても一定単位については、スクーリングという形で対面授業が求められている。このことは、大学教育というものは単位数の相違があるにしろ、対面授業がなければ成り立たないものだといえるのである。

ところで、放送大学と一般の通学する大学でどのような相違が見られるのだろうか。放送大学は一九八一年に放送大学学園法が公布され、一九八三年に創立した。これは一九七〇年代に注目されたロングライフ教育という教育概念の実現のための機関として登場したものである。この概念は、一九八〇年代に全国の教育委員会において社会教育課が生涯学習課へと改組されていくことと同時に進んでおり、いつからでもどこででも学べる大学として生涯学習の一環として構想されたものである。このことは、社会人なってからの再教育としての役割を持つことにもなっている。

一方、一般の通学制の大学はキャンパス内に学生や教員その他多くの人々が集まり、そこでは社会の一部を形成するものとして、多様な人間関係を意識したものとなっている。

そもそも今日の大学の起源とされる中世ヨーロッパの大学では、教師と学生によって大学が成立すると、その発展の過程で、同じ出身地の学生による国民団が形成されて、団体としての活動が形成されていった。大学の語源がウニフェルシタスという団体や組合を意味するラテン語であったことからも、大学には人の集まりと所在する場が重要であるといえるであろう。日本の大学も中世ヨーロッパ以来の大学の伝統を継承しており、本郷や早稲田、神田といった大学町を形成し、人々が集まる場の中心を大学が担っている。

また、日本の教育制度の特徴として、高校を卒業するとすぐに大学へ進学することも、実は、明星大学生の対面授業を求めたことにつながっている。それは、大学自体がキャンパスにおける人間関係を含めた教育を重視していることである。つまり、日本では青年期の自己形成を担う機能を大学教育に持たせており、社会人が大学に通学し、キャリアアップにつなげるような学術取得を重視したものとはなっていないといえよう。実際、二〇〇〇年代以降、日本の私立大学では、社会人の学習の場でもあった夜間部（二部）を廃止していったことにもそのことが読み取れるのである。このように考えると、新入生であった明星大学生が、入学以来、全く対面での大学生活が行われなかったとしたならば、少しばかり気の毒な面も感じられる。あるいは対面が無理だとしてもＺｏｏｍなどリアルタイムで行うクラスガイダンスなどを多く用意するなどして、精神面でサポートすることは必要であったのではないだろうか。

明星大学生が大学の授業について対面授業にこだわった意味を、別の観点から考えてみよう。大学における学習形態を整理してみると、講義、演習、実験、実習という分類が行われており、授業における学修時間とそれに係る予習時間と復習時間の合計で単位数が確定される。教室という場での学修中心となる実験実習は単位数が少なく、講義演習などで、予習復習時間が伴うものは単位数が大きくなるのである。

さて、明星大学生は、大学の授業に対してどのようなイメージを抱いていたのであろうか。実は、大学の授業といってもそこで学ぶ学習の目的によってかなり異なったものとなる。例えば、資格取得につなげるための知識取得を目的とした授業と学術の蘊奥を究めようとするような演習科目とでは全く異なった授業が展開されるものであり、そうした授業をどのような組み合わせによって専攻のカリキュラムが構成されているかで大学の授業自体に対するイメージも異なってくる。

文学部に進学した学生は、文学や歴史など好きな分野の学問を深めていくことが中心となり、演習での輪読に見られるような授業風景が主流となり、講義でもそれに近いものとなっているようである。一方、教育学部（教員養成）では、文科省の教員免許に係るカリキュラムに沿った内容となり、講義では学問を深めるというよりも知識習得に近いような授業のようである。社会科学系の学部では、学説史的あるいは現代的な学問知識の取得を目指す講義が見られるようである。もちろん、これは大雑把な見方の一つに過ぎないが、学部ごとの傾向を理解できるであろう。大学における授業自体にこうした傾向と相違がある中で、コロナ禍とはいえ、同一の形態でオンライン授業を行ったとしたなら、それに対する満足度は学生らよって異なるものとならざるを得ないであろう。

コロナ禍の授業について、オンライン授業の実験的なものとして、その結果を評価する向きもある。前節でみた学生コメントにも肯定的な意見が見られた。しかし、多様な授業と人の集まる場としての大学を考えた場合、やはり対面授業の持つ意義は大きいといえよう。

おわりに

本書は、二〇二一年度春学期に慶應義塾大学で行ったオンライン授業を出版のためにまとめたものである。このため実際の講義内容から削った部分も多々ある。本授業は、社会科教員を目指す学生にとって選択必修科目である「社会科・公民科教育法Ⅰ」がもとであり、ここに参加した学生たちは、将来的に社会科教員として教壇に立つことも視野に入れた社会性に満ちた学生であった。そのことは、コロナ禍という歴史的な災禍に見舞われた中で送る学生生活をただ悲観するわけではなく、その社会状況や自分自身のおかれた立場を自覚して、真摯に学修に取り組んでいた。

本来であれば、この授業も教室において履修者同士が互いに議論したり、友情をはぐくんだりするような実態のあるものであったはずが、オンラインにより同一空間で共有するものがほとんどなくなり、模擬授業や博物館見学のような体験的な学習は行えなかった。しかしながら、そうした通常とは異なる中にあっても、学生たちが積極的に授業参加していた様(さま)を記録として残しておきたいといったことが執筆への動機となった。

また、コロナ禍に見舞われた日本社会は、東京オリンピック2020の開催問題と連動するように進んでいき、一年延長となったオリンピック開催までは感染対策のため、都内の大規模大学ではオンライン授業が主たる授業形態となったことも見逃せない。当時、文科省では早期に対面授業に移行するよう求めていたが、東京都はオンライン授業継続を要請するなど、大学は苦慮する立場にあった。

こうした状況を感じてもらえるように、本書で取り上げた授業はオリンピック開催直前に当たる二〇二一年春学期のものを選んだ。

コロナ禍における学生たちは、二〇二〇年春学期、秋学期履修の学生も真剣そのものであり、本書で紹介したレポート同様に読み応えのある素晴らしい学習成果を上げていた。今回紹介できなかったのは、残念でならない。本書を通じて、多くの方々に、コロナ禍にあっても学生たちがよき学徒であったことを知ってもらえたらと思う。

なお、本授業のテーマである社会科教育に関しても、関心を持ってもらえたら、著者として喜びである。

本書の出版に際して毎日新聞出版の赤塚亮介氏には、大学の授業を一般向けの出版物にするためのアドバイスなど多大なご尽力をいただいた。感謝申し上げる次第である。

吉村　日出東（よしむら・ひでとう）

〈略歴〉

1962年、奈良県生まれ。明治大学文学部（考古学）卒業。同大学大学院（史学）博士前期課程修了、筑波大学大学院（社会科教育）修士課程修了の後、九州大学大学院（比較社会文化）博士課程退学。奈良文化女子短期大学助教授、川口短期大学教授を経て、埼玉学園大学人間学部教授、同大学教員・保育士養成支援センター長など歴任。専門は社会科教育学、日本社会文化史、大学史。

現在、帝京科学大学教育人間科学部教授、同大学学校教育学科長、明治大学兼任講師、慶應義塾大学非常勤講師。

〈主な著書〉

『〈大学〉再考』（共著、知泉書館、2011年）

『教育実習64の質問』（共著、学文社、2009年）

『地域と文化の考古学Ⅱ』（共著、六一書房、2008年）

慶應大学生と学ぶ社会科教育

コロナ禍におけるオンライン授業の風景

印　刷　2023年12月15日
発　行　2023年12月25日

著　者　吉村日出東
発行人　小島明日奈
発行所　毎日新聞出版
〒102-0074　東京都千代田区九段南1-6-17　千代田会館5階
営業本部　03（6265）6941
企画編集室　03（6265）6731

印刷・製本　光邦

ISBN978-4-620-55018-3